国家出版基金项目
NATIONAL PUBLICATION FOUNDATION

● 生态文明法律制度建设研究丛书

指导与管控：
国土空间规划制度价值意蕴

ZHIDAO YU GUANKONG
GUOTU KONGJIAN GUIHUA ZHIDU JIAZHI YIYUN

叶　轶●著

重庆大学出版社

图书在版编目（CIP）数据

指导与管控：国土空间规划制度价值意蕴 / 叶轶著
. --重庆：重庆大学出版社，2023.4
（生态文明法律制度建设研究丛书）
ISBN 978-7-5689-3808-2

Ⅰ.①指…　Ⅱ.①叶…　Ⅲ.①国土规划—土地法—研
究—中国　Ⅳ.①D922.334

中国国家版本馆CIP数据核字（2023）第094561号

指导与管控：国土空间规划制度价值意蕴
叶　轶　著

策划编辑　孙英姿　张慧梓　许　璐
责任编辑：陈　力　陈亚莉　版式设计：许　璐
责任校对：关德强　　责任印制：张　策

*

重庆大学出版社出版发行
出版人：饶帮华
社址：重庆市沙坪坝区大学城西路 21 号
邮编：401331
电话：（023）88617190　88617185（中小学）
传真：（023）88617186　88617166
网址：http://www.cqup.com.cn
邮箱：fxk@cqup.com.cn（营销中心）
全国新华书店经销
重庆升光电力印务有限公司印刷

*

开本：720mm×960mm　1/16　印张：23.25　字数：328 千
2023 年 4 月第 1 版　　2023 年 4 月第 1 次印刷
ISBN 978-7-5689-3808-2　定价：138.00 元

丛书编委会

主　任：黄锡生

副主任：史玉成　　施志源　　落志筠

委　员（按姓氏拼音排序）：

邓　禾　　邓可祝　　龚　微　　关　慧

韩英夫　　何　江　　卢　锟　　任洪涛

宋志琼　　谢　玲　　叶　轶　　曾彩琳

张天泽　　张真源　　周海华

作者简介

　　叶轶，男 1973 年 12 月生，河南信阳人，云南财经大学法学院讲师，环境资源能源法学教研室主任，硕士研究生导师，法学博士。目前从事环境资源能源法学教学研究。出版学术专著 2 部，教材 2 部，在《探索》《重庆大学学报（社会科学版）》《甘肃政法学院学报》等学术期刊发表学术轮俄文 20 余篇。主持省部级重点课题 1 项，一般课题 2 项，横向课题 5 项，获省部级奖励 5 项。兼任中国环境资源法学研究会会员、中国历史文化名城研究会会员、中国园林学会会员，农工民主党云南省委环境资源专业委员会副主任委员、云南省法学会行政法学研究会副秘书长、云南省政法委疑难案件专家咨询委员会咨询专家，云南省住房和城乡建设厅法律顾问、昆明市律师协会环境资源能源法律专业委员副主任委员。

.

总　序

"生态兴则文明兴，生态衰则文明衰。"良好的生态环境是人类生存和发展的基础。《联合国人类环境会议宣言》写道："环境给予人以维持生存的东西，并给他提供了在智力、道德、社会和精神等方面获得发展的机会。"一部人类文明的发展史，就是一部人与自然的关系史。细数人类历史上的四大古文明，无一不发源于水量丰沛、沃野千里、生态良好的地区。生态可载文明之舟，亦可覆舟。随着发源地环境的恶化，几大古文明几近消失。恩格斯在《自然辩证法》中曾有描述："美索不达米亚、希腊、小亚细亚以及其他各地的居民，为了得到耕地，毁灭了森林，但是他们做梦也想不到，这些地方今天竟因此成了不毛之地。"过度放牧、过度伐木、过度垦荒和盲目灌溉等，让植被锐减、洪水泛滥、河渠淤塞、气候失调、土地沙化……生态惨遭破坏，它所支持的生活和生产也难以为继，并最终导致文明的衰落或文明中心的转移。

作为唯一从未间断传承下来的古文明，中华文明始终关心人与自然的关系。早在5000多年前，伟大的中华民族就已经进入了农耕文明时代。长期的农耕文化所形成的天人合一、相生相克、阴阳五行等观念包含着丰富的生态文明思想。儒家形成了以仁爱为核心的人与自然和谐发展的思想体系，主要表现为和谐共生的顺应生态思想、仁民爱物的保护生态思想、取物有节的尊重生态思想。道家以"道法自然"的生态观为核心，强调万物平等的公平观和自然无为的行为观，认为道是世间万物的本源，人也由道产生，是自然的组成部分。墨家在长期的发展中形成"兼相爱，交相利""天志""爱无差等"的生态思想，对当代我们共同努力探寻的环境危机解决方案具有较高的实用价值。正是先贤的智慧，中华民族才形成了"敬畏自然、行有所止"的自然观，使中华民族能够生生不息、繁荣壮大。

中华人民共和国成立以来，党中央历代领导集体从我国的实际国情出发，深刻把握人类社会发展规律，持续关注人与自然的关系，着眼于不同历史时期社会主要矛盾的发展变化，总结我国的发展实践，从提出"对自然不能只讲索取不讲投入、只讲利用不讲建设"到认识到"人与自然和谐相处"，从"协调发展"到"可持续发展"，从"科学发展观"到"新发展理念"和坚持"绿色发展"，都表明我国环境保护和生态文明建设作为一种执政理念和实践形态，贯穿于中国共产党带领全国各族人民实现全面建成小康社会的奋斗目标过程中，贯穿于实现中华民族伟大复兴的中国梦的历史愿景中。党的十八大以来，以习近平同志为核心的党中央高度重视生态文明建设，把推进生态文明建设纳入国家发展大计，并提出美丽中国建设的目标。习近平总书记在党的十九大报告中，就生态文明建设提出新论断，坚持人与自然和谐共生成为新时代坚持和发展中国特色社会主义基本方略的重要组成部分，并专门用一部分内容论述"加快生态文明体制改革，建设美丽中国"。习近平总书记就生态文明建设提出的一系列新理念新思想新战略，深刻回答了为什么建设生态文明、建设什么样的生态文明、怎样建设生态文明等重大问题，形成了系统完整的生态文明思想，成为习近平新时代中国特色社会主义思想的重要组成部分。

生态文明是在传统的发展模式出现了严重弊病之后，为寻求与自然和谐相处、适应生态平衡的客观要求，在物质、精神、行为、观念与制度等诸多方面以及人与人、人与自然良性互动关系上所取得进步的价值尺度和相应的价值指引。生态文明以可持续发展原则为指导，树立人与自然的平等观，把发展和生态保护紧密结合起来，在发展的基础上改善生态环境。因此，生态文明的本质就是要重新梳理人与自然的关系，实现人类社会的可持续发展。它既是对中华优秀传统文化的继承和发扬，也为未来人类社会的发展指明了方向。

党的十八大以来，"生态文明建设"相继被写入《中国共产党章程》和《中华人民共和国宪法》，这标志着生态文明建设在新时代的背景下日益规范化、制度化和法治化。党的十八大提出，大力推进生态文明建设，把生态文明建设放在突出地位，融入经济建设、政治建设、文化建设、社会建设各方面和全过程，努力建设美丽中国，实现中华民族永续发展。党的十八届三中全会提出，必须建立系统完整的"生态文明制度体系"，用制度保护生态环境。党的十八届四中全会将生态文明建设置于"依法治国"的大背景下，进一步提出"用严格的法律制度保护生态环境"。可见，生态文明法律制度建设的脚步不断加快。为此，本人于2014年牵头成立了"生态文明法律制度建设研究"课题组，并成功中标2014年度国家社科基金重大项目，本套丛书即是该项目的研究成果。

本套丛书包含19本专著，即《生态文明法律制度建设研究》《监管与自治：乡村振兴视域下农村环保监管模式法治构建》《保护与利用：自然资源制度完善的进路》《管理与变革：生态文明视野下矿业用地法律制度研究》《保护与分配：新时代中国矿产资源法的重构与前瞻》《过程与管控：我国核能安全法律制度研究》《补偿与发展：生态补偿制度建设研究》《冲突与衡平：国际河流生态补偿制度的构建与中国应对》《激励与约束：环境空气质量生态补偿法律机制》《控制与救济：我国农业用地土壤污染防治制度建设》《多元与合作：环境规制创新研究》《协同与治理：区域环境治理法律制度研究》《互制与互动：民众参与环境风险管制的法治表达》

《指导与管控：国土空间规划制度价值意蕴》《矛盾与协调：中国环境监测预警制度研究》《协商与共识：环境行政决策的治理规则》《主导或参与：自然保护地社区协调发展之模式选择》《困境与突破：生态损害司法救济路径之完善》《疏离与统合：环境公益诉讼程序协调论》，主要从"生态文明法治建设研究总论""资源法制研究""环境法制研究""相关诉讼法制研究"四大板块，探讨了生态文明法律制度建设的相关议题。本套丛书的出版契合了当下生态文明建设的实践需求和理论供给，具有重要的时代意义，也希望本套丛书的出版能为我国法治理论创新和学术繁荣作出贡献。

2022 年 9 月 于山城重庆

前　言

随着现代经济、技术的蓬勃发展，人类正面临日益严峻的土地资源稀缺问题。从国土空间规划的法治层面看，人们有必要从基本理念、价值追求、基本原则、基本制度等方面对国土空间规划制度进行系统研究。目前有关国土空间规划制度的研究主要集中在土地利用规划、城乡规划、区域（流域）发展规划、主体功能区规划管理等方面。囿于研究视角、范围，这些研究成果无法为我国国土空间规划制度的建构、完善提供有力的支持，也无法为国土可持续开发、利用、保护、综合整治等实践提供理论指导。为此，本书立足我国全面建成小康社会和生态文明建设的战略背景，以建设美丽中国为基本目标，对国土空间规划制度的基础理论、价值追求、基本目标、基本原则和国土空间规划权配置、规划权力运行、国土空间规划监督管理及国土空间规划相对人权利救济等制度进行系统研究。

关于国土空间规划制度的基础理论。国土空间规划是布局国土空间、配置国土资源、调控经济发展的中长期空间发展战略，国土空间规划的编制实施对促进国土资源合理利用、生态高效保护、空间节约集约开发、区域经济社会可持续发展具有重要意义。我国国土空间规划实践时间相对较短，理论研究也相对薄弱。所以，借鉴欧美发达国家国土空间规划的成熟理论，对国土、国土空间规划、土地利用规划、城乡规划、区域发展规划、主体功能区规划制度及相关概念进行解析，厘清国土空间规划与其他相关规划的关系，客观阐述并评价我国国土空间规划体系的现状，是十分必要的。这些研究为后文国土空间规划制度、价值追求、基本目标、基本原则、国土空间规划权配置、国土空间规划权运行、国土空间规划监督管理及国土空间规划相对人权利救济等制度研究限定了范围和方向，确保论证在预定轨迹发展。因此，基础理论研究对全书实际上起到奠基作用，是不容小觑的。

关于国土空间规划制度的价值追求。规划科学本身属于自然科学范畴，技术理性是其突出特点，其一贯追求价值中立性，但现代国土空间规划又具有鲜明的公共政策属性，制度规制的分配功能相当明显，因而可以对其进行价值评价。国土空间规划制度的正义价值体现在代内正义（空间维度正义）、代际正义（时间维度正义）和种际正义三个方面，制度建构需遵循"代内正义""代际正义""种际正义"三者协调平衡的原则，并以实现实质正义和社会正义为主要价值追求。国土空间规划制度的效率价值要立足国土空间开发、利用、保护、整治现实，既保证国土空间规划制度本身简洁、实用，又注重国土空间规划制度对国土空间规划行为效率的促进，特别是提高国土空间节约集约利用程度，实现经济效益、生态效益和社会效益的有机统一。国土空间规划制度的秩序价值需坚持公共秩序维护与个人自由的辩证统一、社会秩序和生态秩序的辩证统一，在对立统一中，通过相互制约，促进国家的经济安全、政治安全、社会安全和生态安全的统一，实现国土空间安全、规划秩序和谐安定、国土空间治理体系和治理能力现代化。协调国土空间规划制度正义价值、效率价值、秩序价值的冲突，应基于正义价值的基础性和内在要求，在现有政策框架内对秩序价值的具体内容进行谨慎的调适；同时，对国土空间效率价值的追求应符合正义价值的要求，并应有助于国土空间秩序价值的实现。

关于国土空间规划制度的基本目标。我国学界在研究和实践中一直存在两种截然相反的观点，一种观点是"经济发展优先论"，另一种观点是"环境保护优先论"。这两种观点虽然都有一定的合理性，但也都存在一定的片面性，突出的问题是把"发展"和"环保"对立起来。在国土空间规划制度的目标体系中，应把可持续发展理念作为国土空间规划制度的目标。

关于国土空间规划制度的基本原则。基本原则是对国土空间规划价值理念及目标的贯彻落实和体现。在国土空间规划制度的基本原则体系中，合理合法原则、统筹协调原则、预防原则、程序正义原则、公众参与原则等构成和谐统一的原则体系，其中合理合法原则是原则体系的基础，统筹协调原则是手段性原则，预防原则是目标性原则，程序正义原则和公众参与原则是保障性原则。

关于国土空间规划权配置制度。国土空间规划从性质来看，属于行政权；国土空间规划从行为特征来看，兼有抽象和具体行政行为的双重特征，合理配置该权力涉及的因素相当复杂。鉴于其对国土空间开发、社会公共利益促进和公民私权保障的深刻影响，国土空间规划权配置必须坚持合法、合理、高效，实现法治化。按照党中央、国务院"多规合一"的要求，我国已将全国国土空间规划职责统一到自然资源部，并确立国土空间规划的战略性、基础性、权威性地位，构建以国土空间规划为基础的国土空间规划体系，其他专项规划、专门规划必须在国土空间规划之下，服从和服务于国土空间规划，所以，国土空间规划权的调整必须实现法治化。

关于国土空间规划权力运行制度。法律制度存在的最直接目的就是规制法律关系主体的行为，进而实现制度的价值追求和目标。借鉴国内外国土空间规划立法中较为成熟的内容，我国应完善国土空间规划编制、国土空间规划审批、土地征收、国土规划信息公开制度，重构并完善国土空间用途管制和国土综合整治制度，建立由国土空间规划可持续发展评估制度和国土空间规划权力机关运行制度等构成的和谐、高效的国土空间规划权力运行制度体系。

关于国土空间规划监督管理制度。权责一致是现代法治国家对权力运行的一项基本要求，国土空间规划违法违规和不当行为必须受到及时、严肃的追究。对国土空间规划违法违规和不当行为的监督制约，从法理来讲应包括权力制约权力和权利制衡权力两个方面，第七章主要论述权力制约权力，关于权利制衡权力将在"国土空间规划相对人权利救济制度"章节论述。国土空间规划的行政监督制度包括土地督察制度、国土空间规划行政问责制度；国土空间规划的权力机关监督制度包括国土空间规划年度审议制度、国土空间规划专题质询制度；国土空间规划的司法监督制度包括国土空间规划检察机关监督、国土空间规划审判机关监督。

关于国土空间规划相对人权利救济制度。国土空间规划作为一项面向将来、影响面广且时间长的重大行政行为，其对行政相对人权益的影响无疑是深远的，国土空间治理现代化和法治国家建设的一个基本标志就是公民私权得到全面确认和保护，权利受到侵害时必须予以及时充分的救济。第九章主要探讨国土空间规划相对人权利救济的缘起；国土空间规划相对人权利救济的基本制度（国土空间规划损害补偿制度、国土空间规划赔偿制度）；国土空间规划相对人权利救济的程序（公力救济程序和私力救济程序）。

纵观现有相关研究成果，国土空间规划制度的价值追求、预防原则、国土空间可持续发展评估制度、国土空间规划权力机关监督制度为首次系统研究。基于价值理念对国土空间规划制度的基本目标、基本原则、基本制度进行研究，也是本书独特的研究路径。

国土空间规划一直以来都属于规划科学和管理科学的研究范畴，法学界对此关注不多、研究不深。笔者对国土空间规划制度的研究始于在重庆大学攻读博士学位时，恩师黄锡生老师一再鼓励下的艰难选择。其原因在于：关于国土空间规划制度的法学研究文献较少，而国土空间规划实践也在不断改革和深度发展中。囿于此，笔者在研究中一直感觉力不从心、诚惶诚恐，唯恐贻笑大方。国土空间规划制度的理论体系博大精深，本书的研究只是一个开始，书中关于国土空间规划的研究观点很不成熟、很不系统，甚或存有谬误，匆促付梓，望读者不吝指教。相关工作的完成与导师、编辑、家人的付出密不可分。在此，笔者首先向最敬重的恩师黄锡生表示感谢，没有导师的鼓励、指导和帮助，本书是难以完成的。其次，笔者向重庆大学出版社的张慧梓编辑及编辑出版团队表示诚挚的谢意，他们对工作的超强执行力、对学术一丝不苟的责任心、对本人粗心疏漏的宽容和谅解，让我温暖舒心，时时感恩。最后，笔者还要向一直以来支持关心我的家人、同事和同学表示谢意，你们的关心、支持是本书得以完成的基本保障。

2021 年 7 月 30 日于春城

目　录

第一章　国土空间规划制度研究的缘起

第二章 国土空间规划的基础理论

第三章 国土空间规划制度价值追求

第八章　国土空间规划监督管理制度

第九章　国土空间规划相对人权利救济制度

主要参考文献

第一章 国土空间规划制度研究的缘起

　　制度是规范和约束成员的行为规则，制度的功能在于为人们的行为提供指导、预测，尽力稳定经济社会秩序[1]。制度的功能和作用能否发挥并实现其价值目标，需通过制度的规定性、能动性和变动性三个层面来体现。制度的规定性是指规则、条文所设定的适用条件，是制度构成的基本环节，为制度整体作用的发挥提供规矩，构建框架。制度的能动性是指制度规范的执行、实施和作用，是制度将其规定性的条文作用于行为主体，使其约束和规范作用产生效应的过程，是制度的价值实现环节。制度的变动性即制度的变迁，是"一个通过其规定性、能动性与作用客体间相互磨合，作用与反作用，使自身得到发展和进化的过程，是制度的繁衍环节"[2]。国土空间开发、利用、保护、整治等行为是否需要国土空间规划制度规制，已存在的国土规划制度是否具有能动性，是国土空间规划制度建构、完善与否的根本动因。我国国土空间规划制度研究的动因正是长期以来国土空间规划基本制度缺失和国土空间治理问题突出，即国土空间规划制度在规定性、能动性和变动性层面存在不足。

---

[1]　姚建宗.法律与发展研究导论：以经济与政治发展为中心的考察[M].长春：吉林大学出版社，1998：212.

[2]　齐超.制度含义及其本质之我见[J].税务与经济，2009（3）：9-13.

第一节　生态文明建设的时代要求

一、生态文明概念的形成与确立

（一）生态文明概念的产生与初步发展阶段（20 世纪 80 年代）

我国对生态文明概念的学术探讨始于 20 世纪 80 年代初[1]。1982 年孟庆时首次使用生态文明一词，其认为生态文明使"人类和非人的自然界之间处于和平共生状态之中"[2]。1983 年赵鑫珊从人与自然关系和谐、物质文明与精神文明辩证发展的角度界定生态文明，他认为生态文明是人与自然关系间的"和谐"[3]。1986 年刘思华首次提出应当将"生态文明"纳入社会主义文明建设的体系中，以促进"社会主义物质文明建设、精神文明建设、生态文明建设同步协调发展"[4]。1987 年叶谦吉首次定义了"生态文明"，其认为生态文明是"人类既获利于自然，又还利于自然，在改造自然的同时又保护自然，人与自然之间保持着和谐统一的关系"[5]。

（二）生态文明概念的激烈论争阶段（20 世纪 90 年代）

20 世纪 90 年代，可持续发展理念和生态环境科学知识开始被普遍认知与接受，但人们对生态文明概念的内涵及其外延的争论也异常激烈，学界围绕"生态义明形态论"和"生态成果总和论"展开了激烈的论争。

一是生态文明形态论。 1994 年申曙光首次阐述"生态文明形态

[1]　方时姣.论社会主义生态文明三个基本概念及其相互关系[J].马克思主义研究，2014（7）：35-44.
[2]　I.费切尔，孟庆时.论人类生存的环境：兼论进步的辩证法[J].哲学译丛，1982（5）：54-57.
[3]　赵鑫珊.生态学与文学艺术[J].读书，1983（4）：110-111.
[4]　刘思华.对建设社会主义生态文明论的若干回忆：兼述我的"马克思主义生态文明观"[J].中国地质大学学报（社会科学版），2008，8（4）：18-30.
[5]　张春燕.百年一叶[J].中国生态文明，2014（1）：83-87.

论"，其认为生态文明这种"新的社会文明形态"将会取代工业文明
而引导人类社会继续向前发展[1]。其后，其他学者从不同角度对"生
态文明形态论"展开学术论争，譬如"生态文明是相对于古代文明、
工业文明而言的一种新型的文明形态，它是一种物质生产与精神生产
都高度发展，自然生态和人文生态和谐统一的更高层次的文明"[2]，
"生态文明以可持续发展为重要标志，以建立生态文明社会为目标，
按照以人为本、全面协调可持续的科学发展观，不侵害后代人生存发
展权的道德观，人与自然和谐相处的价值观，改善生态环境，实现山
川秀美，使人们在思想观念、科学教育、文学艺术、人文关怀诸方面
都产生新的变化，在生产方式、消费方式、生活方式等各方面构建生
态文明的社会形态"[3]，"生态文明……是继原始文明、农业文明、
工业文明之后一个具有更高形态的文明"[4]，"生态文明作为人类
文明的一种新形态，是以建立可持续的生产方式和生活方式为内涵，
以引导人们走上健康、持续、和谐的发展道路为着眼点，以人与自然、
人与社会、人与他人和谐相处、共生共荣为宗旨的"[5]。

　　二是生态成果总和论。1997 年邱耕田首次提出生态成果总和论，
其认为"所谓生态文明，是指人类在改造客观世界的同时又主动保护
客观世界，积极改善和优化人与自然的关系，建设良好的生态环境
所取得的物质与精神成果的总和"[6]。此后，不少学者接受了其所
定义的概念，并在此基础上进行补充和完善。比如"有利于各大生
态系统改善的各种成果之总和"[7]、"实现可持续发展付出的努力

[1]　申曙光.生态文明及其理论与现实基础[J].北京大学学报(哲学社会科学版)，1994，31(3)：31-37，127.
[2]　张旭平."生态文明"概念辨析[J].系统辩证学学报，2001，9(2)：86-90.
[3]　江泽慧.保护生态环境建设生态文明：在全国政协第十一届一次会议上的书面发言[J].中国城市林业，2008，6(2)：4-5.
[4]　陈峰燕.探析生态文明建设的基本内涵和战略重点[J].辽宁行政学院学报，2013，15(12)：63-66.
[5]　李桂花，杜易.生态文明建设的基本内涵及其理论基础[J].长春市委党校学报，2014(1)：36-38，43.
[6]　邱耕田.对生态文明的再认识：兼与申曙光等人商榷[J].求索，1997(2)：84-87.
[7]　王迎.正确理解生态文明内涵推进生态文明建设[J].林业经济，2013，35(4)：45-47.

以及收获的成果"[1]、"实现人与自然的和谐发展所取得的全部成果"[2]、"物质成果、精神成果和制度成果的总和"[3]、"社会对待自然环境的基本态度、理念、认识以及实践的综合"[4]、"物质、精神、制度方面成果的总和"[5]。生态成果总和论在学界产生了较强的影响力，成为定义生态文明概念的另一条主线。

（三）生态文明概念的融合定型、内涵深化阶段（21 世纪）

进入 21 世纪后，学者关于生态文明概念的争论围绕"狭义生态文明"和"广义生态文明"展开，呈现从狭义生态文明可为广义生态文明所包含，到狭义生态文明概念和广义生态文明概念融合发展的轨迹。

一是狭义生态文明和广义生态文明概念并存阶段。狭义的生态文明概念强调人与自然的和谐发展，譬如"实现人类与自然的和谐发展"，而广义的生态文明概念不仅强调人与自然之间的关系和谐，而且高度重视人与人、人与社会之间的关系和谐。当然，学者也一致承认二者在内涵和特征之间的同一性，认为所述的生态文明应成为生产方式、生活方式、社会制度、行为习惯、思维方式等众多内容的主导因素。

二是生态文明概念融合发展阶段。生态文明概念的融合发展源于国家环保总局原副局长潘岳 2006 年对生态文明所下的定义，其认为"生态文明，是指人类遵循人、自然、社会和谐发展这一客观规律而取得的物质与精神成果的总和；是以人与自然、人与人、人与社会和谐共生、良性循环、全面发展、持续繁荣为基本宗旨的文化伦理形态"[6]。

[1] 王玉宝，郝爱红.生态文明内涵浅析［J］.佳木斯职业学院学报，2016（2）：144-145.
[2] 李宏伟.生态文明建设的科学内涵与当代中国生态文明建设［J］.求知，2011（12）：7-9.
[3] 周生贤.积极建设生态文明［J］.环境与可持续发展，2010，35（1）：1-3.
[4] 宋言奇.生态文明建设的内涵、意义及其路径［J］.南通大学学报（社会科学版），2008，24（4）：103-106.
[5] 雷丹.浅论生态文明的基本内涵和特征［J］.商业文化，2008（12）：125.
[6] 潘岳.社会主义与生态文明［J］.文明.2007（12）：8-9.

该定义一改过去狭义、广义生态文明概念的定义角度和方法，把生态文明概念界定为"人、自然和社会三者的和谐发展"，突破了过去对生态文明概念的简单综合，使其真正走向融合。其后，其他学者遵循这一定义方法对生态文明作了不同的定义，但融合成为基本特征。譬如"全面推进生态经济实践中所取得的人与自然、人与人、人与社会以及人与自身和谐发展的全部成果总和，同时是一种把人与人的发展和自然与生态的发展作为双重终极价值目标、以重塑和实现生态和社会经济之间整体优化、全面协调健康发展、良性循环为主要内容的社会经济形态。""人类遵循人、自然、社会和谐发展这一客观规律而取得的物质成果与精神成果的总和，以尊重自然规律和保护自然环境为前提，以维护生态平衡和资源环境的可承受程度为基础，以建立可持续的生产方式、生活方式和产业结构为主要内容，实现人与自然相互依存、相互促进、相互协调的文明发展形态"[1]。

21世纪以来，人们通过把社会纳入人与自然关系的范畴，并在思维方式上强调人、自然和社会三者的有机统一，扩展了生态文明概念的内涵，使其社会属性得到彰显。文明必然涵盖生产方式、生活方式、社会制度和思想精神等我们生产生活的方方面面，广义与狭义生态文明仅关注生态文明的一个方面都显得偏颇，因此生态文明的概念走向融合是实现"五个文明"一体化建设的必然要求，也是实现美丽中国建设的应有内容，是对生态文明理论探讨的升华，更是对我国生态文明建设实践宝贵经验提炼总结的结果。

二、关于生态文明的几个重大理论论争

（1）自然本位还是人本位？人们在生态文明概念的基本认识上一直存在两种立场：自然本位和人本位。自然本位者认为，生态文明是将自然赋予生命，在不扰乱自然状态的前提下，实现人与自然、经

---

[1]　侯才.认识重心的迁移与当代哲学的趋向［J］.长白学刊，2005（1）：46-50.

济社会与环境的和谐。与此相对，人本位者认为，自然为人所用，应在人（社会）的可持续发展下，实现人与自然的和谐。代表性观点有："保护自然就是呵护人类自己，改善自然就是发展人类自己。"[1]

（2）生态文明与人类文明之间的关系："脱胎"还是"延续"？前者的观点，生态文明与工业、农业、原始文明等没有必然联系，是一种全新的文明形态。代表性观点有"生态文明是人类迄今最高的文明形态，它是人类文明在全球化和信息化条件下的转型和升华"[2]、"生态文明将在工业文明和现代科学技术的基础上发展与完善，脱胎于工业文明"[3]。后者认为生态文明是对工业文明、农业文明的延续和发展。原始文明是人类与自然界一种原始、和谐的生态关系；农业文明是人类从被动适应自然转变到主动适应自然的关系；工业文明是人类对"人类中心主义"进行批判和反思，生态文明思想渐行显化。[4]

（3）生态文明与物质文明、精神文明、政治文明、社会文明之间的关系，究竟是"独立"还是"附属"。独立论（超越论）的代表性观点如"超越工业文明的一种新文明"[5]、"生态文明不能被物质文明、精神文明和政治文明简单替代与涵盖"[6]、"积极改善和优化人与自然的关系，这方面的成果既不属于物质文明，也不属于精神文明，而应独立称之为生态文明"[7]等。附属论（修补论）认为生态文明依赖物质文明、精神文明等，不具有独立性。代表性观点有"生态文明是文明地对待生态环境"、生态文明"是对精神文明、物质文明等修补、渗透、融合""生态文明建设是精神文明建设的题

[1] 江泽民.正确处理社会主义现代化建设中的若干重大关系：在党的十四届五中全会闭幕时的讲话（第二部分）（1995年9月28日）[J].实践（思想理论版），1995（11）：4-11.
[2] 李广斌.利益博弈视角下的区域规划转型[M].南京：南京大学出版社，2010：3.
[3] 周永，汤云.土地利用中环境影响评价探讨[J].现代商贸工业，2009，21（23）：43-44.
[4] 洛涛，王一娟.我国人均资源占有量低于世界的平均水平[N].经济参考报，2007-04-24（6）.
[5] 卢风."生态文明"概念辨析[J].晋阳学刊，2017（5）：63-70.
[6] 方创琳.论公效兼容型的区域发展规划[J].人文地理，1999，14（4）：6-9.
[7] 毛汉英，方创琳.新时期区域发展规划的基本思路及完善途径[J].地理学报，1997，52（1）18-19.

中应有之义"[1]、"生态文明只能以物质文明、精神文明、制度文明的建设为'载体'"[2]等。

三、生态文明建设理论的确立

（一）生态文明建设理论的形成过程

20 世纪 90 年代以来，伴随着中国经济的高速发展，各种生态环境问题呈现出多发、频发状态，"高投入、高污染、高排放、低产出"发展模式已难以为继。不断恶化的生态环境给决策者和全国人民敲响了警钟。坚决摒弃"先污染后治理、先破坏后修复"的发展老路，全面树立生态文明理念，坚定不移走生态文明建设之路，成为决策层的共识。为此，一系列促进生态文明建设的政策和法律法规先后出台。一是党中央、国务院制定出台了多项顶层设计文件。2003 年，中共十六届三中全会提出坚持以人为本，树立全面、协调、可持续的科学发展观，随后又提出"建设资源节约型和环境友好型社会"。2007 年，党的十七大报告明确提出"建设生态文明，基本形成节约能源资源和保护生态环境的产业结构、增长方式、消费模式"。党的十八大提出"五位一体"总体布局，十八届三中全会《中共中央关于全面深化改革若干重大问题的决定》设立"加快生态文明制度建设"专章，《中共中央关于制定国民经济和社会发展第十三个五年规划的建议》设立"坚持绿色发展，着力改善生态环境"一章，《中华人民共和国国民经济和社会发展第十三个五年规划纲要》也单设"加快改善生态环境"一篇。《中共中央国务院关于加快推进生态文明建设的意见》明确提出："生态文明交流价值观在全社会得到推行，生态文明建设水平与全面建成小康社会目标相适应。"二是全国人大及常委会和地方立法

---

[1]　曹康，吴丽娅.西方现代城市规划思想的哲学传统［J］.城市规划学刊，2005（2）：65-69.

[2]　李广斌.利益博弈视角下的区域规划转型［M］.南京：南京大学出版社，2010：7-12.

机关按照生态文明顶层设计文件要求，先后对《中华人民共和国环境保护法》（以下简称《环境保护法》）、《中华人民共和国大气污染防治法》、《中华人民共和国水污染防治法》、《中华人民共和国固体废弃物污染环境防治法》、《中华人民共和国海洋环境保护法》、《中华人民共和国水土保持法》、《中华人民共和国森林法》、《中华人民共和国土地管理法》（以下简称《土地管理法》）、《中华人民共和国野生动物保护法》等进行修订，增加了生态保护的规定；加强了森林、草原、自然保护区、野生动植物、湿地、石漠化、荒漠化等领域立法。三是一些地方制定颁布生态文明建设的综合性法规，如《云南省创建生态文明建设排头兵促进条例》《青海省生态文明建设促进条例》《贵州省生态文明建设促进条例》《厦门经济特区生态文明建设条例》等。

（二）生态文明建设理论的基本内涵

生态文明建设理论是一套科学系统的理论体系，学者们对其内涵和外延见智见仁。譬如李雪松、孙博文、吴萍认为，习近平新时代中国特色社会主义生态文明建设思想主要包括文明兴衰生态决定论、生态环境就是生产力论、生态环境民生论、生态文明制度建设论、生态文明建设系统工程论、生态红线论、节约资源论、生态系统休养生息论等[1]，这些理论相互联系、互为补充，共同构建成一个有机统一的理论体系。常纪文把习近平生态文明思想概括为"生态文明思想的认识论和方法论、生态文明思想的历史观、生态文明思想的矛盾观、生态文明思想的系统论、生态文明思想的治理论、生态文明思想的法治观"[2]等九个方面。笔者认为，学者们关于生态文明建设理论体系的认识和把握，虽然各有差异，但基本内容是一致的，只是观察的角度不同。新时代生态文明建设应包括如下几个方面：

---

[1]　李雪松，孙博文，吴萍.习近平生态文明建设思想研究［J］.湖南社会科学，2016（3）：14-18.
[2]　常纪文.习近平生态文明思想的内涵［J］.城市与环境研究，2018，5（2）：9-12.

1. 生态文明建设关系人民福祉，关乎民族未来

习近平总书记在十八届中央政治局第六次集体学习明确提出"建设生态文明，关系人民福祉，关乎民族未来"[1]。生态文明建设的提出是对我国日益恶化的生态环境的回应，物质文明、精神文明、政治文明、社会文明的建设须臾离不开自然环境，破坏自然环境和生态必然从根本上损害其他文明建设的环境，侵蚀中华民族伟大复兴的根基。生态文明建设关系中华民族永续发展和"两个一百年"奋斗目标的实现，必须全面领会把握并全面贯彻落实生态文明建设理论，切实把生态文明建设的理念、原则、目标融入社会发展各方面，贯彻到各级各类规划和各项工作中，把保护环境这项功在当代、利在千秋的事业做好，"像对待生命一样对待生态环境，在生态环境保护上一定要算大账、算长远账、算整体账、算综合账，不能因小失大、顾此失彼、寅吃卯粮、急功近利"[2]。

2. 保护生态环境就是保护生产力论，改善环境就是发展生产力

2013 年 4 月 10 日习近平总书记在海南考察时指出，"纵观世界发展史，保护生态环境就是保护生产力，改善生态环境就是发展生产力"[3]。发展固然是硬道理，但绝不可以不考虑生态环境谈发展。片面追求经济发展的数量和速度等指标而无视环境资源保护，此种高增长必然带来资源消耗和污染物排放总量的剧增，造成资源枯竭、环境恶化，反过来会严重制约社会的持续发展，甚至侵蚀发展根基。因此，人与自然和谐、经济社会与环境生态和谐，就是要"两座山"，既要金山银山，更要绿水青山。牢固树立"保护生态环境就是保护生产力、改善生态环境就是发展生产力"的理念，既发挥人的积极性，创造社会生产力；又创造生态生产力，挖掘自然潜能，提升生活品质。

---

[1] 中共中央文献研究室. 习近平关于社会主义生态文明建设论述摘编[M]. 北京: 中央文献出版社，2017: 5.

[2] 中共中央文献研究室. 习近平关于社会主义生态文明建设论述摘编[M]. 北京: 中央文献出版社，2017: 8.

[3] 中共中央文献研究室. 习近平关于社会主义生态文明建设论述摘编[M]. 北京: 中央文献出版社，2017: 4.

3. 绿色发展论

2015年3月29日习近平总书记出席博鳌亚洲论坛年会的中外企业家代表座谈时指出："我们要走绿色发展道路，让资源节约、环境友好成为主流的生产生活方式。"[1]因此绿色发展成为新时代生态文明建设理论的基本内容，正确领会和把握绿色发展需要重点关注如下内容：一是绿色发展既是理念也是举措，必须不折不扣地贯彻落实到位。必须科学布局生产空间、生活空间和生态空间，全面推进生态文明建设。二是要正确处理经济社会发展和生态环境保护的关系，实现发展和环保协同推进。三是要坚持创新、协调、绿色、开放、共享的发展理念，把它们作为一个完整体系统筹推进。四是在推进过程中，必须高度重视和着力解决人与自然的不和谐，甚至矛盾冲突问题，始终秉持生产发展、生活富裕、生态良好一体推进思路。五是要把坚持和推进绿色发展的重大历史任务，置于国际环境保护和可持续发展的大背景下，为全球生态安全和可持续发展作出历史贡献。六是要制定完善绿色发展的制度，创新绿色发展的体制机制，加强对相关行为的考评、激励和惩处。

4. 生态环境民生论

2013年4月，习近平总书记在海南考察时强调："良好生态环境是最公平的公共产品，是最普惠的民生福祉。"[2]清新的空气、干净的饮水、安全的食品、优美的环境等是人民群众对生态文明最朴素的理解和对环境保护最起码的诉求。必须把生态文明建设放到更加突出的位置，着力在大气、水、土壤、固体废弃物、农村环境治理等上下功夫，像保护眼睛一样保护好森林、草原、野生动植物、自然保护地等。山清水秀但贫穷落后非我们所愿，生活富裕但环境退化更非我们追求。实现中华民族伟大复兴的中国梦，必须全方位

---

[1] 中共中央文献研究室. 习近平关于社会主义生态文明建设论述摘编[M]. 北京：中央文献出版社，2017：26.

[2] 中共中央文献研究室. 习近平关于社会主义生态文明建设论述摘编[M]. 北京：中央文献出版社，2017：4.

协调推进经济、政治、文化、社会和生态文明建设，既要大力促进经济繁荣、政治民主、社会和谐、精神文明，更要全面加强生态环境保护，实现生态文明。我们正处在实现小康并向社会主义现代化推进的阶段，普通群众对生态环境问题越发重视，对洁净的水、清新的空气、安全的食品、优美的环境越发渴求。生态环境是最大的公共产品和最普惠的福祉，我们必须始终以人民的期盼为根本目标，把解决损害群众健康的突出环境问题作为重点，坚持"预防为主、防治结合、综合治理"，不断加强水、大气、土壤、固体废弃物等污染防治，抓紧推进重点流域、区域水污染防治及重点行业和重点区域大气污染治理。

5. 生态文明制度建设论

"保护生态环境必须依靠制度、依靠法治。只有实行最严格的制度、最严密的法治，才能为生态文明建设提供可靠保证。"[1]制度建设具有基础性和根本性，没有科学高效的法律制度就无法对生态文明建设的诸多行为进行科学指引和规范约束，更无法建立和谐有序的生态文明建设秩序，以及实现环境治理体系和治理能力现代化。当前要切实做好生态文明建设的框架制度建构和完善，一是完善经济社会发展考核评价体系，把资源消耗、环境损害、生态效益等体现生态文明建设状况的指标纳入经济社会发展考核评价体系，建立体现生态文明要求的目标体现、考核办法、奖惩机制。二是建立健全自然资源有偿使用制度、生态补偿制度、污染物总量控制制度。三是建立科学严密的问责制度，对那些不顾生态环境情况滥作为、不依法依规加强生态环境保护的"不作为"、对生态环保工作消极懈怠和推诿搪塞的"慢作为"、对生态环境问题做表面工作的"假作为"，必须追究其责任，而且要终身追责。四是加强生态文明建设的相关法律法规的立、改、废工作，建立完善的生态文明法制体系。

---

[1]　中共中央文献研究室.习近平关于社会主义生态文明建设论述摘编[M].北京:中央文献出版社,2017:99.

6. 生态红线论

习近平总书记提出："稳步推进健全自然资源资产产权制度和用途管制制度，划定生态红线、实行资源有偿使用制度和生态补偿制度等工作。"[1]必须根据我国国民经济发展的规模、速度和强度，把社会发展的经济活动、生活活动和生态活动，放在国土空间中统筹谋划，严格按照优化开发、重点开发、限制开发、禁止开发之主体功能定位，划定"生态红线"，构建科学合理的城镇、农业、生态发展格局，提高国土空间的生态服务功能，保障国家的生态安全。将自然保护区、国家公园、森林公园的生态保育区和核心景观区、风景名胜区的一级保护区（核心景区）、地质公园的地质遗迹保护区、世界自然遗产地的核心区和缓冲区、湿地公园的湿地保育区和恢复重建区、重点城市集中式饮用水水源保护区的一级和二级保护区、水产种质资源保护区的核心区、重要湿地、极小种群物种分布栖息地、原始林、国家一级公益林、部分国家二级公益林及省级公益林、部分天然林、相对集中连片的草地、河湖自然岸线，以及科学评估结果为生态功能极重要区和生态环境敏感极重要区的区域划入生态保护红线。

7. 生态系统休养生息论

习近平总书记指出："要让透支的资源环境逐步休养生息，扩大森林、湖泊、湿地等绿色生态空间，增强水源涵养能力和环境容量。"[2]中国当前的生态环境问题具集中性、结构性、复杂性；用单一思维和单一方法都无法解决我国的生态环境问题，必须坚持系统思维、整体思维，采取综合措施，才能从根本上解决我国的生态环境问题。坚持系统整体思维，就要把山水园林湖草作为一个不可分割的整体来看待，对这个系统采取系统思维，运用综合手段来治理。当务之急是要让生态系统得以恢复，由失衡走向平衡，进入良性循环；从长远来看，要加强耕地、江河湖泊、湿地、森林等自然生态系统的修复能力和自我循环能力，提高生态服务功能。

[1][2] 中共中央文献研究室.习近平关于社会主义生态文明建设论述摘编［M］.北京：中央文献出版社，2017：107.

四、生态文明建设对国土空间规划制度变革的要求

（一）落实生态文明建设目标之需要

（1）《决胜全面建成小康社会　夺取新时代中国特色社会主义伟大胜利》提出，"人与自然是生命共同体，人类必须尊重自然、顺应自然、保护自然。……形成节约资源和保护环境的空间格局、产业结构、生产方式、生活方式，还自然以宁静、和谐、美丽"。构建以空间规划为基础、以用途管制为主要手段的国土空间开发保护制度，着力解决因无序开发、过度开发、分散开发导致的优质耕地和生态空间占用过多、生态破坏、环境污染等问题。构建以空间治理和空间结构优化为主要内容，全国统一、相互衔接、分级管理的空间规划体系，着力解决空间性规划重叠冲突、部门职责交叉重复、地方规划朝令夕改等问题。

（2）《生态文明体制改革总体方案》的要求（以下简称《方案》）。《方案》针对国土空间开发保护、空间规划体系完善和空间治理能力提升，明确提出："完善主体功能区制度。统筹国家和省级主体功能区规划，健全基于主体功能区的区域政策，根据城市化地区、农产品主产区、重点生态功能区的不同定位，加快调整完善财政、产业、投资、人口流动、建设用地、资源开发、环境保护等政策。健全国土空间用途管制制度。简化自上而下的用地指标控制体系，调整按行政区和用地基数分配指标的做法。将开发强度指标分解到各县级行政区，作为约束性指标，控制建设用地总量。将用途管制扩大到所有自然生态空间，划定并严守生态红线，严禁任意改变用途，防止不合理开发建设活动对生态红线的破坏。完善覆盖全部国土空间的监测系统，动态监测国土空间变化。""编制空间规划。整合目前各部门分头编制的各类空间性规划，编制统一的空间规划，实现空间规划全覆盖。研究建立统一规范的空间规划编制机制。""推进市县'多规合一'。

支持市县推进'多规合一'，统一编制市县空间规划，逐步形成一个市县一个规划、一张蓝图。""创新市县空间规划编制方法。探索规范化的市县空间规划编制程序，扩大社会参与，增强规划的科学性和透明度。"

（3）《中共中央国务院关于加快推进生态文明建设的意见》的要求（以下简称《意见》）。《意见》对国土空间规划治理提出具体要求："要坚定不移地实施主体功能区战略，健全空间规划体系，科学合理布局和整治生产空间、生活空间、生态空间。全面落实主体功能区规划，健全财政、投资、产业、土地、人口、环境等配套政策和各有侧重的绩效考核评价体系。推进市县落实主体功能定位，推动经济社会发展、城乡、土地利用、生态环境保护等规划'多规合一'，形成一个市县一本规划、一张蓝图。区域规划编制、重大项目布局必须符合主体功能定位。对不同主体功能区的产业项目实行差别化市场准入政策，明确禁止开发区域、限制开发区域准入事项，明确优化开发区域、重点开发区域禁止和限制发展的产业。编制实施全国国土空间规划纲要，加快推进国土综合整治。构建平衡适宜的城乡建设空间体系，适当增加生活空间、生态用地，保护和扩大绿地、水域、湿地等生态空间。"

（4）《中华人民共和国国民经济和社会发展第十三个五年规划纲要》（以下简称《纲要》）的要求。《纲要》第十篇第四十二章第三节明确提出："以市县级行政区为单元，建立由空间规划、用途管制、差异化绩效考核等构成的空间治理体系。建立国家空间规划体系，以主体功能区规划为基础统筹各类空间性规划，推进'多规合一'。完善国土空间开发许可制度。建立资源环境承载能力监测预警机制，对接近或达到警戒线的地区实行限制性措施。实施土地、矿产等国土资源调查评价和监测工程。提升测绘地理信息服务保障能力，开展地理国情常态化监测，推进全球地理信息资源开发。"[1]

---

[1] 中华人民共和国国民经济和社会发展第十三个五年规划纲要.[EB/OL].（2016-03-17）[2020-09-10].

（二）国土空间资源环境生态问题的倒逼

转型期的中国，如何按照生态文明建设理念要求，规划利用好国土空间资源这一最大的资源，统筹解决经济社会发展和生态环境保护等战略课题，不仅关系当代人发展、福祉和国家长治久安，而且关乎子孙后代的发展权利利益、中华民族伟大复兴的中国梦的实现。但我国国土空间规划面临严峻的生态资源问题，如国土空间规划如何切实贯彻生态文明理念；国家战略层面规划编制如何根据经济社会发展的需要以及当地资源禀赋确定主体功能分区；各类详细规划，如何结合当地的空间特点，在促进经济社会发展的同时，节约国土资源、加强生态环境保护，改变经济社会发展以资源环境牺牲为代价的粗放发展模式[1]，彻底纠正"吃祖宗的饭，断子孙的路"[2]等问题。这些问题亟待国土空间规划制度的重构和完善，以应对和解决。

1.资源约束不断加剧

一是资源禀赋缺陷明显。虽然我国资源的总量大、种类全，但人均占有量少，质量总体不高，主要资源人均占有量与世界平均水平相差甚远。矿产资源低品位、难选冶矿多；土地资源难利用地多、宜农地少；水土资源空间匹配性差，资源富集区与生态脆弱区多有重叠。

二是资源需求刚性增长。近十年间，我国矿产资源供应量增速同比提高近1倍，高出同期世界平均增速近1倍，对外依存度不断提高，石油、铁矿石、铜、铝、钾盐等大宗矿产资源的国内保障程度不足50%。随着新型工业化、信息化、城镇化、农业现代化同步发展，资源需求仍将保持强劲势头。

三是资源利用方式较为粗放。我国目前单位国内生产总值用水量和能耗仍远高于世界平均水平；人均城镇工矿建设用地面积为149平

［1］　张丽君，刘新卫，等.世界主要国家和地区国土规划的经验与启示［M］.北京：地质出版社，2011：62，110.

［2］　江泽民.正确处理社会主义现代化建设中的若干重大关系：在党的十四届五中全会闭幕时的讲话（第二部分）（1995年9月28日）［J］.实践（思想理论版），1995（11）：4-11.

方米，人均农村居民点用地面积为 300 平方米，远超国家标准上限；矿产资源利用水平总体不高。[1]

四是利用国外资源风险和难度凸显。当前，世界经济正处于深度调整之中，复苏动力不足，地缘政治影响加重，新的产业分工和经济秩序正在加快调整，各国围绕市场、资源、人才、技术、标准等领域的竞争更趋激烈，资源能源安全、粮食安全等全球性问题更加突出，我国从国际上获取能源资源的难度大大增加。

2. 生态环境压力加大

一是部分地区环境质量持续下降。2019 年，全国 337 个地级及以上城市中，157 个城市环境空气质量达标，仅占全部城市数的 46.6%；180 个城市环境空气质量超标，占 53.4%；京津冀及周边地区、长三角地区、珠三角地区、山东半岛等，复合型大气污染严重。全国地表水监测的 1931 个水质断面（点位）中，Ⅰ～Ⅲ类水质断面（点位）占 74.9%，劣Ⅴ类占 3.4%。全国 10168 个国家级地下水水质监测点中，Ⅰ～Ⅲ类水质监测点占 14.4%，Ⅳ类占 66.9%，Ⅴ类占 18.8%。2019 年，长江、黄河、珠江、松花江、淮河、海河、辽河七大流域和浙闽片河流、西北诸河、西南诸河监测的 1610 个水质断面中，Ⅰ～Ⅲ类水质断面占 79.1%，Ⅳ类水质断面占 14.7%，Ⅴ类水质断面占 3.3%，劣Ⅴ类水质断面占 3.0%；黄河流域、松花江流域、淮河流域、辽河流域和海河流域为轻度污染[2]。农用地土壤污染状况调查结果显示，全国土壤环境状况总体稳定，影响农用地土壤环境质量的主要污染物是重金属，其中镉为首要污染物。耕地土壤环境质量退化加速，工矿废弃地土壤环境问题突出。根据《第一次全国水利普查公报》，全国土壤侵蚀总面积 294.9 万平方千米，占普查总面积的 31.1%。其中，水力侵蚀面积 129.3 万平方千米，风力侵蚀面积 165.6 万平方千米。根据《第

［1］ 国务院.国务院关于印发全国国土规划纲要（2016—2030 年）的通知:国发〔2017〕3 号.［EB/OL］.（2017-02-04）［2020-09-10］.
［2］ 中华人民共和国生态环境部.2019 年中国生态环境状况公报.［R/OL］.（2020-06-02）［2020-09-10］.

六次中国荒漠化和沙化状况公报》，全国荒漠化土地面积 257.37 万平方千米，沙化土地面积 168.78 万平方千米。根据《中国岩溶地区石漠化状况公报》，截至 2021 年，全国岩溶地区石漠化土地总面积 722.32 万公顷。

二是生态系统功能不断退化。部分地区森林破坏、湿地萎缩、河湖干涸、水土流失、土地沙化、草原退化问题突出，生物多样性降低，生态灾害频发。全国中度和重度退化草原面积仍占草原总面积的三分之一以上，约 44% 的野生动物种群数量呈下降趋势，野生动植物种类受威胁比例达 15%~20%。

三是地质灾害点多面广频发。陆域国土地质环境极不安全区、不安全区面积分别占 4.6%、10.1%，局部地区地质环境安全风险较高。川滇山地、云贵高原、秦巴山地、陇中南山地等，滑坡、崩塌、泥石流等突发性地质灾害高发频发；长江三角洲、华北平原、汾渭盆地、滨海沉积海岸等地区，地面沉降、地裂缝和地面塌陷等缓变性地质灾害不断加重。

四是海洋生态环境问题日益凸显。陆源和海上污染物排海总量快速增长，近岸海域污染加重，特别是辽东湾、渤海湾、长江口、杭州湾、珠江口等海域污染问题十分突出；沙质海岸侵蚀严重，滨海湿地不断减少，海洋生态服务功能退化；赤潮、绿潮等海洋生态灾害频发；重大海洋污染事故时有发生。

3. 国土空间开发格局亟须优化

一是经济布局与人口、资源分布不协调。改革开放以来，产业和就业人口不断向东部沿海地区集中，市场消费地与资源富集区空间错位，造成能源资源的长距离调运和产品、劳动力大规模跨地区流动，经济运行成本、社会稳定和生态环境风险加大。

二是城镇、农业、生态空间结构性矛盾凸显。随着城乡建设用地不断扩张，农业和生态用地空间受到挤压，城镇、农业、生态空间矛盾加剧；优质耕地分布与城镇化地区高度重叠，耕地保护压力持续增大，空间开发政策面临艰难抉择。

三是部分地区国土开发强度与资源环境承载能力不匹配。京津冀及周边、长三角、珠三角等地区国土开发强度接近或超出资源环境承载能力，中西部一些自然禀赋较好的地区尚有较大潜力。

四是陆海国土开发缺乏统筹。沿海局部地区开发布局与海洋资源环境条件不相适应，围填海规模增长较快、利用粗放，可供开发的海岸线和近岸海域资源日益匮乏，生态环境损害严重。

4. 国土开发质量有待提升

一是城镇化质量不高。改革开放 40 年来，我国城镇化飞速发展，常住人口城镇化率由 1978 年的 17.9% 提高到 2018 年的 60.6% 左右，但城镇化粗放扩张，产业支撑不足，许多城市承载能力减弱，水土资源和能源短缺，环境问题堪忧。

二是产业低质同构现象严重。产业发展总体上仍处在过度依赖规模扩张和能源资源大量投入阶段，产业缺乏有效协同，缺乏核心竞争力，产品附加值低，在技术水平、盈利能力和市场影响力等方面与发达国家相差甚远。

三是基础设施重复建设与不足并存。部分地区基础设施建设过于超前，闲置和浪费严重。中西部偏远地区基础设施建设相对滞后，卫生、环保等公共服务和应急保障基础设施缺失。

四是城乡区域发展差距仍然突出。城乡居民收入比由 20 世纪 80 年代中期的 1.86 ：1 扩大到 2018 年的 2.68 ：1，城乡基础设施和公共服务水平存在显著差异。截至 2019 年底，东部、中部、西部及东北地区差距虽然有所缩小，但差距仍然明显，东北地区经济发展减缓趋向明显。

5. 国土空间开发与资源环境承载力的不匹配

推进生态文明建设，迫切要求加快实施国土空间开发战略，统筹国土空间的开发、利用、保护和整治。生态文明理念是国土空间规划的灵魂。传统的空间规划秉承以经济效益为导向的规划模式，注重生产要素的空间集聚与扩散、人口和产业的空间分布。国土空间规划甚少考虑生态环境等外在因素对空间组织的影响，国土空间开发与资源环境承载力不匹配，忽略以生态为基础的整体性规划思想。国土空间规划亟须改变"纸上画画、墙上挂挂"的局面，顺应生态文明建设大势，以尊重自然、顺应自然和保护自然的生态文明理念为规划灵魂，在时空上统筹协调人与自然、人与人、经济与社会的平衡。

五、国土空间规划纲要对生态安全提出新要求[1]

为将生态文明理念融入国土空间规划各方面和全过程，需要坚持生态敏感性（生态）、建设适宜性（生产）、环境宜居性（生活）"三生"协同的原则，以资源环境承载力为国土空间优化的基础，以综合整治工程为国土空间修复的途径，以生态文明制度为国土空间保护的保障，形成国土生态屏障、重要生态功能区、基础生态用地和生态网络体系为主体的生态安全体系，实现经济—环境—人居和谐的国土空间格局。

（一）开展资源环境承载力评价

基于地形、气候、水资源、优质耕地、地质环境、生态功能、环境容量和海岸海洋等资源环境要素，从资源环境对国土开发的限制性"短板"因素入手，综合评价特定区域空间所能承载的国土开发规模和强度。同时，要从限制性区域中寻找国土开发的适宜空间，对城乡建设和产业的空间布局加以引导。

---

[1]　国务院.国务院关于印发全国国土规划纲要（2016—2030年）的通知: 国发〔2017〕3号.[EB/OL].（2017-02-04）［2020-09-10］.

（二）保护国家基础生态用地

以国家级自然保护区、世界自然与文化遗产保护区、国家级风景名胜区、国家森林公园、国家地质公园等为主体，将具有代表性的自然生态系统、珍稀濒危野生动植物物种的天然集中分布地、有特殊价值的自然遗迹所在地和文化遗址等划入基础生态用地，严格禁止工业化和城镇化开发。

（三）优化重要生态功能区布局

基于主体功能区规划和生态功能区规划，优化重要生态功能区的数量和布局，特别是要在作为人口和经济重心的东部地区新增重要生态功能区，提出未来重要生态功能区建设的总量目标，进一步增强水源涵养、水土保持、防风固沙、生物多样性保护等生态功能。

（四）构建国土生态安全屏障

以东北森林湿地生态屏障、北方防风固沙生态屏障、青藏高原生态屏障、黄土高原—太行山生态屏障、秦巴山地—岷山—横断山生态屏障、三峡库区生态屏障、西南喀斯特地区生态屏障、长江中下游湿地生态屏障、南方森林生态屏障、东部沿海防护林生态屏障等十大屏障为主体，进一步强化生态防护功能，形成国家生态安全格局。

（五）实施国土综合整治工程

整合土地整治、河道整治、环境整治等专项工程，在农村地区、城市化地区、重要生态功能区、矿产资源开发集中区、海岸带和海岛，重点实施国土综合整治，改善人居生活环境，修复受损生态系统，促进生态保护，优化开发结构和布局，强化国土开发利用与资源环境承载力相匹配，提高国土开发效益和效率。

第二节　国土空间规划制度重构之需

一、国土空间规划制度建设的现状

（一）国土空间规划制度的渊源

1. 宪法

《中华人民共和国宪法》（以下简称《宪法》）作为国家的基本法，是国家所有其他法律制定的依据，其他法律是对《宪法》基本原则和制度的落实。从《宪法》规定看，对国土空间规划没有具体条文规定。仅在第六十二条第一款第（十）项规定，全国人大有权"审查和批准国民经济和社会发展计划和计划执行情况的报告"，第六十七条第一款第（五）项规定，全国人大常委会"在全国人民代表大会闭会期间，审查和批准国民经济和社会发展计划、国家预算在执行过程中所必须作的部分调整方案"，第八十九条第一款第（五）项规定，国务院"编制和执行国民经济和社会发展计划和国家预算"，这三个条文确定了国民经济和社会发展规划的宪法地位。但国土空间规划、土地利用规划、城乡规划、主体功能区规划、区域规划等空间规划则由其他法律法规规制调整，因此《宪法》是国土空间规划的法律渊源。

2. 法律

截至目前，我国没有专门的国土空间规划法，但对国土空间规划下位规划或者专项规划，如土地利用总体规划、城乡规划、环境规划、生态功能区规划等，有相关单行法予以规定。其中《土地管理法》在第三章用十四个条文对土地利用总体规划编制审批修改以及土地用途管制、国土空间治理、土地统计等作出了规定。《中华人民共和国城乡规划法》（以下简称《城乡规划法》）对城镇体系规划、城市（镇）总体规划、村镇规划的编制、审批、实施、修改、监督检查及法律责任等做出全面规定，是目前有关城镇空间规划的最为系统全面的一部专门法律，也是唯一一部以"规划法"命名并颁布实施的国土空间规划法律。另外，为加强对环境和自然资源管理，促进自然资源的合理开发利用，相关资源管理法律规定了资源规划的编制、审批和执行等事项。如《中华人民共和国森林法》（以下简称《森林法》）第三章明确了林草行政管理部门编制、审批、监督执行林业发展规划，落实国土空间开发保护的职责权限。《中华人民共和国草原法》（以下简称《草原法》）第三章九个条文规定农业行政主管部门编制草原发展总体规划，《中华人民共和国水法》（以下简称《水法》）规定水利行政主管部门编制水资源规划等。最后，《中华人民共和国环境保护法》第二章第十三条规定环境保护主管部门编制并监督实施环境保护规划，《中华人民共和国海洋环境保护法》第六条规定海洋行政主管部门编制并监督实施海洋主体功能区规划等。

3. 行政法规

为贯彻落实《土地管理法》《森林法》等，国务院制定了《土地管理法实施条例》《森林法实施条例》《基本农田保护条例》《土地复垦条例》《国有土地上房屋征收与补偿条例》《建设项目环境保护管理条例》《城镇排水与污水处理条例》《规划环境影响评价条例》《全国污染源评查条例》《中华人民共和国自然保护区条例》《基础测绘条例》《中华人民共和国航道管理条例》《中华人民共和国水文条例》《中华人民共和国河道管理条例》等，这些行政法规基本上是对法律规定的进一步明确。

4. 规章及其他规范性文件

一是空间规划体系和监督的顶层设计文件。《中共中央 国务院关于建立国土空间规划体系并监督实施的若干意见》（2019年5月23日）对国土空间规划体系编制和监督实施的目标、原则、总体框架、编制程序、监督实施等作出全面规定。

　　二是在城乡规划体系方面。包括《城市总体规划实施评估办法（试行）》、《城市总体规划审查工作规则》、《城市规划编制办法》、《城市、镇控制性详细规划编制审批办法》、《城市绿化规划建设指标的规定》、《城市综合交通体系规划编制导则》、《村镇规划编制办法》（试行）、《城市规划强制性内容暂行规定》、《建设项目选址规划管理办法》、《城市国有土地使用权出让转让规划管理办法》、《开发区规划管理办法》、《城市地下空间开发利用管理规定》、《城市抗震防灾规划管理规定》、《城市绿线管理办法》、《城市紫线管理办法》、《城市黄线管理办法》、《城市蓝线管理办法》、《建制镇规划建设管理办法》、《市政公用设施抗灾设防管理规定》。

　　三是土地利用规划编制审批实施方面。包括《土地利用总体规划编制审查办法》、《省级国土空间规划编制指南》（试行）、《建设项目用地预审管理办法》、《土地利用年度计划管理办法》、《土地复垦条例实施办法》、《闲置土地处置办法》、《土地权属争议调查处理办法》、《土地调查条例实施办法》（2019年修正）、《土地储备管理办法》、《耕地占补平衡考核办法》、《中华人民共和国草原征占用审核审批管理办法》。

　　四是环境保护规划方面。包括《农用地土壤环境管理办法（试行）》《环境保护公众参与办法》《建设项目环境影响评价资质管理办法》《国家生态工业示范园区管理办法》。

　　五是其他与空间规划相关的规范性文件。包括《区域建设用海规划管理办法（试行）》《国家农业科技园区管理办法》《水土保持工程建设管理办法》《开发建设项目水土保持方案编报审批管理规定》《水功能区监督管理办法》《国家级森林公园管理办法》《占用征收征用林地审核审批管理办法》《国有林场管理办法》《湿地保护管理规定》《国家级公益林区划界定办法》《国家级公益林管理办法》等。

（二）国土空间规划制度主要内容及特点

1. 国土空间规划制度的主要内容

（1）城乡规划法调整规制城市及建制镇规划的编制实施，包括城市及镇的总体规划、控制性详细规划和修建性详细规划的编制、审批、监督，建设用地规划许可、建设工程规划许可等。

（2）土地管理法调整规制土地利用规划的编制实施，包括土地年度计划制定执行、土地征收指标的审批等。

（3）国土空间规划规章和规范性文件主要调整规划编制和审批。

2. 国土空间规划制度的特点

（1）国土空间规划内容的经济主导性。由于我国的各项工作要围绕经济社会发展这一中心任务展开，改革开放以来，无论是城乡规划、土地利用总体规划，还是各类资源开发利用规划，其编制都以促进国家和地方经济与社会的发展为主要目标和核心内容，即规划的编制实施服从服务于国民经济和社会发展规划，具有明显的经济性。

（2）国土空间规划编制实施技术理性特征突出。第一，国土空间规划的跨学科性要求其既要反映社会主义经济规律，又要反映生态规律。第二，国土空间规划法有关土地资源数据的统计等内容又都具有很强的技术性。

（3）国土空间规划的宏观调控性与微观规制性统一。国土空间规划制度是以追求公共利益和可持续发展为目标的，其对国土空间的布局、生产力的安排、国土资源的空间配置，是对经济与社会发展进行宏观调控，追求整体利益；同时，详细规划又会详细设定规划相对人的权利义务，分配调整空间利益，因此它又发挥对私权的确认保障维护，对个体空间开发行为的规制作用。因此，国土空间规划制度是宏观调控性和微观规制性的统一。

二、国土空间规划存在的主要问题

（一）国土空间规划相关法律文件的位阶低、操作性差

缺乏一部专门的国土空间规划法规。对国土空间规划编制、审批、实施、修改等缺乏明确规定，国土空间规划制度在各相关领域自成体系，不同空间规划制度间缺乏有机衔接，甚至相互之间矛盾冲突明显，统一、协调、高效的国土空间规划制度体系尚未形成，制度内部的矛盾难以协调，制度的功能不能有效发挥。[1] 当前对"多规合一"后的国土空间规划编制具有直接规制功能的法律文件是《省级国土空间规划编制指南》（试行），但该文件只是一个部委规章，其他相关规划，如城乡规划、主体功能区规划、土地利用规划等仍是法定规划，且法律位阶很高，因此依靠《省级国土空间规划编制指南》（试行）来调整空间规划编制必然面临"合法性"不足的问题，由此必然导致规制调整功能有限。国土空间规划编制实施需要高位阶、权威性强的法律来调整、规制和保障，但目前没有一部调整国土空间规划编制实施的基本法律，而其他法律部门色彩浓厚，相互不协调，其可操作性必然大打折扣[2]，国土空间规划制度的作用难以发挥。

（二）国土空间规划管理各自为政

首先，各类空间性规划一般采取"政府负责、部门牵头"的编制形式，规划成果一般是由本级人大审议、上级行政主管部门批准，但事实上规划编制实施基本上是基于本部门的职能权限来进行的，很少考虑与其他规划协调一致的问题。譬如《土地管理法》调整规制土地利用规划的编制实施，其规划的范围本应是全国或者地方行政政府管辖的所有行政区域，但在城市规划区和建制镇，《土地管理法》第

---

［1］　彭莉，王斌．我国国土规划法的若干法律问题思考［J］．国土资源，2004（11）：28-31.

［2］　马强．把规划纳入法治化轨道［J］．宏观经济管理，2002（9）：18-20.

二十二条第三款明确规定适用《城乡规划法》，而不适用《土地管理法》。其次，各空间规划都力求全覆盖、内容力图全方位，导致空间重叠、内容重复，或者指向矛盾、功能抵触，甚至同一空间"一女多嫁"。如有的地方出现城市总体规划和土地利用总体规划在用地配置上"南辕北辙"的状况；还有的地方在开展"两规"图斑对比中发现，1/3 左右的用地存在矛盾。最后，由于缺乏统筹约束和对规划的横向监督机制，规划编制过程中即使有部门之间意见征询、沟通协商等环节，但效果不好。一些地方尝试建立各种形式的规划协调委员会，但协调手段和能力有限，缺乏统一的、刚性的制度约束，难以发挥实际效用。总的来看，当前各类空间性规划矛盾冲突的症结，在于缺乏一个"顶层规划"的统筹引领，空间规划编制实施的部门主导，因此，空间规划领域亟须一个具有"总纲领、总格局、总管控"作用的全国性协调统一的国土空间总体规划纲要，并形成一套覆盖整个国土空间的空间规划体系，形成地区发展的"规划龙头"。[1]

（三）国土空间规划编制、审批等程序不规范

首先，各类空间性规划的具体编制，一般都采用系统内的技术标准。除了基础数据、规划期限、目标指标等不统一外，空间划分、地块属性等核心内容往往还存在差异，相互之间较难转化和衔接。如土地利用总体规划、城市总体规划、环境功能区划，对空间管控分区分别都有内涵相近、但实际有别的多个标准，使得项目选址、开发建设难以有效推进，加剧了地方发展的资源供求矛盾，严重影响了规划实施效力。一些地方虽然开展了规划用地规模、用地属性等环节的对比调整工作，但治标不治本。其次，规划编制审批因缺乏公众参与而使得有效性不足。国土空间规划编制和实施的透明度较低，虽然在规划的编制审批等环节，法律法规规定了可通过网络、座谈会、论证会、

---

[1]　黄勇，周世锋，王琳，等.用主体功能区规划统领各类空间性规划：推进"多规合一"可供选择的解决方案 [J].全球化，2018（4）：75-88，134.

听证会等多种形式听取公众意见，但这些公众参与环节的透明度不高、代表性不足……民主性欠缺，相关规划政策连续性、整体性差[1]。再次，缺乏能有效规制规划变更权的程序。规划跟着领导转，一任领导一个规划，地方主要领导为追求经济的快速发展，领导带头违反规划，随意调整规划[2]，使规划的严肃性、科学性大打折扣。最后，缺乏对领导违反空间规划，导致严重后果的监督问责程序，造成实际上的有权无责[3]。

第三节　国土空间治理能力现代化的呼唤

一、经济全球化和区域一体化对空间治理提出新挑战

经济全球化深入推进，为构建开放的国土开发格局提供了良好的外部环境。20 世纪 80 年代以来，随着市场经济和国际分工加速推进，经济全球化和区域一体化步伐加快，有力推动了贸易自由化和区域经济合作，极大地促进了资源要素流动。世界多极化发展格局日渐形成，新兴大国群体性崛起，发展中国家整体实力增强，国际战略重心逐渐东移。我国处于亚太经济圈核心地区，在承接全球产业转移和深度参与国际分工中具有得天独厚的地缘优势，对外开放与国际合作空间广阔。

（一）经济全球化对国土空间规划提出新要求

随着经济全球化进程加快，法律全球化趋势也在加速，多种法律价值观在冲突中走向融合，国家间的法律制度借鉴已成为常态[4]。

［1］　吴次芳，潘文灿，等.国土规划的理论与方法［M］.北京：科学出版社，2003.
［2］　师武军.关于中国土地利用规划体系建设的思考［J］.中国土地科学，2005，19（1）：3-9.
［3］　彭莉，王斌.我国国土规划法的若干法律问题思考［J］.国土资源，2004（11）：28-31.
［4］　张文显.法学理论前沿论坛：第二卷［M］.北京：科学出版社，2003.

地球时代（全球环境变化、经济全球化、国际交流与竞争）的人类，迫切需要拓展地区空间概念，以新的视角探索空间规划新理念，破除封闭式国土或区域概念，加强对跨地区甚至跨国空间规划研究。为应对挑战，荷兰、德国、法国根据本国经济社会发展面临的实际，在积极推动欧盟空间一体化政策框架建构的同时，制定最新空间规划政策法规，引领国家未来发展方向；日本、韩国则不断通过立法对国土空间规划修改成果进行确认和引导，以促进资源节约集约利用，实现经济社会和资源环境的协调发展。我国日益加速的现代化对资源能源的需求日趋增长，但我国资源能源已无法满足发展需要。在新一轮国土空间规划中，亟须根据经济全球化发展的新趋势，研究发达国家空间规划格局变化对我国综合地域系统的影响，以缓解人地关系紧张（人口增加、耕地减少），扭转环境恶化、生态退化趋势，纠正国土空间开发无序等。为应对全球化和国土空间开发利用对创新法律制度的要求，我国迫切需要加快国土规划建设；以促进保护自然，享受自然恩惠；改革经济结构、提高经济活力；扩大公众参与、加强国际合作[1]，在追求本国人口、资源、环境和经济社会协调可持续发展的同时，促进全球经济社会可持续发展。

（二）区域一体化对国土空间规划提出新挑战新课题

随着区域竞争加剧及一体化进程的加快，要求我国在区域一体化方面作出全面应对，国土空间规划制度、产业政策、环保法律等要适应区域发展需要，要高效配置利用区域内和区域外的资源，合理布局区域空间，促进区域经济社会协调、高效、可持续发展。国土空间规划法律制度建构完善及国土空间规划制定实施，需根据区域一体化要求，认真研究周边国家和地区、发达国家空间格局变化对我国综合地域系统的影响，加快边境贸易区欧亚铁路、泛亚铁路、边境贸易区建

[1] 蔡运龙，杨容.日本国土资源管理经验谈[J].中国土地，1999（2）：37-38，46.

设等跨境空间发展规划的编制，将新国土空间理念（开放的国土）纳入空间规划体系中，搞好与周边国家和地区的联系和协作[1]，充分利用区域内资源，促进区域经济社会可持续发展。

二、空间规划及治理异化失序

（一）城市（镇）总体规划实际上是城镇发展规划

城市总体规划是根据一定时期的城市经济和社会发展目标，综合研究和确定城市的功能定位、总体规模、发展方向和空间布局形态，统筹安排城市建设用地和合理配置基础设施，并努力实现战略地区与城市总体布局结构科学有序发展的综合规划。城市总体规划编制本应对规划区性质与功能定位、人口规模与用地规模、城市总体布局结构、各项建设用地布局、交通系统规划、市政公用设施规划、近期建设规划等进行综合布局安排，确保城市化地区特别是中心城区的空间布局、功能分区合理，实现经济社会和资源环境的协调与可持续发展。但现实中，相当多的城市规划是城市人口和建设用地规划，即通过增加城市人口规模来增加建设用地指标，进而倾管辖区所有资源搞大规模的项目建设，城市规划成为实现 GDP 翻番、跨越式的经济发展规划[2]。

（二）各类专项（业）规划实际上是 GDP 增长规划

"招商引资"将高投入、高消耗、高污染，低层次、低产出、低效益的项目和产业引入，低水平重复建设，造成产业转型升级滞后，经济发展整体质量不高。产业主管部门追求 GDP 增长无可非议，关键是要看用什么样的方法。问题在于相当多的地方所追求的 GDP 不是

［1］ 张丽君，刘新卫，等.世界主要国家和地区国土规划的经验与启示［M］.北京：地质出版社，2011：62，110.

［2］ 胡俊.规划的变革与变革的规划：上海城市规划与土地利用规划"两规合一"的实践与思考［J］.城市规划，2010，34（6）：20-25.

通过技术创新、管理水平的提高获得的，而是通过破坏环境、牺牲未来取得的。这种GDP在创造增长"奇迹"的同时，也带来了资源浪费、环境恶化[1]。

（三）土地利用规划异化为管控"建设用地"指标的技术手段

土地利用总体规划本来应重点关注土地利用现状与形势、各项用地的基本调控目标、土地利用分区、农用地的保护与合理利用、建设用地的节约集约利用、主要工程安排、规划实施保障等。但现实中土地利用规划采用层层分解的方法，按国家—省—地市—县市—乡镇逐级落实保障基本农田，从而对建设用地规模进行了逐级分解，并严格落实在土地利用规范图上，对土地管理主要依靠建设用地指标（土地利用计划）来完成，土地利用规划实际上被用来落实城市"农转非"指标。指标管制严重依赖中央政府对全国土地利用的统一筹划和审批，造成地方和中央对土地管理的目标任务不一致，国家要管控农用地转建设用地的指标，而地方需要更多的建设用地指标来发展城市，从而造成土地利用规划被架空[2]。

（四）区域规划貌合神离，功能低下

首先，区域规划制定实施目前仍处于政策规制阶段，大部分由非规范性文件规定，缺乏相应的权威。其次，由于没有国家层面的区域规划法规对区域规划的总体目标、开发方式、实施手段以及地方政府、企业和个人等相关主体的权利（权力）、义务（责任）等重要问题予以界定，仅凭区域内政府间的合作意愿来推动区域规划并实现规划的目标是不可能的。首先，区域内地方政府关注本行政区内经济社会的发展，对于区域内整体经济社会能否实现可持续发展和整体提升，

［1］ 郑永年.GDP主义摧毁中国政权基础［J］.中国老区建设，2011（3）：17.

［2］ 沈开举，程雪阳.中国土地管理制度的改革与法治化：以十七届三中全会为背景［J］.行政法论丛，2009（1）：290-321.

不是他们考虑的重点，这就造成区域内相关地方政府的目标、要求不一致，深层次合作意愿不高。其次，区域内地方政府行政级别是同级的，相互之间没有隶属、支配关系，任何一个政府都不能指挥、领导规划的编制实施；规划即便编制，其实施也常被选择性实施（对本地区有利的则实施、对本地区无利益或利益较小而对整体发展有利的不实施）。最后，规划编制后如何明确界定规划实施的法律主体，诸如审查批准、如何监督实施或问责等都涉及地方政府组织、行政管理体制及相关法律问题。区域规划没有国家层面的法律法规予以规范指引，仅凭区域内地方政府的热情和理性，其效果必然不佳。

三、国土空间治理中公益促进与私权保护问题突出

（一）国土空间规划制度建构中，对私权救济缺乏刚性规定[1]

《中华人民共和国行政复议法》《中华人民共和国行政诉讼法》等均将国土空间规划界定为抽象行政行为，不能直接提起复议和诉讼。但国土空间规划确有不少内容直接影响行政相对人的权益，如城市详细规划，其涉及地域非常狭小，影响的行政相对人比较具体，而且常常是规划许可的先行行为，如果该规划是抽象行政行为，规划中一些涉及行政相对人切身利益且与法律法规相悖的行为就难以纠正，因为即便行政相对人在对具体的规划许可、强制、处罚提出复议和诉讼，也会因为该许可、强制和处罚符合详细规划，从而具有"合规性"而不会被纠正，这就使私权处于裸露状态。

（二）国土空间规划程序缺乏科学性和公正性

我国有关土地的规划很多，且规划的制定者与执行者合二为一，属于一个主体，如城市规划方面，建设部门既是城市规划的制定者，

［1］　夏英．财产权构造的基础分析［M］．北京：人民法院出版社，2002：293．

又是具体建设项目的审批者。这与法治所要求的"权力分立制衡"原则相背，使规划成为谋取部门利益的工具；也导致在规划决策方面的个人主观意志强加于民众和腐败问题的滋生[1]。不仅土地规划的制定缺乏民主程序，其执行也没有相应的监督机制，从而为滥用权力干预私权创造了可能空间。

（三）国土空间规划的正当性不足

国土空间规划等规划行为，从行政法理来看，它是政府出于公益和社会整体目标，利用公权力通过法律法规授权范围、条件、程序等对公民私权进行干预的一种行政行为。由于国土空间规划等行为影响甚至限制公民私权，规划目的的正当性、合理性就非常重要和必要，行政机关制定规划必须以实现公益、社会整体利益为目的，且对公共利益和社会整体利益的界定必须明确，并经过有公众广泛参与的听证程序，才能制定并实施规划。我国法律法规对"公共利益"或"社会利益"缺乏明确界定，地方政府为实现"经济翻番"、财政收入跨台阶，多抵制法律法规对公共利益边界和范围的界定。改革开放以来，我国在土地征用和房屋拆迁方面的法律法规中对公共利益都未能给予明确的规定，《宪法》《物权法》《土地管理法》《城市房地产管理法》等只作原则性宣示性规定；规定最为具体的是《国有土地上房屋征收与补偿条例》，第八条规定："为了保障国家安全、促进国民经济和社会发展等公共利益的需要，有下列情形之一，确需要征收房屋的，由市、县级人民政府作出房屋征收决定：（一）国防和外交的需要；（二）由政府组织实施的能源、交通、水利等基础设施建设的需要；（三）由政府组织实施的科技、教育、文化、卫生、体育、环境和资源保护、防灾减灾、文物保护、社会福利、市政公用等公共事业的需要；（四）由政府组织实施的保障性安居工程

---

[1]　仇保兴.从法治的原则来看《城市规划法》的缺陷[J].城市规划，2002，26（4）：11-14，55.

建设的需要；（五）由政府依照城乡规划法有关规定组织实施的对危房集中、基础设施落后等地段进行旧城区改建的需要；（六）法律、行政法规规定的其他公共利益的需要。"法条采取列举和概括兜底的方式对公共利益范围进行了明确，但对列举中各事项如何进一步细化和程序控制则缺乏具体规定，特别是依据《中华人民共和国城乡规划法》组织的"对危房集中、基础设施落后等地段进行旧城区改建"就缺乏相应的规制。

总之，加强国土空间规划制度研究已成为丰富国土空间规划理论研究内容、建构完善国土空间规划制度体系、实现国土空间治理体系和治理能力现代化的必然。

第二章 国土空间规划的基础理论

第一节 国土空间规划制度研究现状

目前，关于国土空间规划制度专门研究并不多见。在此将国土空间规划制度研究成果及相关研究进行考察，并对现有的研究成果进行梳理分析。

一、国外国土空间规划制度研究现状

（一）西方国土空间规划早期理论

国外的土地规划理论是围绕城市发展和应对城市问题而展开的，早期有代表性的城市规划理论如下。

①E.霍华德的"田园城市"理论。"田园城市"理论的核心内容为："城市为农业用地所围绕，城市居民经常得到新鲜农产品供应，农产品有最近市场，但市场不限于当地。田园城市的居民生活于此，工作于此。所有的土地归集体所有，使用土地必须交付租金，城市收入全部来自租金。土地建设的增值归集体所有。城市规模必须加以限制，使每户居民都能极其方便地接近乡村自然空间"。

②勒·柯布西耶的"现代城市"理论。"现代城市"理论的城市规划理论有五个要点："功能分区明确；市中心建高层，降低密度，空出绿地；底层透空解放地面，视域通透；棋盘式道路，人车分流；建立小城镇式的居住单位。"

③莱特的"广亩城市"理论。

④索利亚·玛塔的"线形城市"理论。

⑤理性综合规划理论（rational comprehensive planning，RCP），安德鲁·法鲁迪的《规划原理》（*Planning Theory*，1973）。

⑥渐进式规划理论。

⑦《雅典宪章》（*Athens Charter*）。

⑧《马丘比丘宪章》（*Charter of Machu Picchu*）。

（二）西方近现代城市空间理论

在城市空间布局结构方面：美国土地经济学家伯吉斯于 1925 年提出"同心圆理论"，也称为"同心圆模式（concentric zone model）"，其核心理论是，城市空间结构形式分为五个同心环状地带，核心为中央商务区，其余土地利用从商业中心区由内向外扩张。美国土地经济学家 H. 霍伊特在 1939 年提出"扇形理论"，他认为：中央商务区位于中心区，批发轻工业沿交通线从城市中心向外呈楔形延伸；由于中心区、批发轻工业区对居住环境的影响，居住区呈现为由低租金向中租金的过渡，高房租区沿一条或几条城市交通干道从低租金区开始向郊外楔形延伸。R.D. 麦肯齐于 1933 年提出"多核心模式"，该理论认为，大城市不是围绕单一核心发展起来的，而是围绕几个核心形成中央商务区、批发商业和轻工业区、重工业区、住宅区和近郊区以及相对独立的卫星城镇等各种功能中心，并由它们共同组成城市地域。

（三）国外空间规划理论发展的脉络

从国外国土空间规划研究历史看，西方城市规划思想的哲学源头可以归纳为乌托邦主义、极权主义、技术至上主义、理性主义、功利主义、社会主义、实证主义、无政府主义和实用主义。[1] 在上述哲学思想指导下，西方城市规划理论也经历了理性主义规划理论、渐进主义规划理论（倡导性规划理论）、马克思主义规划理论和政体理论、联络式规划理论和后现代主义规划理论的发展阶段，并彰显出：由技术走向人文物质的综合；由理想、理性至上走向实用主义；由"工具理性""价值理性"到"制度设计"三种趋向[2]。

二、国内国土空间规划制度研究现状

（一）现有研究成果梳理

国内关于国土空间规划制度集中在城乡规划领域，研究关注重点为城乡规划目标、规划内容、规划程序和规划管理四个方面（表 2.1）。

表 2.1　国土空间规划研究现状表

涉及领域		主要观点
规划目标	目标体系	"效率与公平"兼容型规划；计划与市场兼容型规划[3-6]；综合目标型规划[7]

［1］　曹康，吴丽娅.西方现代城市规划思想的哲学传统［J］.城市规划学刊，2005（2）：65-69.

［2］　李广斌.利益博弈视角下的区域规划转型［M］.南京：南京大学出版社，2010：7-12.

［3］　毛汉英，方创琳.新时期区域发展规划的基本思路及完善途径［J］.地理学报，1997，52（1）：18-19.

［4］　方创琳.论公效兼容型的区域发展规划［J］.人文地理，1999，14（4）：6-9.

［5］　方创琳，毛汉英.区域发展规划指标体系建立方法探讨［J］.地理学报，1999，54（5）：410-419.

［6］　方创琳.我国新世纪区域发展规划的基本发展趋向［J］.地理科学，2000，20（1）：1-6.

［7］　张京祥，崔功豪.新时期县域规划的基本理念［J］.城市规划，2000，24（9）：47-50.

续表

涉及领域		主要观点
规划目标	设定步骤	由"一步锁定"到"分部锁定"[1]；由"终极合理目标"向"有限规划目标"转变[2, 3]
规划内容	设置原则	内容不能面面俱到
	类型分类	指导性和协调性[4]；强制性、协调性和引导性；指导性和约束性[5]
	重点内容	空间利用的政策规划[6]；协调型规划[7-9]
	广度深度	城镇体系、产业集聚区、基础设施[10]；区域的总体定位与发展目标、产业分工与空间布局、城镇体系建设、基础设施建设布局、资源的开发利用与保护、环境保护与生态建设、空间管制、区域政策建议[11]
规划程序	工作思路	以解决区域发展中所面临的迫切的、重大的问题为切入点[12]
	组织形式	由"集权制"转为"契约制"；互动互求、协商型规划[13]；规划编制公开化、民主化[14]
	编制方法	立足于部门规划、行业规划和下一层次的区域规划[15]

[1] 方创琳.中国区域发展规划编制与实施的病理分析及根治途径[J].地理科学, 2001, 21（2）: 97–102.

[2] 张京祥, 吴启焰.试论新时期区域规划的编制与实施[J].经济地理, 2001, 21（5）: 513–517, 526.

[3] 胡序威.我国区域规划的发展态势与面临问题[J].城市规划, 2002, 26（2）: 23–26.

[4] 崔功豪.借鉴国外经验建立中国特色的区域规划体制[J].国外城市规划, 2000, 15（2）: 1–7.

[5] 陈宣庆.关于我国区域规划问题的探讨[J].宏观经济管理, 2005（7）: 17–20.

[6] 谢惠芳, 向俊波.面向公共政策制定的区域规划: 国外区域规划的编制对我们的启示[J].经济地理, 2005, 25（5）: 604–606, 611.

[7] 杨保军.我国区域协调发展的困境及出路[J].城市规划, 2004, 28（10）: 26–34.

[8] 王凯, 邹兵, 罗小龙, 等.城镇密集地区规划[J].城市规划, 2005, 29（11）: 35–44.

[9] 谷人旭, 李广斌.区域规划中利益协调初探: 以长江三角洲为例[J].城市规划, 2006, 30（8）: 42–46.

[10] 马凯.用新的发展观编制"十一五"规划[N].中国经济导报, 2003–10–21（B1）.

[11] 毛汉英.新时期区域规划的理论、方法与实践[J].地域研究与开发, 2005, 24（6）: 1–6.

[12] 李广斌, 王勇, 谷人旭.我国区域规划编制与实施问题研究进展[J].地理与地理信息科学, 2006, 22（6）: 48–53.

[13] 张京祥, 崔功豪.新时期县域规划的基本理念[J].城市规划, 2000, 24（9）: 47–50.

[14] 王欣, 吴殿廷.区域规划中信息不对称问题初探[J].地域研究与开发, 2004, 23（2）: 6–8.

[15] 王晓东.对区域规划工作的几点思考——由美国新泽西州域规划工作引发的几点感悟[J].城市规划, 2004, 28（4）: 65–69.

续表

涉及领域		主要观点
规划管理	管理理念	强调区域规划管理是一种过程、编制和实施间的反馈[1]
	管理体制	规划权集中，建立跨区域规划管理机构[2]；城镇密集地区三层区域管理系统[3, 4]；网络式扁平化区域管理机构[5]；不宜建立一个跨区域的实体性的区域规划和协调机构[6]
	规划立法	加强区域规划法制化建设[7-9]；在各类规划关系没有理顺的情况下，区域规划不宜过早立法[10]
其他	价值取向	"向权力讲真理"，树立"民至上"理念[11]
	实施手段	强调区域规划实施手段采用多样化：公共财政、法律手段、行政手段、社会手段[12, 13]

表 2.1 国土空间规划研究，虽然对其公共政策属性、规划程序"契约制"和"协商性"达成了共识，但对国土空间规划的概念、生态环境、规划过程管理等仍存在争议。

（二）不同学科的研究现状

1. 规划科学研究现状

国内国土空间规划理论先后经历了区域分工理论—空间结构理

---

[1]　方创琳.论区域与城市发展规划编制与实施的一体化 [J].城市规划，2002，26（4）：15-17.

[2]　严重敏，周克瑜.关于跨行政区区域规划若干问题的思考 [J].经济地理，1995，15（4）：1-6.

[3]　张京祥.试论中国城镇群体发展地区区域/城市管治 [J].城市问题，1999（5）：44-47.

[4]　张京祥，沈建法，黄钧尧，等.都市密集地区区域管治中行政区划的影响 [J].城市规划，2002，26（9）：40-44.

[5]　罗小龙，罗震东.城市管治及其本土化研究中的若干问题思考 [J].规划师，2002，18（9）：15-18.

[6]　王凯，邹兵，罗小龙，等.城镇密集地区规划 [J].城市规划，2005，29（11）：35-44.

[7]　严重敏，周克瑜.关于跨行政区区域规划若干问题的思考 [J].经济地理，1995，15（4）：1-6.

[8]　宁越敏，施倩，查志强.长江三角洲都市连绵区形成机制与跨区域规划研究 [J].城市规划，1998，22（1）：2-9.

[9]　方创琳.国外区域发展规划的全新审视及对中国的借鉴 [J].地理研究，1999，18（1）：7-16.

[10]　牛慧恩.国土规划、区域规划、城市规划：论三者关系及其协调发展 [J].城市规划，2004，28（11）：42-46.

[11]　方创琳.中国区域发展规划编制与实施的病理分析及根治途径 [J].地理科学，2001，21（2）：97-102.

[12]　谢惠芳，向俊波.面向公共政策制定的区域规划：国外区域规划的编制对我们的启示 [J].经济地理，2005，25（5）：604-606，611.

[13]　陈雯.我国区域规划的编制与实施的若干问题 [J].长江流域资源与环境，2000，9（2）：141-147.

论—区域可持续发展理论—区域一体化理论—城市区域管治理论—人本主义规划理论等理论。如董德显、雷国平认为，为了实现我国经济社会的可持续发展，应坚持"层级约束规划理论"，即"土地规划分为四个层级的约束：顶级约束（国家主体功能区规划）—第二级约束（全国土地利用总体规划纲要）—第三级约束（省、市级土地利用总体规划）—第四级约束（县、乡土地利用总体规划）"[1]。吴冠岑、刘友兆认为，需从"认识两个规划地位和关系，改进规划理念与工作思路，统一规划审批，统一技术规范，完善相关法律体系"做好土地利用规划和城乡规划的协调[2]。

从内容看，区域分工理论、区域空间结构理论着眼于促进经济增长，探讨如何从空间结构、产业布局、发展战略模式等方面去实现要素的优化整合，实现区域经济最大化增长。区域可持续发展理论和区域一体化理论既追求经济增长，又将经济增长、环境保护和社会进步纳入规划目标体系中。"管治理论"和"人本主义规划理论"则更多体现了规划的人文关怀，注重了规划理论的价值承诺。

2. 法学界对国土空间规划研究情况

法学界对国土空间规划的研究分为两个阶段：

第一阶段：《全国主体功能区规划》（2010）颁布前，研究主要在行政法领域，重点是探讨行政规划的行为性质、种类、法律效果、规制及国土空间规划立法等。如胡锦光教授认为，对行政规划应实现实体法控制（行政机关制定行政规划权力来源和权限范围）和程序法控制（发布制定规划公告—提出初步行政规划并予以公布—举行专家论证会—举行听证会）[3]。宋雅芳认为，要从"参与主体和参与方式等方面"强化行政规划确定程序的公众参与[4]。高丽虹认为，对

［1］　王万茂.土地利用规划学［M］.北京：科学出版社，2006：51-55.
［2］　吴冠岑，刘友兆.两个规划的协调思路［J］.中国土地，2006（3）：25-26.
［3］　胡锦光.论对行政规划行为的法律控制［J］.郑州大学学报（哲学社会科学版），2006，39（1）：9-11.
［4］　宋雅芳.行政规划的法治化理念与制度［M］.北京：法律出版社，2009：282-289.

行政规划实行"行政规划确定前和行政规划确定后分阶段司法审查"。王青斌认为，应当从实体法、程序法及加强对规划中私权的保护三个方面加强对行政规划的规制[1]。在国土空间规划立法方面，严重敏认为，应把国土空间规划的法制化作为提高国土空间规划管理水平和保证国土空间规划管理实效的必由之路。宁越敏指出，国土空间规划实施和管理低效甚至无效的原因是缺乏国土空间规划法律作保证。其他学者，如樊杰、方创琳、陈雯、张京祥、胡序威、王晓东、周毅仁等也呼吁加快国土空间规划立法。但牛慧恩认为，"在当前规划之间'打架'和相互矛盾的情况下，在没有理顺国土空间规划、主体功能区规划、城乡规划等相互关系的前提下，制定国土空间规划法是不足取的"[2]。

第二阶段：《全国主体功能区规划》（2010）颁布至今，研究主要集中在"多规合一"、国土空间规划的法律效力、国土空间规划程序公正及权利救济等方面。

（1）国土空间规划法律效力。代表性观点有：在制定国土规划的同时，应该配套制定明确和保障规划效力和权威的法律规范性文件[3]；编制新的国土规划，涵盖国土范围内所有开发、整治活动的综合性中、长期规划，作为国家规划体系最上位的规划[4]；规划需要全面到足以约束一个地方的全部国家机关，而不只是人民政府[5]，将发展规划纳入法治轨道，推动其成为我国发展战略及规划等重大决策的法律依据[6]。

（2）健全法律，实现"多规合一"。代表性观点有：规划编制

［1］　王青斌.行政规划法治化研究［M］.北京：人民出版社，2010：132.

［2］　牛慧恩.国土规划、区域规划、城市规划：论三者关系及其协调发展［J］.城市规划，2004，28（11）：42-46.

［3］　蔡守秋.关于雄安新区法治建设的几个问题［J］.河北大学学报（哲学社会科学版），2017，42（5）：50-60.

［4］　孙佑海.依法保障生态文明建设［J］.法学杂志，2014，35（5）：1-9.

［5］　徐祥民.地方政府环境质量责任的法理与制度完善［J］.现代法学，2019，41（3）：69-82.

［6］　胡鞍钢，唐啸，鄢一龙.中国发展规划体系：发展现状与改革创新［J］.新疆师范大学学报（哲学社会科学版），2017，38（3）：7-14.

部门不同、规划之间的关系尤其是协调性与协同性无明确要求，"规划打架"成为普遍现象[1]；国土空间规划应当进一步加强城乡统筹规划，并注意土地利用总体规划、城乡规划与区域环境保护规划在制定和实施过程中的衔接[2]；应树立"以人为本"的新土地规划理念，探索"消极规划"技术模式，并通过深化土地管理规划体制改革以及其他配套改革，解决现存问题[3]。

（3）国土空间规划程序正义和权利救济。代表性观点有：行政规划必须遵循统筹兼顾、利益平衡、信赖保护原则，遵循公开、公平、公正的正当法律程序[4]；总体规划的法律规范设计应重视程序正义，制定应当审慎，应当有多种方案可供选择，并比较分析备选方案的利弊，由决策者与各相关行政部门协商，听取利益相关者以及公众、专家意见之后决定[5]；总体规划需立足于较广时空范围内多重目标的实现并进行复杂利益平衡[6]；我国尚未形成诸如日本、英国等国家那样严密的规划管控体制，但基于规划不合理的行政诉讼正在不断增多[7]。

国外学者对国土空间规划制度研究更关注空间资源保护利用、空间权益的平衡等微观层面制度设计问题，强调制度设计的科学性、可操作性。这些研究成果与研究思路，既为研究奠定了坚实的理论基础，也提供了重要的借鉴资源。

3. 土地经济学等相关研究成果

黄贤金、陈志刚、钟太洋等认为，"价值是人类利用土地的基础，

［1］ 吕忠梅.寻找长江流域立法的新法理：以方法论为视角［J］.政法论丛，2018（6）：67-80.

［2］ 王树义，周迪.回归城乡正义：新《环境保护法》加强对农村环境的保护［J］.环境保护，2014，42（10）：29-34.

［3］ 党国英，吴文媛.土地规划管理改革：权利调整与法治构建［J］.法学研究，2014，36（5）：57-75.

［4］ 姜明安.尊重行政规划的法制属性［N］.北京日报，2017-04-24（13）.

［5］ 曹明德.世界级生态岛建设的法治经验与启示［J］.北京大学学报（哲学社会科学版），2019，56（5）：149-160.

［6］ 王灿发.论生态文明建设法律保障体系的构建［J］.中国法学，2014（3）：34-53.

［7］ 汪劲.论环境享有权作为环境法上权利的核心构造［J］.政法论丛，2016（5）：51-58.

由于土地利用中土地的需求与供给、土地市场、地租、地价等影响，在土地利用中存在外部性成本及市场失灵问题及政府失灵问题。"并认为，克服土地市场失灵需要"从产权制度、土地保护、土地规划、土地金融制度、土地税收制度等进行分析研究"，克服政府失灵需"加强和完善土地宏观调控"[1]。

三、国土空间规划制度研究评价

（一）国外研究存在的不足

（1）研究局限于城市空间布局设计，从城乡统筹、可持续发展角度研究国土空间规划制度存在明显不足。

（2）过分关注经济学研究，对国土空间规划的宏观调控职能、效果研究不深，法学界对城市及国土空间规划法律政策关注较少。

（3）强调城市规划的技术理性，偏重物质空间的规划设计，对人文和生态环境保护制度研究相对单薄。

（二）国内研究存在的不足

我国学者对国土空间规划制度研究仍然停留在技术理性和工具理性层面，对我国进入新时代，社会分化带来的利益多元化、利益冲突常态化，以及如何在国土空间规划制度设计中协调各方利益、有效发挥调控功能、合理布局"三生空间"，提升国土空间治理水平和能力，促进经济社会与环境资源可持续发展等问题，未能予以系统深入的研究。具体问题表现在以下两个方面。

1. 规划科学、土地经济学等研究过分关注规划的技术性和经济性

学界围绕着土地利用规划展开研究，出版了一批关于土地利用规划、管理的教材、专著，这些研究成果对可持续利用空间资源，规范

国土空间开发利用起到一定的指导作用，但研究多从经济学、土地科学、管理学等角度展开，规划研究技术性、工具性突出，实用主义、功利主义性倾向显著，对如何科学协调土地利用规划与城市规划，如何统筹规划城乡发展和土地资源保护等方面的研究关注不够，对国土空间规划中所涉及的利益协调平衡和规划行为本身性质也缺乏应有的关注。从国土空间的整体和全局上系统研究国土空间规划的研究成果也很少，现存成果基本停留在对国外空间规划介绍层面；未能从整个国土空间的合理布局、优化资源配置，促进城乡、区域间的可持续发展、空间发展正义等角度展开研究；较少考虑对未来的预设，未能考虑代际（时间维度）和种际间的发展正义，国土空间规划理论未能超越地域局限，较多地关注区域内协调、快速发展。国土空间规划亟待从过分强调特定区域内的公平正义问题，走向关注空间正义（区域、城乡、区内）、代际正义和种际正义；从关注经济增长、实现规划制度效率价值；走向关注区域城乡、区域和谐，实现规划制度之公平、效率和秩序和谐共赢的轨道。

2. 国土空间规划法学研究处于起步阶段

（1）国土空间规划法学研究薄弱。法学研究存在明显的跟风现象，局限于解释（或者注释）法学研究，或者政策应对性研究，扎扎实实探讨国土空间规划基本理论的法学研究成果很少，系统深入研究国土空间规划制度的研究成果更是凤毛麟角。国土空间规划跨行政法学、环境资源法学、资源科学、规划科学等学科领域，但无论在行政法学研究领域还是环境资源法学研究领域，国土空间规划制度研究都非常单薄。在行政法学研究领域，虽然已摆脱对行政规划的简单拒斥和漠视，但囿于法学研究领域长期形成的范式和研究方法，对行政规划研究仍停留在性质争论、效力、规划权控制等的初始阶段，行政规划法研究尚未成体系。在环境资源保护法领域，学者围绕着环境权、资源权、生态资源保护、环境污染防治、生态安全、生物多样性、海洋环境等展开探讨，对国土空间资源配置和国土空间开发保护的研究很少，研究成果多局限于建设用地利用管理、集体土地流转、土壤污染防治等具体问题，从资源生态安全、空间治理和生态角度系统论证国土空间规划少之又少。

（2）国土空间规划制度研究滞后实践。改革开放前，我国实行高度集中的计划经济体制，土地、资金、技术、劳动力、生产资料等都作为实现经济目标的手段，发展计划多如牛毛，"计划统治一切"。法学研究领域受苏联影响，行政法学研究基本是"管制论"占主导地位，过分强调法的阶级性，法学理论研究基本围绕如何促进经济建设、巩固国家政权等展开，鲜有学者对各种计划的法律性质、特征、效力，特别是发展规划对资源环境承载力、市场主体的私权影响等进行系统研究。改革开放后，随着农村土地联产承包责任制推行和城市建设的快速发展，地方政府为"经营城市"，违规违法占用农用地（特别是耕地）几乎不受监督和制约；农村集体土地浪费严重，耕地后备资源越来越少，已逼近18亿亩红线，威胁粮食安全。《土地管理法》经数次修改，虽然进一步明确了土地用途管理制度，并强化了土地利用规划的宏观调控和政策引导功能，但鉴于其规制目标着眼于耕地保护，内容主要集中在农用地征转为国有建设用地、建设用地计划管控和指标分配上。未能有效发挥土地利用规划功能，国土利用规划刚性不足，地方政府修改、调整规划，土地利用规划成为地方政府土地违规违法行为的"背书"。法学研究未能对国土空间规划实施中出现的"规划打架"、空间开发保护失序、生态环境恶化、空间不正义等问题做系统深入的研究，国土空间规划制度研究滞后于国土空间规划实践，不能为国土空间规划行为的规范化及国土空间治理法治化、现代化提供理论支撑。

（3）对国土空间规划制度价值理念、国土空间规划私权保护等研究略显不足。目前，对国土空间规划制度价值、目标、基本原则、国土空间规划法律关系主体、权利义务构成及特点、国土空间规划行为运行机制、法律责任等无学者作系统研究。对国土空间规划的分配正义、生态环境保护功能等未予以应有的关注，国土空间规划制度研究未能对社会公正与市场效率给予同等重视，未能全面认识到"不公正不平等不限于物质范畴和经济范畴"[1]，其同样也存在于社会和生态领域。

第二节　国土空间规划基本含义界定

一、国土空间规划概念源流

现代意义上的国土空间规划可追溯至 1898 年出版的《明日的花园城市》，因为该书提出带有乌托邦色彩的"城市应与农村相结合"的现代国土空间规划理念。1933 年国际现代建筑师协会在雅典通过《城市计划大纲》，明确"城市要与周围影响区域作为一个整体研究"[2]。20 世纪 60 至 80 年代，基于应对人口急剧增长，工业化和城市化加快，城市环境日益恶化等问题，欧美国家日益意识到将城市同其周围地区联系起来进行研究的重要性。国土空间规划的深度和广度大大加强，规划研究地域从城市、大经济区、工矿地区，扩展到以大自然地理单元地区、流域地区和整个国家为对象。20 世纪90 年代以来，特别是《21 世纪议程》的通过，可持续发展成为包括国土空间规划在内各种空间发展规划、战略的灵魂，国土空间规划在指导思想、内容、基本理论、方法和技术方面均发生了巨大变化。

二、国土空间规划的定义

（一）国内学者对国土空间规划的定义

对国土空间规划定义，学者见智见仁。1956 年国家建委制定的

---

[1]　李广斌.利益博弈视角下的区域规划转型［M］.南京：南京大学出版社，2010：11.
[2]　《瞭望》资料室.国土规划的源流与借鉴［J］.瞭望新闻周刊，2005（45）：25.

《区域规划编制和审批暂行办法》，将国土空间规划定义为"在将要开辟若干新工业区和将要建设若干新工业城镇的地区，根据当地的自然条件、经济条件和国民经济的长远发展计划，对工业、动力、普通运输、电信、水利、林业、农业、城镇和供水排水各项工程设施的建设，进行全面的规划，一定区域的国民经济各个组成部分之间和各个工业企业之间有良好的协作配合，城镇的布局更加合理，各项工程建设更加有序"。胡序威认为"国土空间规划是在一定地域范围内的国土上，水利、交通运输、城区建设、环境保护、商业、文教、卫生等各个部门的建设在规划地域范围内进行综合布局"；肖秋生主张"国土空间规划是针对一定地区范围内的各经济各部门的建设安排，把它们相互隔阂的建设发展规划联系起来纳入地区生产力空间结构的有机体系"；吴次芳、潘文灿等认为"国土空间规划是指对国土资源的开发（development）、利用（use）、整治（harness）和保护（protection）所做的综合性战略部署，也是对国土重大建设活动的综合空间布局"；吕克白认为，"国土空间规划是对重要经济活动和资源空间布局进行安排。它包含了重要资源的开发；基础设施和重点产业的建设布局；人口流动引导、城镇布局及环境的综合治理保护等"[1]。从目标来说，它是为了协调生产建设活动同资源、环境之间的关系，以实现经济、社会和生态的综合效益[2]。

（二）国外学者对国土空间规划的定义

波兰科学院院士彼·萨伦巴认为国土空间规划"是一门建筑在科学原则基础上的，组织空间的艺术，是一种恢复空间秩序，保证形成使人满意的美的环境和通过技术的措施创造新的价值的实用艺术"。苏联学者B.B.弗拉基米洛夫认为，国土空间规划是"对某个区域进行合理的地域经济布局，建立具有弹性的建筑规划结构，在有效综合利用自然资源和劳动力资源的前提下，为工农业生产、人口分布、

---

[1]　吕克白.国土规划的性质、任务及其主要内容［J］.宏观经济研究，1986（1）：42-48.
[2]　潘海霞.日本国土规划的发展及借鉴意义［J］.国外城市规划，2006，21（3）：10-14.

城市建设、自然环境的保护和改善提供最佳条件"。德国在 1965 年颁布的《空间规划法》规定，国土空间规划是"在重视自然条件的现状及特别重视区域之间相互关系的前提下，改善经济、社会、文化条件，为个人在社会中自由发展提供良好的空间结构"；美国规划普遍认为国土空间规划是指"城乡物质环境建设的空间布局规划"。

虽然国内外学者对国土空间规划的界定各有特点，但大都认为空间规划规范调整事项应包括：对国土资源的种类、数量、质量、地域分布状况和开发利用现状进行综合评价；明确地区发展优势和劣势，确定地区主要资源开发利用的方案、地区经济社会发展方向以及重点综合开发区；合理布局人口、城镇和经济建设；统一安排能源、水源和交通等重大基础设施等。

第三节　国土空间规划相关概念的辨析

一、国土（国土资源）与土地

关于国土概念的内涵和外延，中外学者有不同的理解。一般认为，国土是指一个主权国家管辖下的地域空间，包括领土、领空、领海和根据《联合国海洋法公约》规定的专属经济区海域的总称。《全国主体功能区规划》把国土等同国土空间，并定义为"国家主权管辖下的地域空间，是国民生存的场所和环境，包括陆地、陆上水域、内水、领海、领空等"。朱道林认为，国土是指一国主权管辖范围内，陆地、湖泊、河流、内水、领海、大陆架以及它的下层和上空，即领土、领海、领空。国土资源是指一国管辖范围内土地资源、生物资源、水资源、矿产资源、气候资源、海洋资源、旅游资源、社会经济条件等资源的总称[1]，土地资源是国土资源的核心组成部分。土地资源是指土地

[1]　俄罗斯联邦环境保护法和土地法典［M］.马骧聪，译.北京：中国法制出版社，2003：43.

总量中现在或者可以预见的将来，能为人类利用于社会生产和生活，创造财富产生经济价值的这部分土地，一般情况下土地和土地资源是通用的[1]。

笔者认为，从广义来讲，国土资源是指一个主权国家管辖范围的全部资源，包括全部自然资源、全部社会资源和经济资源；从狭义来讲，仅指一国主权管辖范围内的全部自然资源。实践中"国土资源"主要指狭义的国土资源，同时也兼顾广义的国土资源。

马歇尔认为，土地是指大自然无偿资助人们的地上、水中、空中，光和热等物质和力量[2]。理查德·西莫多·伊利和爱德华·莫尔豪斯认为，土地具有法律性、自然性、经济性和社会性，法律性主要是建立在不动产（其基本特点是不动性）和动产之间法律区别的基础上；土地的经济特性就是在土地开发利用到某一点以外时，它的报酬递减趋势、经济供应的稀缺，土地适应物价变动的缓慢性；土地的社会性是依附于地权的政治和社会权力，由于土地利用越来越集约，社会控制越来越有必要，地权有推动储蓄的趋势，发挥了储蓄银行的作用[3]。他认为土地利用应当关注社会目标：财富生产与分配的平衡；自然资源保护；增加由土地给人带来的生活乐趣。同时，由于私有土地使用人的目的是谋取最大限度的纯收益，包括金钱和精神两个方面的收益。私人利益要求和目标追求并不总是和社会利益相一致，为达到土地利用的社会目标需要采取政府的管辖权、土地征用、课税权等手段[4]。

笔者认为，从外延来看，土地是国土的一个重要组成部分，和土地资源可以通用。土地资源利用要综合考虑其经济性、社会性和法律性，并在制度上重点关注社会目标的实现。

[1]　朱道林.土地管理学［M］.北京：中国农业大学出版社，2007：2.
[2]　马歇尔.经济学原理［M］.朱志泰，陈良璧，译.北京：商务印书馆，2019：135.
[3]　伊利，莫尔豪斯.土地经济学原理［M］.滕维藻，译.北京：商务印书馆，1982：31.
[4]　伊利，莫尔豪斯.土地经济学原理［M］.滕维藻，译.北京：商务印书馆，1982：250-268.

二、规划与行政规划

著名规划大师彼得·霍尔曾说，"所有的规划都是一个寻求妥善控制各有关系统的联系过程，并监督各项控制"[1]。这句话对规划本质概括确实精辟，但规划及相关概念内涵远非这一句话能涵盖。美国和德国称区域规划（regional planning），法国称国土空间规划（territeral planning），而在《21世纪议程》称为综合规划（integrated planning）[2]。因此有必要对规划及相关概念作简要解析。

（一）规划

一般意义上的"规划"，与"计划"并无实质区别，两个词可以互换，对应的英文是 planning。"规划"这个词在我国使用始于20世纪50年代。1950年11月出版的《辞源》并无"规划"条目。1954年前后才出现在专业文献中，指"谋划"之义。1961年出版的《辞海（试行本）》已经列出了诸如：国家计划、地方计划、城市公共事业计划、企业计划等条目，其把"远景规划"和"长远计划"作同一解释。1979年出版的《辞源》，已经正式有"规划"词条，作"计划"解。

学者们从不同的学科和视角对"规划"进行定义，对"规划"是一种"过程"学界已达成共识，但对"过程"所包含范围有争论。总体上可以将这些观点分为两类，第一类学者认为规划是一种决策过程，不包括实践活动，如 Y.Dror 认为规划是政策科学的一部分；第二类认为规划不仅是一项决策过程，更是一种实践活动，两者密不可分，如A.维拉夫斯基认为规划是"控制行动结果的尝试"。把规划理解为决策过程揭示了规划的理性，然而过分强调规划理性造成理论与实践背离，直接影响规划如何改进行动的质量、如何有效控制控制行动过程。因此，规划不单纯是一种决策过程，也不单纯是一种特殊的实践过程，

---

[1]　彼得·霍尔.城市和区域规划：原书第4版［M］.邹德慈，李浩，陈熳莎，译.北京：中国建筑工业出版社，2008：228.

[2]　金磊.国外国土规划漫议［J］.河南国土资源，2004（1）：35.

规划是横跨于决策过程与实践过程之间的特殊媒介。另外，规划作为决策和实施过程并不是一种线型的封闭路径，而是一种开放的过程，在这个过程中时时刻刻与周围的环境发生联系，受环境的影响。

综上，规划是一种为实现经济、社会、资源、环境系统所确定的长远目标，提供未来发展的战略，并借助合法权威通过对系统行为及其变化的控制，调整和解决系统发展中特定问题的活动过程，系一种公共管理行为。

（二）行政规划

法学界把规划（计划）作为行政机关实现行政目标、落实行政政策、法律的一种手段来研究，关注其功能、特征、性质及对行政规划的法治化等。关于行政规划的概念，日本学者盐野宏认为，"行政规划是指行政厅在实施公共事业及活动前，首先要综合地提示有关行政目标，事前制定规划蓝图作为具体的行政目标，并进一步制定为实现该综合目标所必需的各项政策性大纲的活动。"[1]翁岳生认为，"行政计划是指行政权为了一定的公共目的而设定目标，综合地提出实现目标的手段的活动。"[2]马怀德教授认为，"行政规划是行政机关为了实现国土空间合理高效布局、城乡建设、兴办公共事业或者公共设施等行政目标，对将来一定期限内拟采取的方法、步骤、措施，作出具有约束力行为。"[3]行政规划具有过程与结果的双重性、阶段性等特征。比较来看，马怀德教授对行政规划的定义更具科学性和实践性。

由于行政规划具有规制、引导其他行政行为的准立法属性、具体和抽象相结合的双重属性及表现形式的多样化造成的复杂性，在一定意义上可以说，行政规划对相关立法具有指导意义[4]。因此行政规

---

［1］ 盐野宏.行政法［M］.杨建顺，译.北京：法律出版社，1999：52.

［2］ 翁岳生.行政法（上、下册）［M］.北京：中国法制出版社，2002：798.

［3］ 马怀德.行政程序立法研究：《行政程序法》草案建议稿及理由说明书［M］.北京：法律出版社，2005：350.

［4］ 姜明安.行政法与行政诉讼法［M］.2版.北京：法律出版社，2006：137.

划法律性质具有非确定性。根据此标准可以分为资讯性规划、影响性规划和约束性规划，约束性规划是法学研究的对象。由于行政规划具有阶段性和过程性，因此行政规划制度设计主要是程序规制，如规划的编制、规划的公开、异议提出、听证举行、咨询专家委员会、规划确定等具体程序，以及规划裁决的效力规制、规划变更、规划废止的程序控制等。

第四节　国土空间规划体系

一、国土空间规划分类

国土空间规划（territorial planning）是以整个国土空间，包括陆地（领土）、水域（领海）和领空为对象，以协调经济发展和人口、资源、环境关系为宗旨，从土地、水、矿产、气候、海洋、劳动力等资源的合理开发利用角度出发，确定经济布局，明确资源综合开发的方向、目标、重点和步骤，对国土开发、利用、整治等进行的一种战略性安排。其主要内容包括：一是对国土资源的种类、数量、质量、地域分布状况和开发利用现状进行综合评价；二是明确地区发展优势和劣势，确定地区主要资源开发利用的方案，地区经济社会发展方向，以及重点综合开发区；三是合理布局人口、城镇和经济建设；四是统一安排能源、水源和交通等重大基础设施；五是制定国土综合整治保护规划、方案。[1]

国土空间规划根据不同标准分为不同类别，按照国土空间规划调整规制的空间范围可分为全国国土空间规划、区域规划、城市规划、土地利用规划、流域规划、环境规划等。按照规划制定的主体可分为全国国土空间规划纲要、省（自治区、直辖市）国土总体规划、州（市）

---

[1]　董祚继，吴运娟.中国现代土地利用规划：理论、方法与实践［M］.北京：中国大地出版社，2008.

国土总体规划、县区国土总体规划四级。各级国土空间规划又分为总体规划和详细规划。总体规划是指具有国土空间规划编制权的主体，为科学开发利用国土空间，促进经济社会与资源环境的可持续发展，对国土资源的开发、利用、整治、保护，根据法定权限编制和监督实施的战略部署。详细规划是指在国土总体规划的控制和指导下，对规划确定的各地块主要用途、建筑密度、建筑高度、容积率、绿地率、基础设施和公共服务设施配等作出具体安排。城市详细规划包括：规划范围内不同性质用地的界线，确定各类用地内适建、不适建或者有条件允许建设的建筑类型；地块建筑高度、建筑密度、容积率、绿地率等控制指标；确定公共设施配套要求、交通出入口方位、停车泊位、建筑后退红线距离等要求；提出各地块的建筑体量、体型、色彩等城市设计指导原则；地块出入口位置、停车泊位、公共交通场站用地范围和站点位置、步行交通以及其他交通设施；规定各级道路的红线、断面、交叉口形式及渠化措施；市政工程管线位置、管径和工程设施的用地界线等。

二、国土空间规划与相关规划的关系

在实践中，国土空间规划和国民经济及社会发展规划、城乡规划、区域规划、主体功能区规划等联系密切，厘清国土空间规划和这些规划间的关系，对界定国土空间规划制度调整对象、范围等具有重要意义。在此作简要辨析。

（一）国土空间规划与主体功能区规划

关于国土空间规划与主体功能区规划的关系，二者既有联系又有区别。二者联系表现为：首先，主体功能区规划和国土空间规划目标相同，都是调整和优化空间结构，提高空间利用效率，控制开发强度，在满足工业化、城镇化开发的基础上，通过人口转移、产业转移、生态修复和环境整治等途径，调整生产空间，优化生活空间，整治生态空间。解决因无序开发、过度开发、分散开发导致的优质耕地和生态空间占用过多、生态破坏、环境污染等问题，实现绿色发展、循环发展、低碳发展，平衡好发展和保护的关系，实现发展与保护的内在统一和相互促进。

其次，国土空间规划是新时代落实国家和区域空间发展战略的重要载体，而主体功能区规划则是国土空间规划的重要内容和基本框架，两者既为整体和部分的关系，又相伴而生。各级国土空间规划还要根据主体功能分区，明确区域约束性指标，制定差异化管控政策和考核机制。

再次，构建省市县乡全体系国土空间规划格局，确保上下位国土空间规划主体功能区相一致相协调。省级国土空间规划是对省域国土空间开发、保护、整治、修复的统筹部署，是省级国土空间用途管制和市县级国土空间规划制定实施的基本依据，具有战略性、综合性、基础性、约束性。以省级国土空间规划为龙头，构建省、市、县、乡全体系国土空间规划体系，实现国土空间规划自上而下，层层传递的辐射、带动和约束作用，确保上下位国土空间规划主体功能区相协调。

最后，各主体功能区规划与国土空间规划三线划定相统一相一致。市县级及以上地方人民政府在系统开展资源环境承载力和国土空间开发适宜性评价的基础上确定城镇、农业、生态空间，划定生态保护红线、永久基本农田、城镇开发边界，科学合理编制统一的空间规划体系，推动各类主体功能区国土空间三线相统一相一致，共同作为国土空间规划空间管制和各类开发建设活动的依据[1]。

二者之间的区别在以下三个方面。第一，国土空间规划着眼于国土空间的优化布局、国土资源的高效配置，坚持国土资源和国土空间分配的公平正义，促进国土空间规划可持续发展；而主体功能区规划则更多从产业开发的角度，布局国土开发的方向和强度。第二，国土

---

[1] 王观远.浅析新时代国土空间规划背景下的主体功能区划[J].大众科技，2019，21（7）：158-160.

空间规划编制内容和要点相对详细，对社会公众具有直接的约束力，尤其是国土详细规划；而主体功能区规划编制内容的相对原则是为各级政府进行生产力布局提供指导，一般不直接约束社会公众。第三，主体功能区规划编制和审批的程序方法也与国土空间规划有较大的区别。从发展来看，国家最终需要对主体功能区规划和国土空间规划进行整合，编制统一的国土空间规划以统帅各级各类空间规划。

（二）国土空间规划与国民经济和社会发展规划

国土空间规划与国民经济和社会发展规划一样都具有战略性、综合性等特点，但国土空间规划与国民经济和社会发展规划具有较大的差别。

第一，规划性质不同。空间规划和发展规划都服务于国家发展战略，但空间规划更注重长期可持续发展，具有约束性和基础性，而发展规划则更注重中近期发展目标，具有指导性和针对性；二者都属于综合性规划，但发展规划涵盖经济社会发展各个领域，涉及人力、资本、资源、科技等各类要素的合理配置，而空间规划则侧重于空间资源的合理、高效并可持续利用，包括国土空间的源头保护、过程管控和退化修复。国土空间规划侧重于资源的空间配置和布局，着重解决规划期内资源配置的效率和可持续发展问题，将计划的各项指标通过资源开发布局，最终分解落实到特定的空间，重点关注经济建设的空间布局和人口、资源、环境和发展相协调。而国民经济和社会发展中长期计划重点关注比例关系、规模速度、重大建设项目等。

第二，国土空间规划的出发点为人地关系、地域系统、可持续发展战略及区域资源环境基础；而中长期计划的出发点多为财力、物力和权力方面。

第三，国土空间规划弹性较大，指导性强，而中长期计划通常具有较高的指令性，执行单位必须保证完成。随着我国市场经济体制的进一步完善，指令性的计划将逐步弱化，指导性的国土空间规划将逐步加强。

第四，一般来说，国民经济计划的发展指标，主要通过其他各级各类规划、年度计划以及财政、金融、产业、区域政策等发挥作用。当与实际情况不符时可根据客观情况的变化及时调整；而国土空间规划建设布局等建立起来后发现失误，要改进则相当困难，有可能对社会经济发展产生不利影响，因为空间结构的改变和移动，往往具有滞后的特征。

第五，规划期限不同。无论是区域和城乡开发格局优化，还是国土整治和生态修复，都是一个长期过程，因此，空间规划期限较长，一般为 15~20 年。而发展规划要适应国内外发展环境和市场变化，期限不宜过长，一般为 5 年。

（三）国土空间规划与城乡规划

国土空间规划与城乡规划的关系非常密切。城乡规划与国土空间规划在地域范围的大小和规划内容的重点和精度方面有很大不同。一般的城乡规划调整和规制的范围局限于规划区内，其地域范围比城市所在地的区域范围要小，城市多是一定区域内的经济、政治、文化活动中心，每个中心都有其影响区域范围，每一个经济或行政区也都有其相应的经济中心或政治文化中心。区域国土资源的开发，经济与文化的发展，特别是工业布局和人口分布的变化，对区域内已有城市的发展和新城镇的形成往往起决定性作用。反之，城市发展的程度和阶段也会影响该区域社会经济发展和建设布局。城乡规划必须在国土空间规划的宏观控制下编写，国土空间规划应为城乡规划提供有关城市发展方向和生产力布局指导。根据国家社会经济发展的总目标以及区域的自然和社会经济条件，对国土开发、利用和治理、保护而进行全面的规划。当然省域城镇体系规划的范围也很大，内容类似地方国土总体规划[1]。

[1]　袁军.主体功能区规划与城乡规划、土地利用总体规划相互关系研究［J］.工程技术研究，2018（15）：231–232.

三、中外国土空间规划体系编制实施现状

（一）国外空间规划体系编制实施的基本经验

虽然西方国家资源禀赋、经济社会发展阶段、政治经济体制、历史文化等与我国不同，但它们在空间规划体系建构中的诸多成功经验值得我们借鉴。

1. 规划目标必须与经济社会发展阶段相适应

一般而言，在发展起步阶段，空间规划往往把促进经济增长作为主要目标；在发展加速阶段，空间规划将直辖市经济发展与人口、资源、环境作为主要目标；在发展成熟阶段，空间规划更加关注人的需求、福利分配、环境需求，将可持续发展作为主要目标，如日本七次国土空间规划目标的变化。

2. 空间规划层次清晰

德国空间规划体系分为联邦级、州级、地区级和乡镇级，上位规划比较宏观，下位规划尤其是乡镇级规划比较具体，包括土地利用规划和建设规划两类，可为我国"两规"衔接提供好的思路；日本将原来市级的国土开发规划转变为国家和区域两级的国土形成规划，可为我国国土空间规划提供参考；英国空间规划体系较为灵活，国家层面为简洁的规划政策描述，区域层面为法定的区域空间战略，地方层面为地方发展框架，也可为我国空间规划体系建设提供借鉴。

3. 依法编制实施空间规划

德国《空间规划法》，日本《国土形成规划法》《国土利用规划法》《土地基本法》，英国《规划和强制购买法》，美国《城市规划授权法案标准》等，都是总结国家在空间规划体系编制方面的经验，并经长时间立法过程产生的。

（二）我国国土空间规划体系编制实施情况

1. 国土空间规划横向关系

研究国土空间规划制度须对国土空间规划体系进行明确，规定不同规划的层次、效力、编制主体等，理顺各种规划间的关系。首先，国土空间规划须着眼于整个国土空间，对领土（土地、河流、森林、草地等）、领海（专属经济区等）、领空统一规划，按照时空顺序合理布局生产力，并指导统帅地区和专业、专项规划等。其次，科学处理划分国土空间规划的层级和类别，并使之成为一个协调统一的体系。一般将国土空间规划分为国土（综合）规划、专项及专题规划、详细规划；国土（综合）规划包括土地规划、水资源规划、领海规划、航天规划。土地规划分为土地综合规划（包括土地利用规划和城镇体系规划）和土地专项规划（土壤地质保护规划、城乡规划、资源规划）；水资源规划分为综合流域规划和专项利用规划；领海规划分为领海利用规划和公海利用规划；航天规划分为航空规划和宇宙利用规划[1]。国土空间规划横向关系如图 2.1 所示。

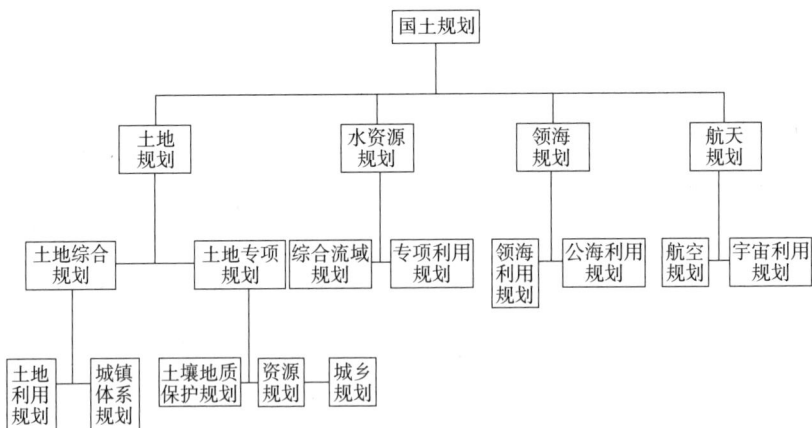

图 2.1　国土空间规划横向关系图

---

[1]　苏强，韩玲 . 浅议国家空间规划体系［J］. 城乡建设，2010（2）：29-30.

2. 国土空间规划纵向关系

根据国土空间规划的内容侧重有所不同，可将国土空间规划分为国家级、区域级、省级、县级国土空间规划，具体关系如表 2.2 所示。[1]

表 2.2　国土空间规划纵向关系图

规划层次	特　点	内　容
国家级	最高级（宏观）	国家级发展规划，国家重点建设工程，涉及土地、海洋、航空发展的重大规划，指导区域规划，衔接国民经济发展规划
区域级	以主体功能区域为主	主要是跨省、市级区域规划，涉及重大产业规划、能源规划，结合区域发展理论制定规划
省级	协调管理落实	落实国家级、区域级规划，指导实施详细规划，进行动态规划管理，制订规划实施相关政策
县级	实施详细规划	实施国土空间规划，并根据实际情况进行动态维护

3. 我国各类空间规划比较

由于各类空间规划分属多个行政主管部门，空间规划层层编制和分级监督实施。其中，在国家和省级层面的规划由城乡体系规划、土地利用总体规划、国土空间规划、主体功能区规划和区域规划组成；市级、县级层面规划由城市（镇、乡）总体规划、土地利用总体规划组成；区域层面规划主要由城镇体系规划、国土空间规划（预计将组织编制）、区域规划组成，如表 2.3 所示。

表 2.3　各类空间规划目标及相关内容对照表

规划名称	规划目标	核心内容	规划范围	控制对象	主管部门
城乡体系规划	控制城乡空间资源，指导城乡发展建设，以建设为中心	更关注城乡建设的发展布局，体现空间引导与约束性	陆域部分覆盖，主要范围为城乡规划区，重点在城乡建设区	任何单位和个人的各项建设活动	自然资源行政主管部门

---

[1]　胡飞，杨昔.我国各类空间规划的比较、协调与整合蓝图设想［C］// 多元与包容——2012 中国城市规划年会论文集（01.城市化与区域规划研究）.昆明，2012：673–681.

续表

规划名称	规划目标	核心内容	规划范围	控制对象	主管部门
土地利用总体规划	保护耕地和节约集约用地，以控制为中心	更关注基本农田保护、耕地红线和建设用地增长边界控制，体现土地资源约束性	陆域全覆盖，主要范围为行政区域，重点在耕地保护居住区建设用地增长边界	任何单位和个人的土地利用活动	自然资源行政主管部门
国土空间规划	综合统筹国土的开发、利用、整治和保护，以统筹资源为中心	更关注国土开发的总体布局和主要资源开发利用，体现资源约束性	陆域和海域全覆盖（组合式）	政府的政策制定	自然资源行政主管部门
主体功能区规划	强调形成人口、经济、资源和环境可持续发展的空间格局，以政策调控为中心	更关注不同主体功能区的定位、开发方向、管制要求、区域政策等，体现政策约束性	陆域和海域全覆盖（分布式）	政府的政策制定及绩效管理	自然资源行政主管部门
区域规划	对区域的经济社会发展和各项建设进行总体部署，统筹区域发展	更关注区域城乡、产业、设施配套的总体安排，体现区域统筹性等	取决于区域范围大小，通常跨省级、跨市级等	政府的政策制定	发展改革行政主管部门

第三章　国土空间规划制度价值追求

第一节　国土空间规划制度价值内涵厘定

规划科学自创立以来，学者们就把绝大多数的精力放在规划编制和规划实施的技术控制上，走了一条"技术理性"的道路。20世纪60年代以来，国土空间规划实践面临的问题不仅是技术问题，更多是发展利益问题、分配公平问题、空间正义问题，这些问题靠技术理性、经济分析无法解决。这些问题更关涉公平正义、关涉可持续发展、关涉人类的未来等基本价值理念，成为法学、社会学乃至规划科学必须应对的问题。基于此，本书对价值、法的价值、国土空间规划制度的价值作粗浅探讨。

一、国土空间规划制度的伦理学基础

价值问题一直以来都是伦理学界论争的热点、难点问题，研究国土空间规划制度的价值需要对价值概念内涵和外延做出界定和解析。

从词源来讲，价值就是指一种东西的有用性。伦理学界一般认为，价值是指对人格尊严的尊重与推崇。学者关于"价值"的理解、内涵及外延的解读见仁见智，归纳起来可以分为"属性说""关系说"和"兴趣说"三类。"属性说"认为，价值归根结底是事物自身的存在和属性，[1]"价值"是物满足人和社会需要的那种属性，即物对人和社会的有用性，是指对人的生存、发展和享受具有积极意义的一切东西[2]。"属性说"强调价值的客观性、客体性；注重价值对主体的自在性和独立性的把握[3]。

"关系说"认为，价值是任何客体的存在、属性、作用等对于主体（人类或某一具体的人）的意义[4]，即"客体满足主体的需要"，价值不是某种事物的固有属性，而是一种关系，是一种关系型存在[5]。

国外学者对"价值"概念多持"兴趣说"。20世纪美国新实在运动领袖、价值兴趣说的创始人培里认为，"一切价值的最初根源和不变特征是兴趣；而兴趣则属于本能、欲望和意志等感情生活方面的东西"[6]。英国哲学家罗素认为："关于'价值'的问题完全是在知识范围之外。那就是说，当我们断言这个或那个'价值'时，我们是在表达自己的感情，而不是在表达一个即使我们个人的感情各个不同但却仍然可靠的事实。"[7]苏联学者图加林诺夫认为："价值就是人们所珍惜的东西。"[8]

从国外学者对"价值"的定义来看，"关系说"既认为价值不能离开客体的属性，又认为价值不能脱离主体的需要；但同时他们又拒绝把价值说成客体的属性，也拒绝把价值说成主体的需要，强调"价值"是"表示客体的属性与主体的需要之间的一种特定关系、一种特定的满足状态"[9]。"关系说"兼顾对主体需要的满足和客体的性状、属性，体现了主客观相统一原则，更具科学性且切合实际。

---

［1］ 李德顺．"价值"与"人的价值"辨析：兼论两种不同的价值思维方式［J］.天津社会科学，1994（6）：29-36.

［2］ 杜齐才．价值与价值观念［M］.广州：广东人民出版社，1987：9.

［3］［4］ 张恒山．法理要论［M］.3版.北京：北京大学出版社，2009：180.

［5］ 马俊峰．90年代价值论研究述评［J］.教学与研究，1996（2）：57-61.

［6］ 王吉胜．中西著名思想命题览览［M］.沈阳：辽宁教育出版社，1996：1126.

［7］ 罗素．宗教与科学［M］.徐奕春，林国夫，译.北京：商务印书馆，1982：123.

［8］ B.II.图加林诺夫.马克思主义中的价值论［M］.齐友，王霁，等译.北京：中国人民大学出版社，1989：7.

［9］ 张恒山．法理要论［M］.3版.北京：北京大学出版社，2009：180.

二、国土空间规划制度的法学基础

（一）关于"法的价值"的论争

法的价值问题，是古今中外法学等社会科学领域争论最为激烈，也是最难统一的问题。法的价值与"正义"一样具有一张多变的脸[1]。法律价值通过对人们的法律活动或法律本身进行评价，从而具有目标导向与指引的功能，既是对立法者的基本要求，又是对法律的实效评价准则，是法律原则与目标模式的终极根据。但由于学者对"价值"理解的差异，对"法的价值"的解释也呈多样性。张文显认为，法的价值是指"法律满足人类的需要及对法律需要的评价"[2]。张恒山认为，法的价值是"在人（主体）与法（客体）的关系中体现出来的法律积极意义或有用性——只有法律符合或能够满足人们的需要，在人与法之间形成价值关系，法律才有价值（有用性）可言"[3]。沈宗灵认为，"法本身的价值是法本身所特有的价值"[4]，他将法本身的价值概括为"自由与纪律高度统一的价值""使社会在稳定中发展的价值""使国家强制合理化、经常化、公开化的价值""法的公开性价值"等名目。孙国华认为，"法本身的价值"是指"法所固有的满足主体需要的价值"[5]，或者"法本身的价值是法所固有的、由其性能和特殊调整机制、保护机制和程序机制等法律手段所反映出的、满足社会和个人法律需要的价值"[6]。郑成良认为，"法本身的价值"是指法律在形式上应具备哪些值得肯定或"好"的品质，而不是法自身必然具有的属性或品质，如法应该具有逻辑严谨、简明扼

---

[1]　张文显.马克思主义法理学：理论与方法论［M］.长春：吉林大学出版社，1993：252.

[2]［3]　张恒山.法理要论［M］.3版.北京：北京大学出版社，2009：182.

[4]　沈宗灵.法理学［M］.2版.北京：北京大学出版社，2000：72.

[5]［6]　孙国华.马克思主义法理学研究：关于法的概念和本质的原理［M］.北京：群众出版社，1996：288.

要、明确易懂等品性[1]。

张恒山认为，"法的价值"是指社会全体成员根据自己的需要而认为、希望法所应当具有的最基本的状况、属性。"法的价值"须具备以下几个条件：第一，法的价值主体的普遍性；第二，法的价值载体的待定性；第三，法的价值对法的附从性；第四，法的价值的应有性；第五，法的价值名目的初始性；第六，法的价值的理性。[2]法的价值名目只有一个——"正义"，包括来源意义上的正义；法的本体正义——法的表象正义（形式正义）和法的实质正义（内容正义）；法的适用正义。

（二）关于法的价值诸学说的评析

关于法的价值解释，沈宗灵和孙国华先生所论述的"法本身的价值"实际是以属性说为基础的。二位先生所称的"法的促进的价值"和"法的中介价值"是以兴趣为基础的。"属性说"强调价值的客观性、客体性；即价值对主体的自在性和独立性，但对"价值"与主体的关系未给予应有的重视，存在忽视主体需要对价值的意义。

"关系说"把价值视为客体的性质、属性与主体间的满足关系，在界定法的价值时，或偏向于论述"法"这种事物的客观属性，或偏向于论述以法作为其实现人的主观兴趣和要求的手段，实际上并不遵从"关系说"对价值的一般解释。"关系说"认为价值是任何客体的存在、属性、作用等对于主体（人类或某一具体的人）的意义，注意到"价值"之于主体的意义，过分强调主观方面，但对"价值"的客观性、客体性认识不够。"兴趣说"强调主体的主观心理感受，认为"价值"属于本能、欲望和意志等情感方面，存在唯意志论倾向。由于法的价值离不开主体的需要、欲求，而具体主体的身份地位千差万别，即使是对同一个事物，不同主体也具有不同的价值需求，

[1]　张文显.法理学［M］.北京：法律出版社，1997.
[2]　张恒山.法理要论［M］.3版.北京：北京大学出版社，2009：197-200.

因此，对事物的性状、属性的解释必须限定、明确主体的范围，否则，对法的价值的讨论会陷入自己思绪而引向随意的歧途，不能给予科学严谨的定义和解释。

对于法的价值的定义，还需要确定"法的价值"的具体语义指向，即法的价值是以既存的实在法为载体背景，还是以未来的、待定的法或待修改的法为载体背景。以实在法为载体背景的法的价值，是法的实用价值、实在价值。以为未来、以未来的、待定的或待改的法为载体背景的法的价值，是法的应有价值、价值目标。对"价值"的定义（或概括）应当兼顾主体需要满足和客体的独立性，以及二者之间的促进和制约关系。照此标准，张恒山教授对法的价值的界定更为科学严谨和合理，但张恒山教授将法的价值名目限定为"正义"，并把正义从广义上阐述为："来源正义""本体正义"和"适用正义"，虽然较为全面，但法的"适用正义"实际上是法的应用问题，是实践问题，与法的实体正义或者法的价值没用必然的联系。另外，把法的价值名目仅仅归结为"正义"，并认为正义可涵盖保障安全、维护平等、促进自由、增进效率等名目[1]，存在包容概括性不足和种属关系不清等问题。

三、国土空间规划制度的价值

规划不仅是规划一座城市、一块地域、一项事务，而且是规划一个合理化的社会。作为国家战略规划的国土空间规划是对国土空间资源科学布局和有效配置，对发展利益的再分配过程，通过对当代人之间（城乡、区域之间）、当代人和后代人之间以及人类与自然界其他物种之间的发展利益进行协调，保证经济社会和资源环境的可持续发展。这种因利益分配、利益协调和平衡所引起的价值合理性、人道性和人文关怀不是技术理性或工具理性所能解决的。马克斯·韦伯认为，

---

[1]　张恒山.法理要论［M］.3 版.北京：北京大学出版社，2009：197-200.

工具理性（或技术理性）只能处理"是"的问题，在"应该"的问题上，只能处理技术上的应该问题，而对伦理学上的价值的"应该"问题则无能为力[1]。国土空间规划制度在处理和协调各种发展利益时，必须从过去的工具理性（技术理性）至上走向价值合理性，把正义、秩序和效率作为其本体价值，在对三种价值的不断调试中，正确处理好国土空间开发、利用、保护、修复之间的关系。首先，通过公平正义的空间规划制度设计和安排，使不同空间利益主体的基本权利得到保障、发展权益得到维护促进，保障国土空间基本正义；其次，通过不断改革，调动各类市场主体的积极性和创造性，不断创造物质和精神财富，以促进经济社会发展来实现规划的效率价值，为推进国土空间规划正义价值实现提供物质基础；最后，在国土空间规划中妥善处理改革发展的"度"，使社会矛盾保持在"和谐"的范围内，实现国土空间规划制度的秩序价值，并通过营造和谐"秩序"，为效率和正义提供稳定的环境。

（一）西方国家国土空间规划制度价值演进

从发达国家国土空间规划制度价值演进来看，国土空间规划理念经过了从效率价值到公平效率价值再到公平、效率和秩序价值协调平衡的历程；国土空间规划内容也由相对单一的物质形态规划向综合规划转变。在当代西方国家，越来越关注规划背后的社会公平、公正，政治和生态环境等问题，在国土空间规划制度制定及实施过程中实现正义（公平）、效率、秩序等价值的协调平衡。

1. 西方关于国土空间规划价值的论争

关于国土空间规划制度价值问题，西方有多种不同的理论。有学者提出国土空间规划追求的目标是区域人类活动尤其是经济活动的空间分布及相互关系协调，代表性的观点包括农业区域论、工业区域论、

---

[1] 侯钧生.西方社会学理论教程［M］.4版.天津：南开大学出版社，2017：77.

中心地理论、市场区域论。也有学者认为国土空间规划的价值追求是减弱乃至消除国土开发利用等经济活动的外部性。还有学者认为国土空间规划制度的价值是避免市场失灵和政策失效。

笔者认为上述关于国土空间规划的价值的论述都有一定的合理之处，但也都有偏颇之处。第一，区域中心论过分强调某个单元、区域或者单个产业因子的发展；外部性理论和市场失灵及政策失效理论，过分强调克服外部性、市场失灵和政策失效而未考虑国土空间规划的目标、价值实现；系统论过分关注系统指标的技术推演，其有效性值得考评。第二，"人地关系协调论"看到了矛盾的主要方面，但未能考虑国土空间规划的其他关系协调，如人与自然界其他物种以及人与人之间的关系和谐问题。

2. 西方国土空间规划实践中价值目标的变迁

按照地域空间划分，西方空间规划至少分为三个类型：以落后或衰退地区为重点，平衡地区发展的区域规划，这种规划一般称为区域经济规划；大都市区规划通常是跨行政区域的经济社会、环境综合发展规划；城市规划关注城市规划区内的区域分工和产业布局，促进城市发展；跨国规划，如欧盟一体化规划。第一种类型的区域空间规划以经济振兴和促进就业为核心目标，其核心价值是效率——发展的速度和规模。第二种类型的区域空间规划因各国国土空间规划制度、规划目标差异，规划体系存在多样性[1]。但规划的价值追求通常不会是单一的，经济社会发展的效率、效益，在空间内各种关系的和谐稳定，实现规划区内的公平正义和可持续发展都是国土空间规划的价值追求。第三种类型的规划，跨越主权国家疆界，规划多是综合规划，以实现多方共荣为目标——以基础设施一体化为前奏，以市场原则下产业一体化为核心，以利益协调为纽带，规划主要从物质层面和社会文化层面两方面推进区域一体化。

---

[1]　周干峙.春日保健争丰收：在 2005 城市规划年会上的讲话 [J].城市规划，2005，29（11）：13-17.

（二）我国国土空间规划制度价值重构

长期以来，国土空间规划被看作国民经济和社会发展总体规划的重要组成部分，国土空间规划、区域规划、城市规划等都把经济增长作为价值追求。对国土空间规划中所涉及的发展正义、社会和谐、国土空间资源配置、环境保护等问题关注不够，甚至未予关注。在社会转型阶段，国土空间规划作为政府干预经济社会发展、协调区域和城乡利益关系的一项公共政策，其职责绝不仅是促进发展，应把促进空间公平公正、提高国土空间资源配置效率，构建公正、高效和安全的国土空间秩序作为价值，即把正义、效率和秩序作为国土空间规划制度的核心价值，在协调平衡这三种价值之间的关系中，实现国土空间规划的可持续发展。

1. 国土空间规划制度价值现状

公共利益是政府存在的宗旨，维护公共利益是一切公共政策的出发点和归宿[1]，国土空间规划是政府的一项重要职责，是政府以"有形之手"介入社会发展过程，其在土地、空间资源的分配上应体现社会所期盼的公正性和有效性[2]，把维护和增进公共利益作为价值追求。但"转型期国土空间规划最大的问题是公共性的缺失"[3]。30年来，各级政府、政府部门编制了大量的不同空间尺度、不同类型的规划，这些规划看似各自独立，实则互相重叠交叉；看似无所不包，实际在操作中则泾渭分明。这些规划虽然强调"公共利益""区域、城乡协调发展"，但存在不同程度的"地方保护"和"部门保护"现象。其追求的是地方和部门的利益，地方或部门的经济发展速度和规模，即效率价值。如城乡规划的目标就经历了从"经济增长"到"经济增长＋生态环境保护"的转变，最初把解

---

[1] 孙长青.公共政策的逻辑起点：公共利益分析［J］.河南师范大学学报（哲学社会科学版），2004，31（2）：24-25.

[2] 张庭伟.城市发展决策及规划实施问题［J］.城市规划汇刊，2000（3）：10-13，17.

[3] 陈锋.转型时期的城市规划与城市规划的转型［J］.城市规划，2004，28（8）：9-19.

放和促进生产力发展作为规划的核心目标，带来了地带间差距加速扩大、城乡关系不断恶化、阶层利益凸显等问题，后来提出城乡、区域统筹协调发展以纠正过分关注效率价值带来的负面影响。

2. 国土空间规划制度价值重构：正义、效率和秩序统一

有人认为，规划是对不同利益主体在空间资源占用上的一次"再分配"，公平地占有土地等资源是规划首要和基本原则[1]。笔者认为，这一观点提到了国土空间规划的分配功能，但如果仅把"公平"作为国土空间规划制度的价值，无视国土空间规划制度效率价值和秩序价值，就不能促进经济社会发展的效率和保持社会的和谐稳定，这种公平会因缺乏物质基础和稳定环境而难以持久。另外，如果把国土空间规划制度的价值仅仅定位为效率，就会造成当前的区域差别、城乡差别就会进一步扩大，区域正义、城乡正义和代际正义必然无法实现，社会和谐也失去根基。我国国土空间规划必须坚持改革—发展—稳定三者统一。通过不断改革创新，纠正国土空间规划制定和实施过程中的空间发展利益失衡问题，保障公平分配空间发展利益（正义价值），激发人民群众的积极性、创造性，促进经济社会高效高质量发展（效率价值）；把提高发展的速度和质量、保证国土空间规划制度效率价值作为国土空间规划价值体系的物质基础；把减少或避免空间矛盾、维护整体安全（秩序价值）作为国土空间规划价值体系的必要条件。把正义作为国土空间规划制度的核心价值，把效率价值和秩序价值作为实现正义价值的基础和必要条件，三种价值在动态运作中不断调试，实现国土空间规划的可持续发展和空间治理的法治化和现代化。

---

[1]　陈清明，陈启宁，徐建刚.城市规划中的社会公平性问题浅析 [J].人文地理，2000，15（1）：39-42，65.

第二节　国土空间规划制度之正义价值

在人类思想史上，"正义"曾获得的赞美最多。亚里士多德认为，在各种德性中，"公正是最主要的，它比星辰更加光辉"[1]。西塞罗认为，正义是"使每个人获得其应得的东西的人类精神取向"[2]。罗尔斯认为，正义"是社会制度的首要价值"，是不可侵犯的，这种不可侵犯性即使以社会整体利益的名义也不能逾越。正义实际是通过合理的制度安排，使"所有社会价值——自由和机会、收入和财富、自尊——都要平等地分配"[3]。

虽然人类对"正义"无比追求向往，并为社会基本"正义"进行艰辛的探索实践，但由于正义的内涵极其抽象、艰深，对正义的解释和定义成为人类社会不同文明，不同时代理论和实践中最难取得共识的概念之一。博登海默对此总结道："正义有着一张普罗透斯似的脸（Proteus Face），变幻无常，随时可呈不同形状，并具有极不相同的面貌。当我们仔细查看这张脸并试图揭开隐藏其背后的秘密时，我们常常深感迷惑[4]。"凯尔森认为，正义是一个不可认识、不可解释的概念。在论述国土空间规划制度正义价值之前，需对"正义""制度"及"正义"与法的关系做简要梳理。

一、正义、法律与正义

（一）正义概念解析

1. 西方"正义"起源学说

（1）正义强者论。柏拉图认为，"每一种统治者都制定对自己

---

[1]　苗力田.亚里士多德选集（伦理学卷）[M].北京：中国人民大学出版社，1999：103.

[2]　E.博登海默.法理学：法律哲学与法律方法 [M].邓正来，译.北京：中国政法大学出版社，2004：264.

[3]　罗伯特·诺奇克.无政府、国家和乌托邦 [M].姚大志，译.北京：中国社会科学出版社，2008：179.

[4]　E.博登海默.法理学：法律哲学与法律方法 [M].邓正来，译.北京：中国政法大学出版社，2004：252.

有利的法律，平民政府制定民主法律，独裁政府制定独裁法律，以此类推。他们制定法律明确告诉大家：凡是对政府有利的，对百姓就是正义的；谁不遵守，他就有违法之罪，又有不正义之名。因此，在任何国家里，所谓正义就是当时政府的利益。不管在什么地方，正义就是强者的利益。"[1]

（2）正义契约论。正义契约论者认为，正义是指人们的行为符合法律规则这种状况——守法践约就是合法的、正义的，但是法律来源于人们的契约，正义来源于人们的契约。其代表人物伊壁鸠鲁认为，"公正对于每一个人都是一样的，是相互交往中的一种相互利益。"[2]

（3）正义理性论。正义理性论者认为，正义来源于理性的控制，在国家中，正义状态的存在根源于代表理性的国家护卫者对体现着欲望的社会公众的统治、治理；个人品质中，正义状态的存在根源是个人理性对自己欲望的控制、统治。

（4）正义感觉论。其代表人物休谟认为，正义是一种人为的道德感，是应对人类的环境和需要所采取的人为措施或设计。

2. 西方关于法的本体正义的论争

（1）"契约正义论"。卢梭认为，正义来源于、体现于人们约定和制定的法律。在人们通过约定形成一个共同体后，这一共同体的全体人民对全体人做出的规定就是法律。这种规定体现了人们的协议，依据于人民公意。由于公意永远是公正的，所以这种体现人民的协议的法律本身就是正义的、公正的[3]。应当说，契约论从理论上阐明的通过契约才能产生正义的法律的论证，是科学、严谨且无法抗拒和质疑的。但实践中并不能实现所有人参与契约之形成，立法很难克服议员、代表违背选民意愿、滥用立法权而使法律背离正义价值的问题发生。

---

[1] 柏拉图.理想国［M］.郭斌和，张竹明，译.北京：商务印书馆，1986：19.
[2] 郎德.西洋伦理学名著选辑 上［M］.徐裕文，任继愈，等译.北京：商务印书馆，1944：97.
[3] 卢梭.社会契约论［M］.何兆武，译.北京：商务印书馆，1980：39-50.

（2）"自然法正义"。自然法论者认为，人类制订的协议、法律是否正义存在于法律制度之外、存在于人的心中的自然法。自然法论经历古代自然法、近代自然法和现代自然法三个阶段，从古典自然法的"实体性规则"发展到当代"程序性规则"。程序自然法主要包括立法、法律解释和法律适用的八项法制原则：法律的一般性；法律的公布；法律不溯及既往；法律的明确性；避免法律中的矛盾；法律不应要求不可能实现的事情；法律的稳定性；官方行为和法律的一致性[1]。

（3）"人权保障论"。人权最初是在不可转让、不可剥夺、不能放弃这个意义上来理解和阐述的。这种不可转让、不可放弃的权利观念，先后在美国《独立宣言》和法国《人权与公民权利宣言》中得到进一步扩展阐述，具体内容包括自由、财产、安全和反抗压迫；自由交流思想和意见；所有的人都有言论、著述和出版的自由；财产神圣不可侵犯；法律面前人人平等；信仰自由。19世纪末至20世纪中叶，人权概念从传统的政治、人身、财产、精神方面的权利扩展到经济、社会、文化方面。这些权利分别被《世界人权宣言》《公民权利和政治权利国际公约》《经济、社会及文化权利国际公约》确认，为国际社会所普遍遵守。用人权来说明和论证法律正义具有很大的优越性，其内容明确，容易理解。但问题在于人权的名目太多，使人无法对法律正义做简洁的概括和把握，人最终又陷入了模糊状态。

3. 国内学者对正义的定义

张恒山认为正义是与人们的需要、需求处于相恰状态中从而受到人们普遍地赞同、同意、认可的人文事物（人的行为、人的精神意向、社会的政治、法律、经济制度等）的状态、性质。张恒山关于正义的定义，兼顾到主体需要、客体性状及其独立性，具有科学性和全面性，但对正义的指向概括为"人文事物"，这过于宽泛，让人难以把握。

---

[1] 沈宗灵. 现代西方法理学［M］. 北京：北京大学出版社，1992：57-62.

张恒山认为根据正义所表述的事物状态、性质的不同，可把事物分为：个人行为；个人精神意向；社会制度三种类型。作为个人行为的正义是指个人特定的义务性行为。作为个人精神意向的正义是指个人品质或精神意向的某种状态，具体涵盖三个方面：正义是人的一种内在精神（或意志、愿望）；这种精神（或意志、愿望）是永恒不变的；这种精神是给予每个人以其应得的部分[1]。

（二）制度"正义"与法

关于制度正义及法和"正义"的关系，罗尔斯在《正义论》中指出，"正义是社会制度的首要价值，正像真理是思想体系的首要价值一样"。他还说："某些法律制度，不管它们多么有效率和条理，只要它们不正义，就必须加以改造和废除。每一个人都拥有一种基于正义的不可侵犯性，这种不可侵犯性即使以社会整体利益之名也不能逾越。他认为，在一个正义的社会里，公民平等自由是毋庸置疑的，由正义所保障的权利绝不受制于政治交易或社会利益。允许我们默认一种有错误的理论的唯一前提是尚无一种较好的理论，同样，使我们忍受一种不正义只能是需要用它来避免另一种更大的不正义的情况下才有可能。作为人类活动的首要价值，真理和正义是绝不妥协的。"[2]博登海默认为，"当法律制度与普遍承认的国家法或自然法的原则发生冲突时，或者当实在法与正义之间的分歧变得如此不可忍受以至于实在法不公正而必须服从正义时，就达到了其有效范围的尽头。"[3]

张恒山认为，"对法的正义的追求根源于对社会生活状态的正义性追求"[4]，他把法的正义定义为法的本体正义，即"人们为了通过法实现一种理想的、正义的社会生活状态而要求作为法的本体的、

［1］　张恒山.法理要论［M］.3版.北京：北京大学出版社，2009：210.

［2］　约翰·罗尔斯.正义论［M］.何怀宏，何包钢，廖申白，译.北京：中国社会科学出版社，1988：3-4.

［3］　E.博登海默.法理学：法律哲学与法律方法［M］.邓正来，译.北京：中国政法大学出版社，2004：264.

［4］　张恒山.法理要论［M］.3版.北京：北京大学出版社，2009：251.

直接用于调整人们的社会生活的行为的法律规则应当具有的、对洽于人们的一些基本的需要、要求的性状、作用"[1]。周文华认为，"法的权威来自正义，法要获得其尊严和权威，必须本身是公平的，或者能够促进公平的实现。"[2]

（三）对法和正义关系的评析

中外学者关于法的正义价值的论述可以归结：平等和自由。笔者认为在可持续发展背景下，法律制度所关注重点是"社会正义"，社会正义是以社会为行为主体的公正为基础的，核心在于社会所进行的权利与义务分配。即情况相同应相同对待（形式正义），情况不同则差别对待（实质正义）。社会正义分为：分配正义、矫正正义和程序正义。分配正义是回答和处理社会基本的或主要的福利、利益和物质成果或者某种生活负担（税收或劳役）在人们中间进行分配的合理性与正当性问题。衡量分配正义要考虑"能否提供平等的机会、能否保证过程的公正和能否实现公平的结果"。程序正义强调规则本身具有独立于结果的价值，程序正义的价值体现在三个方面：提高发现、制定英明正确的决策所需要的可靠信息的概率；保障决策过程中信息使用的公正与公平；保护隐私权、人格尊严、自由、效率、分配正义等重要的人类价值与利益[3]。

实际上，程序正义和分配正义是在规则制定和程序保障上促进"形式正义"和实体正义的实现，即"机会公正"和"结果公正"。从可持续发展视角看，国土空间规划制度正义的内涵和外延要适当拓展：在罗尔斯正义二原则基础上，将正义主体扩展至后代人、其他物种，在强调制度本身正义的同时，关注制度形成和实施的正义——程序正义。

[1] 张恒山.法理要论［M］.3版.北京：北京大学出版社，2009：251.
[2] 周文华.论法的正义价值［M］.北京：知识产权出版社，2008：61.
[3] 麻宝斌，等.十大基本政治观念［M］.北京：社会科学文献出版社，2011：11-22.

二、国土空间规划制度正义

（一）国土空间规划之"代内正义"

代内正义是环境资源法学领域广泛使用的概念，指同时代的所有人，不论其国籍、种族、性别、经济发展水平和文化等方面的差异，对于利用自然资源与享受清洁、良好的环境享有平等的权利[1]，对"代内正义"的理解可以从多个角度讨论。从时空角度来看，可将其分为国际之间、东部发达地区与西部落后地区之间、城乡之间的代内正义；从群体构成角度来看，可以分为优势群体和弱势群体；从阶层差距角度来看，它主要是指富裕人群与贫穷人群之间的代内环境正义。就特定主权国家内看，代内正义主要是如何合理配置不同地域（如城乡之间）、不同阶层和群体，甚至是不同性别人群之间环境资源，保障这些群体都能够公平利用环境资源，享有平等的发展权利和发展机会，如垃圾堆放地点选址"邻避"风险公平分摊和权利救济、资源生产与资源消费省、区间的合理流动等问题。

（二）国土空间规划之"代际正义"

代际正义主要关注当代人和后代人之间的环境正义。美国国际法学者爱蒂丝·布朗·魏伊丝最早提出"代际公平"理论，其将代际公平概括为"在任何时候，每一代既是受后代委托而保管地球的保管人或受托人，也是这种行为结果的受益人。这就赋予我们保护地球的责任，以及某种利用地球的权利"[2]。保存选择原则是代际公平的第一项原则，每一代人应该为后人保存资源的多样性，避免提前使用和限制后代人的权利，使前代人和后代人拥有几乎一样的可供选择的多样性。有学者进一步提出代际公平三原则，即"保存选择原则""保

---

[1]　王曦.国际环境法［M］.北京：法律出版社，1998：62.

[2]　爱蒂丝·布朗·魏伊丝.公平地对待未来人类：国际法、共同遗产与世代衡平［M］.汪劲，于芳，王鑫海，译.北京：法律出版社，2000：38.

存质量原则""保存接触和使用原则"，指出代际间在享有资源、环境、机会三方面具有公平性。另有学者认为，"代际公平"是关注代际权益的平衡，"在任何时候，各世代既是地球恩惠的受益人，同时也是将来世代地球的管理人和受益人"。

罗尔斯则提出"代际储存原则"，即"使人类对自己上一代要求的数量与下一代可存储的数量之间达到平衡"。其指出无论在哪一代，资源的合理利用是维护环境正义的必然选择。代际正义强调任何一代人生存与发展的权利都是平等的，追求人类自身发展的延续性，从而为人类的物质生产、精神生产创造条件，体现了当代人类对未来人类利益的道德义务和伦理责任。代际正义要求我们有一个正确的价值观作为引导，即可持续发展观。这一价值观包含了生态可持续性、经济可持续性、社会可持续性等。当代人节约使用资源、自觉保护生态环境，既履行了当代人对人类延续所负的道德义务，也对后代人有好的道德示范作用。我们绝不能吃祖宗饭，断子孙路，当代人应该担当起为后代开创更美好生活的责任。

（三）国土空间规划之"种际正义"

"种际正义"是关于人类与动物、植物及其他非人类存在物的物种之间的正义问题。它涉及动物、植物及其他非人类存在物的物种之间的权利和地位[1]。大地伦理学的创始人奥尔多·利奥波德认为，土地不仅是土壤，它还包括气候、水、动物和植物。人则是"这个共同体的平等一员和公民"。在这个共同体内，每个成员都有它继续存在的权利。或者"至少是在某些方面，它们要有继续存在于一种自然状态下的权利"。人应当改变他在土地共同体中的征服者的面目，而成为这个共同体中的一员[2]。罗尔斯顿认为，人类负有对动植物、非人类存在物的物种以及后代子孙的关爱和义务，因为大自然是生命

---

[1] 李颖超.气候正义中的伦理分析与对策研究[J].理论月刊，2016（10）：52-57.

[2] 奥尔多·利奥波德.沙乡年鉴[M].侯文蕙，译.长春：吉林人民出版社，1997：223.

的根源，大自然——而非只有诞生于其中的人类——都是有价值的，大自然是万物真正的创造者。生态学家爱顿认为"世界上有数百万人认为，动物拥有生存和独处的权利"。[1]哲学家纳斯说，"原则上，动物所拥有的生存和成长的权利，与我们及我们的孩子所拥有的权利同样多。"[2]"内在权利"代表人物辛格认为，动物与人类同样享有平等的权利，"内在权利"是其根据，一个生物具有了体验痛苦和享受快乐的权利那么它就具有了"内在权利"。据此，辛格论证了种际正义，要求在种际之间给予动物以同样的公平考虑[3]。郑少华认为，种际正义（自然正义）是指人类作为自然界的一员，人与其他物种之间在享有生态利益与承担生态责任方面的平衡责任，源于以下几个方面的内容：第一，人对自然的合理利用之底线是不破坏生态规律；第二，人与其他物种共享资源；第三，人与其他物种和谐共生的基础在于大自然无偿提供一些资源，因此，人类应受自然正义之约束[4]。

（四）国土空间规划的正义问题

进入高速城镇化的中国，空间生产与空间资源成为资本逐利、公民空间权益、政治制度设计三方博弈的主要战场。从国土空间的角度看，由于地区、城乡间发展水平差异加大，不可避免地会表现和转换为对空间占有权益之间的明显差异。一个原本是同质的城市或地区正在被一个具有"空间差异性"的多样化城市或地区所取代。"富人区"和"穷人区"、发达地区和落后地区、城市和农村之间的差别不断扩大，这又意味着不同阶层对空间规模和形态、空间环境和质量、空间生活形式等空间资源的占有之间存在着越来越明显的差距。在

---

［1］ ELTON C S.The reasons for conservation ［M］// The Ecology of Invasions by Animals and Plants.Boston, MA：Springer US, 1958：143-153.

［2］ 罗宾·阿特菲尔德.环境伦理学［M］.毛兴贵，译.上海：学林出版社，1984.

［3］ 刘亚平，王云.环境正义基本问题刍议［J］.新西部（下旬·理论），2017（12）：3-4，8.

［4］ 郑少华.生态主义法哲学［M］.北京：法律出版社，2002：170-171.

居住、教育、卫生、环境、生态、服务设计、文化等方面的地区差距、城乡差异正在塑造着不同的人群。上述空间发展的不平衡和空间资源占有的不均衡，虽然有历史和自然原因，但与多年来我国国土空间规划政策的制定和实施不无关系，以地方政府片面追求 GDP，通过国土空间规划将国土及其他资源向城市、向发达地区集中，造成部分经济发达地区把发展和富裕建立在牺牲其他地区利益的基础之上，必然损害农村和落后地区公民的空间权益，空间正义成为国土空间规划制度必须应对的问题。国土空间规划应尽力控制空间资源占有、分配上的两极分化，使空间资源配置占有、分配更加均衡化[1]。

1. 国土空间规划代内正义问题的产生

空间"是行为的场所，也是行为的基础"[2]，具有社会性，它不仅是劳动力再生产的物质建筑环境，其本身可以被消费，既是消费的对象，也是生产的对象；不仅是经济活动（生产、交换、消费等）的空间，还是社会活动（居住、日常交往、利益分配等）和政治活动的空间。空间的社会性必然产生空间正义问题，而一个合理的社会应该保证收入、财富、商品和服务的公平分配以实现空间正义[3]。因此，空间正义是存在于空间生产和空间资源配置领域中的公民空间权益方面的社会公平和公正，包括对空间资源和空间产品的生产、占有、交换、消费等的正义[4]。国土空间规划是对国土空间资源进行配置的公共政策，其制定和实施直接或间接影响不同地域空间居民的空间发展权利，关涉代内不同地域间的利益，影响代内正义。

---

［1］ 李广斌. 利益博弈视角下的区域规划转型［M］. 南京：南京大学出版社，2010：11.

［2］ MICHAEL J. D. 后现代都市状况［M］. 李小科，等译. 上海：上海教育出版社，2004：70.

［3］ 徐震. 关于当代空间正义理论的几点思考［J］. 山西师大学报（社会科学版），2007，34（5）：6-9.

［4］ 任平. 空间的正义：当代中国可持续城市化的基本走向［J］. 城市发展研究，2006，13（5）：1-4.

2. 国土空间规划的代际正义问题

第一，由于国土空间资源是一种不可再生资源，加上其不可移动的属性，当代人过多利用国土资源必然造成下一代人可用国土空间资源的减少，当代人不恰当利用国土空间，必然造成国土空间的再生产能力下降，造成下一代人可利用国土空间资源的数量减少和质量下降，这些问题是不可避免的。第二，我国国土空间规划的编制周期一般为 20 年，在西方国家国土总体规划的编制年限更长，有些国家国土空间总体规划甚至 50 年都没有大的调整和变化。国土空间规划对区域间生产力的布局和资源的配置，短则影响 20 年，长则达 50 年，不仅影响不同区域当代人之间的利益，造成代内不正义，而且影响下一代人对空间资源的利用。因此国土空间规划直接关涉代际正义。

三、国土空间规划制度正义实现

（一）实现"代内正义"

代内正义是指国土空间规划通过协调平衡空间利益，实现当代人在国土空间资源开发利用权益上的平等，公平享有发展利益，也称空间正义。在这里，空间正义不是主要调整规制人与空间之间关系的正义，而是规范人与人之间关系的价值准则，其核心是使空间资源在普通公众间进行公平分配。这里的每个人，包括了所有人，既包括当代地球人也包括将来的地球人。虽然对城镇空间、区域空间和城乡空间的认识，学者见仁见智，但对"空间物质属性、社会属性、生态属性等多种属性"[1]，"国土空间规划是调节国土空间生产和利益——不仅指居住环境的生成，还包括其各种要素与环境的互动、分布及利用"[2]——的公共政策是一致的。为保障国土空间规划制度能最大

---

[1]　张勇强.城市空间发展自组织与城市规划［M］.南京：东南大学出版社，2006：203.
[2]　大卫·雷·格里芬.后现代精神［M］.王成兵，译.北京：中央编译出版社，1998：157.

限度促进公平正义，制定科学公正的国土空间规划制度以引导和规制国土空间规划行为，是走向空间正义的良好选择，也是实现代内正义的必然要求。

国土空间规划制度是国家为公平合理地分配空间资源，依照法定程序制定的行为规范，其作为公共政策，具有分配资源、引导规划主体行为等功能。其通过对人们行为的引导，对空间生产中出现的各种利益矛盾进行调节和控制，发挥其利益分配功能。但利益分配从来都无法保障绝对公平，其结果可能使部分人获得利益，另一部分受损。事实上，中国国土空间规划异于西方的一个重要特征就是国土空间规划的政府政策主导，如土地政策、户籍政策、就业政策、社会保障政策、资源和环境保护政策等都会影响国土空间规划分配空间正义功能的发挥。

国土空间规划是政府用以控制和规范土地利用和开发建设行为的基本手段。在土地利用、城镇建设和规模扩展过程中，各个利益主体对自身利益的追求，往往会对区域、城镇整体利益和公众利益造成负面影响。规划则以其法定的带有强制性的管理手段，控制和修正有可能危害区域、城镇整体利益和公众利益的建设行为，以维护公共利益和社会正义。国土空间规划因其涉及包括土地资源在内的城市空间资源的配置问题，其本身必须以社会公平为导向，按照空间正义原则的要求进行修编和完善。它不能单纯地由政府或规划技术人员完成，而必须鼓励引导公众参与，由政府、公众与规划技术人员相互结合而形成。参与才有助于正义的实现，只有当人们有机会参与影响他们生活的决策时，公正的目标才能得到更好实现。促进区域协调发展。继续深入实施区域发展总体战略，立足区域资源环境禀赋，发挥比较优势，确定不同区域发展定位、开发重点、保护内容和整治任务，完善创新区域政策，提高区域政策精准性。推动重点地区加快发展，扶持老少边贫地区跨越式发展，支持资源型地区转型发展，鼓励改革试验区创新发展，促进区域错位协同发展。推进区域一体化发展。发挥国土开发轴带的纵深连通作用，加快建设综合运输通道，加强国土开发轴带沿线地区经济联系和分工协作，实现要素区域间自由流动和优化组合。发挥国土开发集聚区的辐射带动作用，推进开发集聚区及其周边地区的城镇发展、产业布局、资源开发利用、生态环境保护和基础设施建设，推进区域一体化发展进程。[1]

（二）实现"代际正义"

代际正义源于 1987 年，世界环境与发展委员会发表的《我们共同的未来》报告所提出的"可持续发展"理论，基本内涵为："既要满足当代人发展，又不对后代人发展能力造成损害的发展。"国土空间规划是一项布局和配置国土资源的全局性、宏观性、战略性和前瞻性的综合性规划，其对各类国土资源的配置必须从可持续发展的高度来展开，要实现既要满足当代人发展的需要又不对子孙后代的发展机会和能力造成影响或者威胁。如果不顾未来发展，片面地强调发展速度，拼命地开发利用国土资源或者采取污染环境、破坏生态的发展模式，必将会损害一个国家或地区的发展基础，造成后代人没有资源可以开发利用、生活的环境恶化，最终失去发展的根基。这种把当代人的幸福建立在对后代人的发展能力和机会的损毁之上的发展思路和模式，是对子孙后代利益和权利的侵犯，是非正义的，它违背了当代人和后代人作为现在和将来这个地球的主人所应享有的平等的发展权，公平的发展机会。因此国土空间规划法在调整国土空间规划及国土资源开发、利用、保护等关系中，对国土资源的布局和配置必须坚持节约、集约和循环利用的方式，以最少的国土资源消耗来促进、提高发展质量，给子孙后代留下足够的发

---

[1]　中华人民共和国国务院.国务院关于印发全国国土规划纲要（2016—2030 年）的通知：国发〔2017〕3 号.[EB/OL].（2017-02-04）[2020-08-15].

展资源、机会和良好的发展环境，让子孙后代能够获得平等的发展权，体面幸福地生活，维护当代人和后代人之间的发展正义。

（三）促进种际正义实现

学界一般认为，种际正义包括两个基本原则：一是人类与其他生物物种之间的种际同一性正义和种际差异性正义原则。种际同一性正义就是指人类与其他生物种类之间基于某种（某些）同一性（比如都具有生命）而得到相同对待的正义原则；二是种际差异性正义就是人类与其他生物类之间基于某些）差异而得到不同对待的正义原则。国土空间规划制度在实现种际正义中应切实坚持上述基本原则。

在国土空间规划制度制定和实践中，对于种际正义应有一个基本的立场和态度，就是既要关注人与自然的同一，也要关注人与自然的差异。应有以下几个重要视角：第一，种际正义应当是一种尊重自然内部差异的伦理主张，强调生物物种之间是有差异的，国土空间资源应当进行相应的差异性配置，这种差异性空间配置是维护自然有序发展的前提条件；第二，种际正义应当是一种正视人与其他物种自然差异的伦理主张，尊重人与其他物种自然进化的差异，承认人是自然进化的高端产物，承认人与自然、其他物种占有国土空间资源的差异具有一定的自然合理性；第三，种际正义应当是一种正视人与其他物种具有文化差异的伦理主张，正视人通过文化的方式而成为万物之灵长，正视人通过文化而占有更多空间资源这一事实，但同时它更加强调人通过文化的方式解决人与自然的冲突，减少对国土空间资源环境的破坏，从而确保人类及其他物种现在和将来的生存福祉；第四，应当是一种强调差异能力与差异责任对等的伦理主张，正视人与其他物种的自然差异、文化差异，正视人类强大的生存能力，同时人应当承担更重的甚至是根本性的伦理责任：在人与自然的冲突中伦理主体只能是人类而不是其他物种，国土空间规划在处理人与其他物种关系时，做到自我约束、自我规范；第五，国土空间规划应当是一种强调人与自然和谐共处的伦理主张，强调在国土空间范围内人与自然的生物共同性、生态共同性，在考虑人类利益的同时也考虑自然的利益，以求得人类与自然的和谐共处、共同发展[1]。

四、正义价值框架下诸正义内在联系

国土空间规划制度所追求的代内正义和代际正义之间，以及代内正义中城乡、区域间的利益多数时候是统一的，但在特定区域、时段，正义之间会存在矛盾和冲突，如何协调平衡正义之间的关系成为国土空间规划制度必须应对和解决的重要问题。从根本上看城乡正义、区域正义、群体正义以及代际正义具有统一的基础——社会主义制度，也有共同目标——可持续发展。协调平衡矛盾冲突应当坚持以下原则。

（1）城乡、区域、人群之间，在特定时间和空间内，其发展水平和程度是有区别的，不存在绝对的正义和公平。

（2）坚持实质公平原则，虽然国土空间规划制度确认城乡之间、区域之间、人群之间的公平发展机会并努力追求机会公平，但是市场在调节资源和财富分配的过程中会出现结果不公平的情况，国土空间规划制度在协调和平衡正义之间关系时要坚持实质正义，即通过国土空间规划对不同区域和群体间的利益进行调节，实现实质正义。

（3）坚持谨慎发展，促进代际公平。由于资源整体上的质、量稀缺及环境、生态本身荷载的限制，当代人在开发利用自然资源，享受发展的成果、实现全面发展时，必须节约集约利用土地等不可再生资源，适度开发利用，保持人类的适度繁衍，为后代人能够有尊严地发展提供物质基础，实现代际正义。

[1]　易小明.论种际正义及其生态限度［J］.道德与文明，2009（5）：16-19.

第三节　国土空间规划制度效率价值

一、"效率"及其法学方法论考察

我国法学领域对法的效率价值研究较之于"正义""人权""秩序"等价值研究相对较少，20世纪90年代以来，法的效率价值研究逐渐引起法学界的重视。在经济学领域，效率是以较少的投入获得较大的产出，即以最小的资源消耗取得同样多的效果，或者以同样多的资源消耗取得最大的效果。在法学领域，效率通常理解为"社会效益"[1]，它不仅强调以最小的资源消耗取得同样多的效果，或者以同样多的资源消耗取得最大的效果，而且要求社会资源配置和利用使越来越多的人改善境况且没有人因此而境况变坏。功利主义者把"是否增进最大多数人的最大幸福"作为衡量一切行为和制度之正确与错误的标准，虽然失之偏颇但对研究法的效率价值和法律制度建设具有积极的借鉴意义。法律制度不直接创造财富、提高经济效率，但法律制度可以间接地促进生产，创造财富，提高发展效率。法律制度的"效率价值"要体现：法律外的效率和法自身的效率。法律外的效率是指在法律规则体系所构成的基本制度框架下，人们所从事经济活动的效率；法自身的效率是指法律机制运作中的简便、快捷、省时、省力[2]。

二、法经济学的法的效率价值研究

（一）法经济学研究结论概论

法律经济学分析（Economic Analysis of Law）是"以经济学的理论、方法研究法律问题，或者把法律作为分析对象，而以经济分析为分析

---

[1]　张文显.法哲学范畴研究［M］.修订版.北京：中国政法大学出版社，2001：13.

[2]　张恒山.法理要论［M］.3版.北京：北京大学出版社，2009：274-276.

方法的法律学科"[1]。近年来，我国法学界出现了利用法经济学研究方法分析研究法律制定和实施的势头，这些研究集中在：法经济学基本理论，如法经济学的定义、调整对象、适用范围，法经济学追求的主要目标，如财富极大和公平正义，经济分析的限制，法经济分析的步骤[2]。经济分析法学宣示其追求的目标是人类福祉，即财富极大化和社会公平正义。首先，法律制度在追求人类福祉时，要注意节约成本。任何法律制度在追求福祉时也不能无视成本，福祉剔除成本为净福祉，选择时应以净福祉为比较的基础。其次，法律制度要提高资源的配置效率。法律制度的制定和实施既要始终着眼于使资源从低效率使用者手中移转到高效率使用者手中，也要降低交易成本。最后，法律制度的设计执行要坚持增进净福祉实现。

（二）对研究结果的评价

经济分析方法作为法学研究的一种方法，确实有独特功能，但其仅是法学研究的方法之一，该分析手段也并非无成本，其局限性也很明显。法经济学分析无法解决信息不充分问题。首先，并非所有法律或社会制度都能从经济上加以解释或使其合理化，其完全可能因为信息并不充分[3]，导致经济分析时忽略了某些重要因素，进而使经济分析的结论偏离实际甚至是错误的。况且经济分析过程中也无法避免信息错误或以偏概全，因此，即使分析过程无误，分析结果也无说服力。其次，效率并非法的唯一价值追求。法律作为现代社会的唯一有强制力的行为规范，其价值追求具有多元性，包括经济、政治和社会等[4]。财富最大只是法律的价值之一，公平正义、秩序、自由等

---

［1］ 王闯.试论出卖他人之物与无权处分——兼释合同法第一百三十二条与第五十一条之间的关系［J］.人民司法，2000（11）：22-25.

［2］ 谢哲胜.法律经济学基础理论之研究［J］.中正大学法学集刊，2001（4）：37-60.

［3］ POSNER R A.Economics，politics，and the reading of statutes and the constitution［J］.UnivChicLawRev，1982，49（2）：263.

［4］ FRANK I. Michelman. Norms and Normativity in the Economic Theory of Law［J］.Minn. L. Rev. 1978（9）：1015.

亦是法律追求保护的对象，法律制定和实施必须考虑非金钱利益和成本。最后，法经济分析无法量化分析非金钱利益。进行经济分析的必须前提是相关因素均可适切地量化，或都可以用物理变量加以量化，但法律制定和实施中存在大量的难以量化的非金钱利益和成本不易用物理变量加以量化的因素，如道德、生命健康、人身自由、美的感觉、自然环境等[1]。

三、国土空间规划制度效率价值的内在规定性

（一）符合正当目的

由于我国实行"分税制"，加上考核评估体系的不科学不合理，经济社会发展中实施尚存在中央和地方、地方和地方相互竞争的关系，而且这些竞争大多围绕经济、财税等展开。不少法律、法规已经成为保护"部门""地方"不正当利益和诉求的手段，国土空间规划及其下位的空间规划，在相当多地方存在"目的不正当"问题。为保证国土空间规划制定和实施时目的正当，需要坚持以下几个方面。

（1）国土空间规划在追求经济发展时，必须以普通群众全面发展和人格尊严为目标，不能仅为政府财政增长或者变相财政增长而随意变更规划、征用土地、拆迁房产，更不能为谋取或帮助开发商谋取商业利益，而违法征用集体土地、拆迁公民房产。

（2）不得违背市场规律，强行分配空间资源，应通过转移支付、生态赔偿等制度对输出供给矿产、水等资源的经济相对落后地区给予公平合理补偿，纠正利益失衡。

（3）国土空间规划编制和实施过程中要坚持"公开"原则，保证公众参与权切实落到实处，确保国土空间规划程序正当公正。

---

[1] MALLOY. Equating human Rights and Property Rights-The Need for Moral Judgement in an Economic Analysis of Law and Social Policy, "OhioL.J.47, 1986：163, 167.

（二）重视资源环境条件约束

《国务院关于印发国家人口发展规划（2016—2030 年）的通知》指出：“人口总规模增长惯性减弱，2030 年前后达到峰值。”按照欧美国家完成工业化时，人均粮食占有量为 500 千克左右的标准，届时中国的粮食总量最低需要 8 亿吨。另外，随着我国经济社会发展，对土地资源需求将会大幅度增加，耕地保有量会进一步下降，必须守住 18 亿亩耕地红线。粮食自给自足是中国发展的根基，既要保障发展的速度和规模，实现国土空间规划制度的效率价值，也要保证基本公平正义。国土空间规划制度在服务经济建设、追求效率价值时应当重视环境资源条件的约束：①在编制和实施国土空间规划时一定要尊重客观规律，提高国土空间规划的科学性；②在进行国土空间布局时必须考虑资源条件，不能无视资源条件在资源贫乏地区布局资源型产业；③进行生产力布局时要考虑对生态的影响，做好生态保护、养护工作。

（三）实现均衡发展

长期以来，我国国土空间规划存在效率至上倾向，一切工作都围绕经济发展展开的现象。在“发展是硬道理”的大背景下，国土空间规划被要求“应当以效率为先，以发展为要务，以各项建设项目的快速推进为目标”[1]。规划效率至上，不仅为社会公众、城市管理者所推崇，也为城市、土地利用规划专家及规划师所默认。各级政府把国土空间规划作为“经营城市”的抓手。

国土空间资源配置不合理造成城乡之间，东部、中部、西部之间发展差距不断增大。一些地方国土空间规划缺乏战略考虑，集中所有的资源求一时发展，在“十一五”期间已经用尽“十二五”期间所有的建设用地指标，规划区内所有农村集体土地被全部征用。种种问题

---

[1] 孙施文.城市规划不能承受之重：城市规划的价值观之辨［J］.城市规划学刊，2006（1）：11-17.

表明，片面追求"效率"，不考虑国土空间规划宏观调控和资源配置，结果造成城乡之间、区域之间、城市人群之间，当代人和后代人之间利益分配的不平衡，利益分配不平衡造成低收入者对国土空间规划制度不满，抵制甚至抗拒国土空间规划的贯彻实施，影响社会和谐，使国土空间规划制度所追求的"秩序"价值难以维护；社会不和谐必然影响人民群众生产的积极性、创造性和经济、社会、环境的可持续发展。国土空间规划制度实现"效率"价值时，必须注重以下几个方面：①"效率"价值和"正义""秩序"价值间协调平衡；②城乡之间、区域之间要注重发展速度和规模的协调性；③当代人和后代人之间发展水平的差异程度不能过于明显，生活质量不能明显下降。

（四）促进经济、社会和生态效益统一

国土空间规划制定和实施须坚持综合效益，即经济、社会和生态效益的统一。鉴于过去在效益原则的贯彻执行中，过分关注 GDP 增长，强调经济增长的速度和总量，而对经济增长所耗费的生态资源、社会成本不予统计核算。追求国土空间规划制度效率价值必须坚持经济、社会和生态效益统一。①经济效益不仅要关注经济增长的速度、经济规模的大小，而且要特别关注经济增长的质量，不能只考虑经济增长的速度、规模，要严格统计核算生态环境和社会资源的投入。②经济效益的增长必须尽可能降低资源的投入，把经济发展对环境和生态的影响降到最低程度，不能走高投入、高耗费、低产出的老路子。③对效益评估核算时，除经济效益外，还要对环境生态效益进行核算评估，更要对社会效益给予高度关注，如果经济增长率很高、经济总量很大，但是以大量的土地等资源投入和生态环境损害为代价取得的，其经济效益再高，也不符合效益原则，是背离国土空间规划制度的效率价值的。④注重社会效益，把社会公益维护作为国土空间规划制度效率价值实现的重要指标[1]。如果经济高速发展是通过损害政府信用和

---

[1] 马德安.试析法的价值争议问题：正义与效率 [J].法制与社会，2011（21）：1-2.

破坏法治为代价获得的，是背离科学发展观和可持续发展目标的，也不是效率价值所追求的。

（五）坚持发展的可持续性

国土空间规划制度根本目的是促进国土空间规划，进而促进整个国家经济、社会、资源、环境的可持续发展。首先，对国土空间规划制度效率价值的把握，必须坚持动态性、长远性，既要通过具体国土空间规划制度的设定实施，保障特定城市、区域正常的发展速度，又不能忽视资源和环境条件。其次，国土空间规划制度制定和实施要放眼长远，注意处理短期的慢增长和长期的好增长之间的关系。最后，国土空间规划制度制定实施要注意去把握经济增长和社会、生态、环境之间的协调关系，做好动态平衡。

四、国土空间规划制度效率价值实现

（一）国土空间规划制度制定和实施过程要节约成本、体现效率

在国土空间规划制度建构过程中，要在大力推进公众参与的同时，通过科学的程序设计，以最小的成本，高质量地完成规划编制任务。在具体规划制度的设定方面，要体现市场规律，发挥市场对资源配置的基础作用，积极鼓励国土空间规划法律关系主体创造财富，实现经济、社会效益和生态效益的最大化。对通过行政权力垄断土地等资源、妨害市场竞争行为予以规制，保障市场竞争公平有序，从而间接促进效率实现。在实施国土空间规划制度时，要在保证执法公正的情况下，尽量减少对相关生产和工作的影响，提高执法的效率。最后，国土空间规划制度要符合生活、工作的常识，尽量降低当事人的守法成本。

（二）始终鼓励财富创造，促进效率实现

虽然根据经济学释义，社会经济活动在符合"帕累托最优状态"时，是最有效率的，但由于符合"帕累托最优状态"完全自由的竞争市场状态是不存在的，因此，为使社会生产资源配置达到最优，就需要通过科学的制度为"完全自由竞争"创造条件。要保证国土空间规划法律关系的主体地位平等，无论是国家所有权人还是集体土地所有权人，无论是土地所有权人还是使用权人，在国土空间规划中的合法权益都要给予平等的保护，不能区别对待，更不能违背市场规律。

（三）促进形成高效规范的国土开发开放格局

1. 以培育重要开发轴带和开发集聚区为重点建设竞争力高地

坚持集约发展，高效利用国土空间。在资源环境承载能力较强、集聚开发水平较高或潜力较大的城市化地区，着力推进国土集聚开发，引导人口、产业相对集中布局。以四大板块为基础、三大战略为引领，以国家优化开发和重点开发区域为重点，依托大江大河和重要交通干线，打造若干国土开发重要轴带，促进生产要素有序流动和高效集聚，着力打造国土集聚开发主体框架，积极构建多中心网络型开发格局，提升国土开发效率和整体竞争力。

2. 以现实基础和比较优势为支撑建设现代产业基地

按照国家产业发展总体战略部署，立足各地区产业发展基础和比较优势，分类分区引导重点产业结构调整和布局优化，促进形成区域间分工合理、优势互补、联动发展的产业格局。提高产业核心竞争力，改造提升传统产业，培育壮大战略性新兴产业，加快发展现代服务业，培育一批具有国际竞争力的先进制造业基地，发展现代产业集群。加快推进农业现代化，重点在资源条件良好、配套设施完善、开发

潜力较大的地区，建设重要农产品优势区，加强耕地保护，推进高标准农田建设，巩固和提高重要农产品供给能力，形成现代农业空间开发格局。

3. 以发展海洋经济和推进沿海沿边开发开放为依托促进国土全方位开放

推进沿海沿边开放，形成优势互补、分工协作、均衡协调的区域开放格局。鼓励东部沿海地区全面参与国际分工，主动融入经济全球化。深入推进沿边地区开发开放，加快边境中心城市、口岸城市建设，加强基础设施与周边国家互联互通，发展面向周边的特色产业群和产业基地，形成具有独特地缘优势的开发开放格局。统筹推进海岸带和海岛开发建设、近海与远海开发利用，增强海洋开发能力，优化海洋产业结构，提高海洋经济增长对国民经济的支撑水平[1]。

第四节 国土空间规划制度秩序价值

一、法与秩序价值的基本理论

马克思主义认为，法在一定意义上就是为了建立和维护某种秩序而存在。秩序与无序相对，在文明社会中，法律是防治和制止无序状态的经常手段。法为秩序提供预想模式、调节机制和强制保证。秩序是法的基础价值，是法的其他价值的前提和基础，如果没有秩序，法的其他价值（如公正、自由、平等、文明等）都无从谈起。"秩序作为法的基础价值是由法对于社会的意义所决定的。法对于社会的意义，首要的是建立起最必要的人际秩序，使人与人能够共存，法是人们因受外在压力而不得不遵守的规则。"[2]秩序构成了人类理想的要素

[1] 国务院.国务院关于印发全国国土规划纲要（2016—2030 年）的通知：国发〔2017〕3 号.[EB/OL].（2017—02—04）[2020—08—15].
[2] 张文显.法哲学范畴研究 [M].修订版.北京：中国政法大学出版社，2001：177.

和社会活动的基本目标。法律是秩序的象征，又是建立和维护秩序的手段[1]。秩序是一定物质的、精神的生产方式和生活方式的社会固定形式，因而是它们相对摆脱了单纯偶然性和任意性的形式；建立社会秩序的目的是要创造一种安居乐业的条件。

（一）法的秩序价值界定

所谓秩序，是人和事物存在和运转中具有一定的一致性、连续性和确定性的结构、过程和模式等，它包括社会秩序和非社会秩序。社会秩序是指人们交互作用的正常结构、过程或变化模式，是人们互动的状态和结果[2]。秩序不仅是人类社会存在的条件，也是人类社会发展的要求。西方法哲学家指出："历史表明，凡是在人类建立了政治或社会组织单位的地方，他们都曾力图防止不可控制的混乱现象，也曾试图建立某种适于生存的秩序形式。这种要求确定社会生活有序模式的倾向，决不是人类所作的一种任意专断或违背自然的努力。"[3]

秩序是人类社会的普遍需要，也是法的价值的一个重要方面。关于法的秩序产生和实现，亚里士多德很早就论证："政府的产生和存在完全是出于人类自身倾向于过社会政治生活的本性和维护秩序、追求人类善的需要。"[4]近代西方思想家认为，政府是人类为摆脱有诸多缺陷的自然状态而授权委托的结果，政府存在的根本目标在于保障公民的生命、财产和自由，使人类能够生活在有秩序的环境中。法的秩序价值研究成果表明，秩序包含诸多方面的内在规定性。对于国土空间规划制度而言，稳定性和可预见性是其秩序价值的两个核心内容。对这两个方面的具体内容以及二者之间的关联性进行深入研究，

---

[1]　汪劲.环境法律的理念与价值追求：环境立法目的论［M］.北京：法律出版社，2000：226.

[2]　卓泽渊.法的价值论［M］.北京：法律出版社，1999：185.

[3]　E.博登海默.法理学——法哲学及其方法［M］.邓正来，姬敬武，译.北京：华夏出版社，1987：226.

[4]　蔡守秋.环境政策法律问题研究［M］.武汉：武汉大学出版社，1999：85.

是明确国土空间规划制度秩序价值内涵的重要前提。相对性、动态性和限度性三方面特征，是理解国土空间规划制度之秩序价值的关键，也是秩序价值与其他两方面价值相衔接的重要关节点。

（二）秩序的法学解说

法的秩序价值学说大致分为四类："规范说"，将法律秩序视为一种规范体系；"结构说"，认为法律秩序是法律与其他社会因素互动作用后的社会状态；"过程说"，把秩序价值视为法调整社会关系的过程；"结果说"，把秩序价值视为法所实现的结果。这四类学说从不同方面解释了法的秩序价值的内涵。就法的秩序而言，单独、片面强调其中任何一个方面都是不完整的；然而，在不同部门法中，法的秩序价值通常会侧重于其中的一个方面或者数个方面，这就需要根据具体情况进行具体分析。

（三）关于法与秩序的关系

博登海默认为，"秩序是指自然和社会中的某种程序的一致性、连续性和确定性"[1]。哈耶克把社会秩序分为"自生自发的秩序"和"人造的秩序"，并认为"那种认为人已经拥有了一种构设文明的心智能力、从而应当按其设计创造文明的整个观念，基本上是一种谬误"[2]。真正的秩序只能是适应性进化的结果，而不是人预先设计的。在哈耶克看来，法治的核心是个人自由，理性的发展也取决于个人自由，"必须维护那个不受控制的、理性不及的领域；这是一个不可或缺的领域，因为正是这个领域，才是理性据以发展和据以有效发挥作用的唯一环境"[3]。哈耶克认为秩序形成的基础是人的理性，强调维护个人自由的重要性。但自发形成的秩序对社会

---

[1]　E.博登海默.法理学——法哲学及其方法［M］.邓正来，姬敬武，译.北京：华夏出版社，1987：207.

[2]［3]　哈耶克.自由秩序原理［M］.邓正来，译.北京：生活·读书·新知三联书店，1997：17.

秩序形成虽然重要，"但起主导作用的还是国家和法律，它决定了社会关系的主要方面、重要内容和基本方向"[1]。当今，完全自生自发的社会秩序已经不复存在，在秩序社会和法治国家建设过程中，依法形成秩序并依法维护秩序成为实现"和谐有序社会"的主要选项。

秩序与法的关系主要体现在四个方面。首先，人类对秩序的追求，促进了法的起源。正如庞德所说：法律科学的起源之一，是有关正义和社会秩序的理论[2]。其次，保持相对稳定的社会秩序，是法的内在要求和重要作用。法为维持一定的社会秩序而生，也为维护一定的社会秩序而存在[3]。最后，秩序是法律的不可分割的内容。维护社会秩序不仅是法的基本目标，而且也是法的重要内容之一[4]。此外，法是维护社会秩序的最后保障手段。一旦现有的社会秩序受到外部因素威胁，进而有可能出现甚至发生社会的无序之时，法作为"社会关系的调整器"[5]便会挺身而出，运用自己特有的方式和手段去维护现有的社会秩序。

秩序的实现需要相关规则的建立。宗教规则、道德规则、法律规则是主要方面。其中，法律由于其特有的调节机制和强制力，与秩序的联系最为密切。法律从某种意义上讲，本身就是为了建立或维护某种秩序而出现的。"所有秩序，无论是我们在生命伊始的混沌姿态中发现的，或是我们要致力于促成的，都可从法律引申出它们的名称。"[6]亚里士多德也指出："法律就是某种秩序，普遍良好的秩序基于普遍遵守法律的习惯。"[7]因此，正如西方法学家所认为的那

［1］　葛洪义，朱继萍.法律·理性·秩序［J］.法制现代化研究，2000（1）：20-34.
［2］　E.博登海默.法理学：法律哲学与法律方法［M］.邓正来，译.北京：中国政法大学出版社，2004：26-27.
［3］　魏德士.法理学［M］.丁小春，吴越，译.北京：法律出版社，2003：41.
［4］　中共中央马克思恩格斯列宁斯大林著作编译局编译.马克思恩格斯全集第二卷［M］.2版.北京：人民出版社，2005：515.
［5］　刘金国，舒国滢.法理学教科书［M］.北京：中国政法大学出版社，1999：273.
［6］　拉德布鲁赫.法学导论［M］.米健，译.北京：中国大百科全书出版社，1997：1.
［7］　亚里士多德.政治学［M］.吴寿彭，译.北京：商务印书馆，1965：353-354.

样："与法律永相伴随的基本价值，便是社会秩序"[1]，秩序构成了法律的基本价值。从法律发展的历史看，法律秩序价值是通过两方面的措施得以实现的：一方面，通过对法律主体各种利益的明确划定、分配和调整，明确各主体的权利和义务，对社会关系进行法律上的规范，不断提高法的确定性；另一方面，随着各种科学技术的发展，公正而高效地处理各类纠纷，通过法律途径解决社会矛盾，不断增强法的安定性。这两方面共同作用的结果，正是所谓的"通过法律的社会控制"，从而达到一个稳定、正常的社会安全状态，法对于社会秩序的价值也就得以体现[2]。

（四）生态安全与法的秩序价值

1.生态安全的提出，使法的安全价值日臻完善

在以往的法的世界里，法哲学主要考虑交易安全与社会安全，但这种安全秩序的认识尚难以抵御外部性问题对人类社会的冲击。而生态安全作为法的安全秩序中的一个环节，则使我们在思考法的安全秩序的同时，考虑到生态环境问题，并采取相应的制度去解决。同时，生态安全理论的提出，使人们从一个新的视角来审视交易安全和社会安全，促使人们重新考虑交易安全与社会安全理论的"妥当性"，重新考虑其制度安排，使法的安全理论与安全秩序更好地回应现实社会的挑战[3]。因此，"在人类社会与自然界已经开始全球相互作用，人与生物圈相互依赖关系愈加突出的时代，只有依靠法律维护好人与自然的生态秩序，才能稳定人与人的社会秩序。"[4]

---

[1]　彼得·斯坦，约翰·香德.西方社会的法律价值［M］.王献平，译.北京：中国法制出版社，2004：45.

[2]　陈海嵩.环境法生态安全原则研究［J］.西部法学评论，2009（2）：13-19.

[3]　郑少华.生态主义法哲学［M］.北京：法律出版社，2002：182.

[4]　陈泉生，张梓太.宪法与行政法的生态化［M］.北京：法律出版社，2001：79.

2. 生态安全是一个社会的"底座安全"

秩序包含着社会秩序和非社会秩序，生态安全作为非社会秩序的基本内容，亦是环境资源法的基础价值[1]。"如果任何行为将使大部分人的生态安全面临威胁，那么就必须把它们看作非法的行为"[2]，据此，将生态安全喻为一个社会的"底座安全"，具有底座价值。底座价值意味着如果没有生态安全做支撑，整个法律体系将变得毫无依托，法律大厦将坍塌。生态安全不仅是其他法律价值的基础，而且对传统的国家安全的影响也十分明显，无论是国土空间资源的衰退还是国土空间生态系统的恶化均将对经济安全构成致命的威胁，而生态安全问题如海平面上升、因人为因素而加剧的自然灾害所造成的严重后果会动摇社会安全的根基[3]。

3. 生态安全维护生态秩序的必然

生态秩序是自然规律的体现，它制约着人类的一切实践活动，人类的活动必须在尊重自然规律的前提下，并在自然规律允许的范围内进行。自然秩序作为其他一切秩序的基础，人类所构建的一切社会秩序都应与之相协调、相适应。自然秩序虽然有一定的自我恢复能力，但是当人类活动对它的影响和破坏超过一定限度时，它便失去了自我恢复的能力，必然要依靠人的努力和帮助。所以，当人类活动对自然秩序造成破坏时，人们有义务对自然秩序进行恢复……环境危机表面上看是人与人之间秩序被打乱，实质上也是自然秩序的破坏和人与自然秩序的失衡。人类利益需要使法不能只关注社会秩序，也要维护自然秩序[4]。秩序由人与人的社会秩序向人与自然的生态秩序扩展，只有依靠法律才能维护好人与自然的生态秩序，才能稳定人与人的社会秩序[5]。

［1］　张式军. 海洋生态安全立法研究［J］. 山东大学法律评论，2004（1）：99-109.
［2］　雷巴科夫，德新. 人——生态问题［J］. 国外社会科学前沿，1997（11）：21-23.
［3］　谢玲. 我国生态安全立法的路径选择［J］. 广东海洋大学学报，2014，34（2）：68-73.
［4］　汪劲. 环境法律的理念与价值追求：环境立法目的论［M］. 北京：法律出版社，2000：39-40.
［5］　吕忠梅. 环境法新视野［M］. 北京：中国政法大学出版社，2000：79.

二、国土空间规划制度秩序价值的内容

法律价值本身是一个包含多方面内容的体系，自由、平等、秩序、正义、人权等均为法的价值。在法的诸多价值中，秩序是法最基本的价值追求之一，是法的基础性价值。纵观人类社会发展的历史，不同历史时期的法律制度可能受到当时所处的社会历史条件的限制而无法追求其中某一价值，但任何社会的法律制度却不可能放弃对秩序价值的追求。安全是秩序的核心，因为秩序即意味着某种程度关系的稳定性及结果的可预测性，如果安全受到威胁则表明这种稳定性将被动摇，不可预测的因素增加，从而使有序的状态遭到破坏，因此安全是获得秩序和正义的一个不言而喻的前提。一方面。法维护的是一种法律秩序，是一种维护整体安全和保证公众最大自由的相适相恰的整体秩序。因此，国土空间规划制度的秩序价值追求的"安全"侧面，要求保障整体安全、相对安全，而非绝对安全；安全不能影响和限制行政相对人依照宪法、国土空间规划法律法规等自由行使土地上财产权利的自由。另一方面，国土空间规划法律关系主体不能把自己土地上的权利绝对化，不能不考虑整个城市、地区的公共利益、国家社会整体利益，把自由绝对化，从而影响其他群体、地域甚至国家利益。极端自由必然会突破法律底线，走到自由的反面，不仅会失去自由，还会影响整体安全。

（一）秩序价值的"自由促进"侧面

安全是人类社会共同需要的一种社会性状。安全是个人生存、发展的起点，是人们追求更高意义上幸福的依据，也是社会存在的基础。因此，国土空间规划制度要把"自由促进"作为秩序价值追求的首要目标。首先，对国土空间规划相对人的土地使用权及其房屋等不动产、依法取得享有的资源物权，如林权、采矿权、滩涂养殖权等，给予应有的尊重和保护，不能擅自以"公共利益"，违背程序正义对土地权

利人的财产权利予以限制或剥夺。在当代中国，公民最重要的财产就是房屋及其他不动产，没有这些财产，普通公民的生存、发展就失去物质保障，其他自由和尊严成为无本之木。其次，被国土空间规划制度所确认，或者国土空间规划制度未明确禁止的土地上的权利、收益和处分行为给予充分保障并排除不法干涉，尤其是对滥用公权力干预公民私权的行为予以制止、问责。最后，适度干预市场，维护市场自由。在市场经济条件下，国土空间规划制度对市场的干预须坚持"必需"原则，并遵循适度，过度干预市场，会影响市场机制的发挥和自由竞争，也会妨害公民权利的行使，交易安全无法保证，社会公众处于恐慌之中，秩序必然受影响。

（二）秩序价值的"安全保障"侧面

1. "社会安全"保障层面

任何法律在追求秩序价值时必须将安全保障作为目的指向。法律是人们对安全追求的结果，"人的安全乃是至高无上的法律"[1]。秩序价值的安全侧面着眼于为社会和谐建立一套保障体系，维护整体和谐与稳定。国土空间规划制度在调整国土空间规划法律关系的过程中不仅要注重秩序价值的"自由侧面"，而且要关注秩序价值的"安全侧面"。

（1）个人自由行使土地上的权利不能妨害、破坏整个社会的安全环境，因为安全比个体的任意性自由在价值上具有优越性，个人自由受整体安全支配，当个人在国土空间规划中的行为危及整体安全时，该自由将受到限制、制约，甚至剥夺。例如，国家为发展国防、教育、医疗等公共利益事业，对集体土地实行征收，或者对国有土地上的房屋实行征收，就是依法对公民、法人及其他组织财产所有权的限制。

---

[1] E.博登海默.法理学：法律哲学与法律方法 [M].邓正来，译.北京：中国政法大学出版社，2004：290.

（2）在贯彻执行秩序价值的"自由侧面"时，还要坚持平等原则。虽然当特定个体在受到狭义上的安全限制的条件下享有自由时，这种自由已经初步具有正当性。但这种正当性还不完全，它还要受到平等原则的限制。即"每个人对与其他人所拥有的最广泛的基本自由体系相容的类似自由体系都应有一种平等权利"[1]。国土空间规划法律关系主体在行使自己土地上的权利时，不能过分强调自己的自由，在行使国土空间规划制度所确认的自由时，要对国土空间规划法律关系其他主体的权益予以尊重，因为任何国土空间规划法律关系主体拥有的权利和自由是平等的，任何主体都没有绝对的权利和自由。

（3）坚持用一般权利和自由优于特殊权利和自由原则。在国土空间规划法律权利和自由行使的过程中，常常会与其他法律权利和自由发生矛盾和冲突。此时，就要用一般权利自由优于特殊利益和自由的原则来妥善处理，在坚持保障一般权益的同时兼顾特殊利益，实现权利间协调平衡。

2. "生态安全" 保障层面

生态安全包括狭义生态与广义生态安全，狭义生态安全是指自然和半自然生态系统的安全，即生态系统完整性和健康的整体水平反映。广义生态安全是指在人的生活、健康、安乐、生活保障来源、必要资源、社会秩序和人类适应环境变化的能力等方面不受威胁的状态，包括自然生态安全、经济生态安全和社会生态安全，组成一个复合的人工生态安全系统。其包括两层基本含义：一是防止由于生态环境的退化对经济基础构成威胁，主要指环境质量状况和自然资源的减少和退化削弱了经济可持续发展的支撑能力；二是防止环境问题引发人民群众的不满，从而影响社会稳定。生态安全被学者关注始于 20 世纪70 年代的全球性的环境危机，它是指与人类生存息息相关的生态环境及自然资源基础（特别是可更新资源）处于良好的状况或不遭受不

---

[1] 约翰·罗尔斯.正义论［M］.何怀宏，何包钢，廖申白，译.北京：中国社会科学出版社，1988：37.

可恢复的破坏[1]。美国著名的环境法专家赖斯特·R. 布朗在1977年指出，在20世纪末，国家安全的关键是持续性发展的问题，针对日益严重的生态问题，迫切需要人类通过立法协调人与自然的关系，建立生态秩序的协调机制。这种生态秩序的建构，不仅要强调在环境保护与生态维护领域中当代人在国家之间、地区之间、中央与地方之间、各阶层之间等的合作，而且要强调代际合作[2]。一般认为，生态安全主要内容如下：一是国土资源安全，即国土资源的数量、质量和结构能满足各种需要，处于有效供给状态；二是水安全，指有充足的水资源满足各种需求，主要有供水安全、防洪安全和水质安全等方面；三是大气安全，指大气质量维持在可接受的水平，或者处于不造成威胁和伤害的水平；四是生物物种安全，指生物与环境之间的生态过程达到一种相对平衡的状态，以保证生物物种多样性、遗传多样性和生态系统多样性；五是食品安全，指食品中不存在危害人体健康的化学物质，杜绝被化肥、农药、工业原料等污染的食品。

（三）国土空间规划制度秩序价值的把握

1. 辩证看待秩序价值

秩序价值作为法的价值追求之一，其与法律的其他价值如正义、效率、人权等是相互促进、相互制约，是对立统一的关系。制定和实施国土空间规划法律制度时，不能片面强调秩序价值。国土空间规划秩序价值要建立在公平、公正，保护和尊重人权基础之上，任何缺乏正义、违反人权保护原则的行为都是不正当的。在国土空间规划制度制定和实施过程中必须坚持秩序价值的相对性，不能把秩序价值片面化、绝对化，坚决杜绝侵害国土空间规划行政相对人利益的违法行为。

［1］ 李挚萍. 经济法的生态化：经济与环境协调发展的法律机制探讨［M］. 北京：法律出版社，2003：178.

［2］ 赵惊涛. 生态安全与法律秩序［J］. 当代法学，2004，18（3）：138-141.

2. 在动态中把握秩序价值

法律的确定性、稳定性决定秩序价值会随着时间和地域的变化会出现不适合、低效甚至失效的情形，即滞后性。对国土空间规划制度滞后于国土空间规划实践，要有深刻认识，要在动态中准确把握国土空间规划制度的秩序价值。随着国土空间规划实践的发展，国土空间规划制度本身也将随之发展完善，并将这些实践规律和认知转化为法律规范，从而体现出动态性特征。这要求对国土开发利用、土地用途管理和建设用地指标管控、国土空间规划的编制、评估，一定要考虑当地的经济社会发展水平、人民群众认可和接受度，以及国土空间规划等行政行为对群众私产的影响限制程度等，综合考虑国土开发利用、生态环境保护、群众承受力等因素，处理好国土开发建设和社会稳定的关系，因时因地制宜，维护和谐稳定、健康的国土空间规划法律关系，促进国土开发建设事业可持续发展。

3. 正确认识秩序价值的限制性

有学者主张秩序价值是法的最根本价值，其他价值都应当服务服从于秩序价值，实践中"稳定压到一起，没有稳定什么事情都干不成"等，就是"秩序价值至上论"的体现。事实上，法的秩序价值和其他价值一样都是有限的。国土空间规划制度的秩序价值实现要受制于如下条件：①贯彻追求秩序价值必须遵守宪法和法律规定的范围和程序；②秩序价值不能脱离国家和地方经济发展水平、生态环境禀赋等限制条件；③秩序价值追求不能无视和违反自然规律和社会发展规律；④秩序价值追求要与人权、民主、正义、自由等价值相协调。

三、国土空间规划制度秩序价值的实现

（一）秉持促进效率的品格

①制度本身体现效率应当是一种普遍性的行为规则。其所要求、

所禁止、所许可的行为必须是对不特定社会主体适用的普遍性行为。

②国土空间规划制度对行为规则的描述应当明确。首先，国土空间规划制度应当对所规范的法律关系的性质及适用的外部条件予以明确。即规范究竟是授权、禁止还是义务规范，明确规定规范所适用的行为主体的身份条件、行为的环境条件、行为的时间、地点、行为人与他人的关系条件等。其次，国土空间规划制度本身必须明确。最后，违反国土空间规划制度的责任必须明确。

③国土空间规划法律规范要具有和谐一致性，不能存在冲突。

④确保国土空间规划制度的延续性、稳定性。国土空间规划的基本原则和制度必须具有长期的适用性、指导性，对未来的规划行为具有前瞻性。

⑤国土空间规划制度要简洁明确，易于国土空间规划当事人及其他参与人知晓、遵守。

（二）时刻保障生态安全

国土空间规划作为一项重要的公共政策，以整个国土空间为调整对象，以协调经济发展和人口、资源、环境关系为宗旨，从土地、水、矿产、气候、海洋、劳动力等资源的合理开发利用角度出发，对国土空间的经济布局，资源综合开发的方向、目标、重点和步骤，对国土开发、利用、整治等进行战略性安排。它具有明确地区发展优势和劣势，确定地区主要资源开发利用的方案，地区经济社会发展方向，以及重点综合开发区；合理布局人口、城镇和经济建设；统一安排能源、水源和交通等重大基础设施；制订国土综合整治保护规划、方案等任务。在制定实施国土空间规划制度时必须高度关注生态环境安全，并把它作为秩序价值的核心去贯彻落实。一是国土空间规划制度要把生态安全作为对各种事物行为进行价值判断的标准，通过法律法规确立生态安全的价值优位，即"在生态危机的背景下，生态安全作为主体的基础性需求，国土空间规划制度应当予以充分地表达，生态安全应当被视为国土空间规划制度的基础性价值，更应成为国土空间规划实践活动的归宿和予以实现的目标"[1]。二是对生态安全的保障思路进行和合理的规划[2]。首先，在进行生态安全保护的过程中结合对国际资源的应用。就目前的资源状态来看，仅凭现有的资源无法满足社会发展的需求，需要积极应用国际资源。但是，在应用国际资源时，可能会被制约，处于被动地位。因此，一些基础性的安全问题必须努力解决好。其次，将能源发展的趋势与实际情况结合在一起。目前的能源发展趋势是在先进技术的支持下大力发展新能源与可再生能源。根据我国的实际情况，我们必须顺应这种发展趋势，加大力度发展太阳能、核能、风能等能源，提高这些能源所占的比重。与此同时，还要对传统能源进行有效改进，尤其是对煤炭进行清洁利用。最后，坚持具有中国特色的生态治理方式。西方发达国家的生态治理方式是先污染、后治理，而我们需要占据主动地位，积极地进行创新与改革，接受新的思想与理念，采取新的方法对生态进行综合治理，充分利用相关制度与体制上的优势，尽量减少污染治理需要消耗的时间，用最小的生态代价保证社会能够健康发展，实现双赢。

（三）促进安全和谐的国土空间保护格局形成

1. 分类分级推进国土全域保护

以资源环境承载状况为基础，综合考虑不同地区的生态功能、开发程度和资源环境问题，突出重点资源环境保护主题，有针对性地实施国土保护、维护和修复，切实加强环境分区管治，改善城乡人居环境，严格水土资源保护，提高自然生态系统功能，加强海洋环境保护，促进形成国土全域分类分级保护格局。

2. 构建陆海国土生态安全格局

构建以青藏高原生态屏障、黄土高原—川滇生态屏障、东北森林

［1］　张福德.略论法律的生态安全价值［J］.黑龙江社会科学，2009（4）：165-167.
［2］　张驰枫.资源环境问题与我国生态安全［J］.绿色环保建材，2018（6）：33-35.

带、北方防沙带和南方丘陵山地带（即"两屏三带"）以及大江大河重要水系为骨架，以其他国家重点生态功能区为支撑，以点状分布的国家禁止开发区域为重要组成部分的陆域生态安全格局。统筹海洋生态保护与开发利用，构建以海岸带、海岛链和各类保护区为支撑的"一带一链多点"海洋生态安全格局[1]。

（四）塑造良好的国土空间生态秩序

"作为人们在社会活动中所遵循的准则依据和行为规范，秩序往往通过法律表现出来。"[2]但是，"人们在动态性的人性伦理体系中是不可能从自身的先天智能中获得其德性和义务观念的，他必须以法制建设为前提，以法律的明确，健全的规定为前提。"[3]国土空间生态秩序正是基于应对现代社会生态失序的合理预期而型构的一种秩序，其核心就在于规范人的行为，实现人与空间资源和谐发展[4]。就生态秩序而言：首先，国土空间法律规范人的行为与行动结构是构造生态秩序的基础。人类世界、人类社会归根结底是由人以及人的行为所构成的，还囊括了人的意识、人的思维以及人的预期等，人的行为迥异于自然行为。人的本能构造和意识构造使人总是会基于其人性基础追求着自身的利益与目的，在这些行为束的集合下形成一个行为的动态结构，从而促进自发秩序的生成。人的行为固然具有追求利益的本性，但是随着国土空间失序的日益严重，需要一种力量——法律规范——来引导规范人的行为不断的兼顾自然、适应自然以维护人类的生存。在这种力量的导引下，人的行为会逐渐迎合自然并塑造出一种新的行动结构。它不仅追求内部人的意识、精神、人格的生

[1] 国务院.国务院关于印发全国国土规划纲要（2016—2030年）的通知：国发〔2017〕3号.[EB/OL].（2017-02-04）[2020-08-15].
[2] 秦鹏.生态消费法研究[M].北京：法律出版社，2007：62.
[3] 许斌龙.人性、人格与法制建设：法律伦理学的视野[J].法学，2002（12）：21-24.
[4] 董正爱.社会转型发展中生态秩序的法律构造：基于利益博弈与工具理性的结构分析与反思[J].法学评论，2012，30（5）：79-86.

态平衡，更追求外部自然的生态平衡[1]。在向生态文明迈进的过程中，人也开始从经济人、社会人向生态人转变，实现人与自然协调发展的生态秩序重塑。其次，在国土空间规划法律制度制定和实施中坚持自然优先。"自然最有智慧"是巴里·康芒纳提出的生态学第三定律[2]。生态秩序的法治同构应该通过法律的强制力将人类重新纳入自然系统，在国土空间规划实践中，应贯彻自然优先的思维，实现自然第一、人与自然的和谐发展。最后，合理构筑符合生态秩序的空间权利义务结构。从根本上说，维护国土空间公共利益是建立在个人承担相应义务的基础上的。其基本程序是通过国土空间法律的规制使义务主体承担相应的义务、执法机关执行相应的规定、义务主体履行相应的义务、监督主体切实履行监督义务以保证义务本位的实现。

第五节　国土空间规划制度的价值冲突及其协调

　　法的不同价值之间或在同类价值内部发生矛盾时，应根据什么标准对它们进行评价和协调？沈宗灵认为，"兼顾国家、集体和个人三者利益；兼顾多数利益与少数利益，长远利益与眼前利益，整体利益与局部利益；效率优先兼顾公平等"。[3]郑成良提出"生产力标准；人道主义标准；现实主义原则；历史主义原则"[4]等评价标准。胡敏中提出"价值共识和长远原则；尊重差异，包容多样，平等对待；互利互惠和共赢；适度调整自我价值"等价值形成和协调原则[5]。笔者认为胡敏中的观点更具有科学性、可行性，该原则中的"大局和长远"实际上追求的是整体利益和可持续发展，强调的是法的"效率"价值；"尊重差异、包容多样、平等对待"实际就是"正义"价值的

[1]　顾智明.论"生态人"之维——对人类新文明的一种解读[J].甘肃社会科学.2004（1）：79-85.
[2]　霍尔姆斯·罗尔斯顿Ⅲ.哲学走向荒野[M].刘耳，叶平，译.长春：吉林人民出版社，2000：38.
[3]　沈宗灵.法理学[M].北京：高等教育出版社，1994：46.
[4]　张恒山."法的价值"概念辨析[J].中外法学，1999，11（5）：16-31.
[5]　胡敏中.论价值共识[J].哲学研究，2008（7）：96-102.

核心内涵；"互利互惠和共赢、适度调整自我价值"实际上是限制绝对自由，构建和谐共赢社会，体现法的"秩序"价值。

在当代中国，包括国土空间规划制度在内的所有法律制度都把和谐发展定为终极理想，因为和谐发展是一种配合适当、协调有序的理想状态，是一种涵盖周延的目标系统，包括人的和谐、社会的和谐、自然的和谐，是人与社会、自然的和平共存与进步的状态。它能包容法的正义、秩序、自由、效率等价值和独特的功能（统筹功能，指引功能、判断性功能）。国土空间规划制度价值协调的出发点和最终归宿都要落到是否能够促进和谐发展上来，要把是否有利于和谐发展作为协调平衡国土空间规划制度价值的指导原则。

一、正义、秩序价值冲突及其解决

国土空间规划制度实施中，从总体和长远上看，正义价值和秩序价值是统一的，不存在本质矛盾和冲突。但在特定区域、特定时段会存在不一致甚至冲突，因此，国土空间规划制度建构和实施中需要努力协调平衡二者关系。

①制定国土空间规划制度要科学调研、深入分析论证，尽最大可能减少国土空间规划制度执行中的价值冲突。

②在国土空间规划制度实施中，要把国土空间规划制度的正义价值作为核心价值，一般情况下，秩序价值要服从正义价值。

③在特殊区域和时段，为维护整体和谐有序、保障普遍正义，国土空间规划正义价值要暂时服从、服务于秩序价值。

④价值协调和平衡要遵循程序正义，要对两种价值所涉及利益群体的关切给予充分考虑，通过座谈、听证、论证会等形式，让不同群体全过程、深度参与利益协调，倾听其呼声和诉求，取得谅解，达到协调平衡。

二、正义—效率价值冲突及其解决

（一）法的正义和效率价值关系解析

效率提高能够满足人的基本物质需求，提高人维持生存的能力，进而提升个人的生活品质和整个社会的生产力水平。而正义能为效率进一步提升提供思想基石和理念支撑，能弥补市场固有的缺陷和人的有限理性。人类社会需要一个正义的外部环境，既能使所有社会成员的投入与收获大致成比例，这样才能维持正常的社会秩序；同样，社会也需要以最少的投入获得最大的产出，即效率最大化来创造社会财富。正义与效率是辩证统一的，"效率是正义的基础，正义是效率的目标"；"在坚持一方面优先的同时，只有使另一方维持在一个最低限度，才能达到一种社会效益最大化的平衡状态"[1]。法的效率价值和正义价值在矛盾和平衡中体现法对人的终极关怀。

（二）国土空间规划制度正义价值和效率价值冲突解决路径

国土空间规划制度目标是实现经济社会可持续发展，可持续发展要求发挥市场对国土资源配置的基础作用，达到又快又好，可持续发展还要求搞好利益分配，维护时间、空间正义。协调正义价值和效率价值冲突需要坚持如下原则。

（1）通过对国土资源的优化配置和高效利用，让高效益者获得更多的实际收益，调动他们的积极性，进而带来效益的进一步提高，促进生产力快速发展，为国土空间规划制度正义价值的实现提供物质基础。

（2）实现效率不能无视社会财富分配差距无限制扩大，削弱经济发展的基础，要通过生产要素在空间上的合理配置和利用，并适当

---

[1]　马德安.试析法的价值争议问题：正义与效率［J］.法制与社会，2011（21）：1-2.

干预市场，进行财富再分配，弥补效率至上可能引起的公平问题，实现公平正义。要通过国土资源配置的合理布局，把财富配置给最需要的人，使收入差距控制在普通群众能承受的范围内。

（3）要纠正过去偏重经济发达地区的倾向，制定一些促进老、少、边、穷地区的特殊政策。把更多资源配置到西部地区、农村、山区、老少边穷地区以及老工业区，并把能否促进上述地区的科学发展、和谐发展，作为国土空间规划制度公平价值实现的重要指标[1]。

（4）要完善土地用途管理、土地征用制度、拆迁补偿等制度，纠正违反市场规律和法定程序的强制征收、拆迁，以及通过不合理的制度安排，剥夺被征用人、被拆迁人正当利益的等违法行为。

（5）要科学设定法律责任和公正高效的追究程序，一方面，为国土空间规划法律关系当事人快捷、公正地解决冲突纠纷提供规则和程序，保证冲突和纠纷及时、公正的解决；另一方面，严肃追究惩罚国土空间规划违法行为，遏制违法行为对相对人权益的继续侵害。使公平和正义在国土空间规划违法行为人受惩罚的过程中得以体现[2]，使被违法行为破坏的规划秩序得以恢复。

三、国土空间规划制度的秩序—效率价值冲突及其协调

在法律价值目标体系中，安全价值具有基础性，其中经济安全[3]是其他安全的物质基础。国土空间规划制度实际上是国土资源配置的制度，经济安全应当是国土空间规划制度秩序价值的主要内容之一。协调国土空间规划制度秩序效率价值冲突应坚持：首先，要维护促进国家的体制效率。体现其社会利益调控分配效用，以社会效益

[1] 彭莉，王斌.我国国土规划法的若干法律问题思考[J].国土资源，2004（11）：28-31.
[2] 张晓芝.试论公平与效率相统一的法律基础[J].经济管理，2003，25（9）：23-25.
[3] 吕忠梅，陈虹.论经济法的工具性价值与目的性价值[J].法商研究，2000（6）：59-67.

为本位，致力于促进社会整体效率[1]的发挥，确保国内经济整体上基础巩固、有序运行、稳健增长、持续发展，在国际经济生活中具有自主性、自卫力、竞争力，为经济安全和整个国家和社会安全提供基础[2]，为国土空间规划法律关系主体的财富创造提供稳定环境。其次，国土空间规划制度在促进经济安全和维护既定经济体制的同时，不断进行制度创新，"降低国土空间规划制度的实施成本，提高、增进体制效率"[3]。具体而言，在宏观层面，国土空间规划制度要在发挥市场对资源配置的决定性作用的同时，通过政府有形之手，实现对市场的有效干预与指导；在微观层面，要通过国土空间规划制度改革完善，影响、塑造经济主体的利益偏好与追求，引导市场主体的行为方式，促进国土空间规划法律关系主体积极参与财富创造，实现国土空间规划制度的效率追求。最后，国土空间规划制度还要不断地维护和保障生态环境安全，为国土空间规划法律关系主体创造财富提供安全健康的环境。

---

[1]　欧阳明程．整体效益：市场经济条件下经济法的主导价值取向 [J]．法商研究，1997（1）：34-36，47．

[2]　何文龙．经济法的安全论 [J]．法商研究，1998，15（6）：16-18．

[3]　徐士英，魏琼，瞿向前．经济法的价值问题 [J]．经济法论丛，1999（1）：25-40．

第四章 国土空间规划制度的基本目标

　　关于国土空间规划制度的目标，学者们有不同的观点，归纳起来有三类，即经济发展优先论、环境保护优先论和可持续发展论。从西方国土空间规划发展历程及我国国土空间规划的经验教训看，经济发展论和环境保护论，都在理论和实践方面存在某些问题，可持续发展应成为国土空间规划制度的基本目标。下文将对经济发展优先论和环境保护优先论的发展历程及其在实践中存在的问题作简单梳理，并就国土空间规划可持续发展目标的确立过程、内涵及对制度建构的影响做深度剖析。

第一节　经济发展优先论

　　经济发展优先论的代表人是朱利安·林肯·西蒙，1980年在其出版的《最后的资源》中明确提出，人类使用的资源是无限的，人类生活的生态环境会不断好转；环境恶化、资源短缺、生态退化是发展中的暂时问题，经济发展永远是第一位的；随着科技的发展、社会的进步和人类生活水平的不断提高，当前所面临的问题会迎刃而解，人口资源与环境将自然达到平衡。该理论认为，随着经济的发展，社会富裕程度和支付能力提高，人们对环境的要求相应提高，污染状况不断改善。污染程度下降、生态好转，人口增长有利于经济发展，经济发展才是解决环境问题的根本出路[1]。该观点明显过于强调人的主观能动性，夸大科技和经济的作用，这种盲目乐观的理论，对于当前人类面临的全球环境问题是明显脱节的，但该观点在理论和实践中有广阔的市场，从长远上看是不可行的。

经济发展优先论在我国理论和实践中都有非常深厚的基础。"发展是硬道理""没有发展就没有现代化""经济大饼做大了，贫富分化自然解决了"等，都是经济发展优先论的反映。这种观点是基于改革开放前的严峻形势——国家经济处于崩溃边缘，人民群众极度贫困。另外，经济快速发展、财富迅速积累确实能为解决贫困，特别是极度贫困提供物质基础。经过改革开放40多年的经济快速发展，都是在"效率优先，兼顾公平"指导下进行的，然而，经济发展优先论所造成的后果也是触目惊心：土地资源利用率很低，生产效率低下、土地退化严重，70%的大江大河被严重污染，动植物大量灭绝，自然灾害等环境问题频发；能源耗费量极大、单位GDP生产效率很低，仅是日本的10%。不仅如此，我国的资源、环境已经难以支撑当前这种发展方式，任其继续发展必将威胁子孙后代的生存和发展。更可怕的是，经济发展优先论者并没有看到他们所期待的财富分配不均等问题，通过"先富带动后富"的理想方式解决问题，反而使经济发展区域差别越来越大，财富分配更加不公平，经济发展优先论面临尴尬的处境。

第二节　环境保护优先论

环境保护优先论的代表是"罗马俱乐部"，其代表作是1972年发表的研究报告《增长的极限》。该理论的核心观点是：在人类社会发展的诸多因素中，人口的增长是其他因素的推动因素。人口增长必

---

[1]　张璐.环境与资源保护法学［M］.3版.北京：北京大学出版社，2018：84.

然要求提供更多的生产和生活消费品，必然使耕地和工业生产规模不断扩大，并且消费更多的自然资源，向环境排出更多的污染物质和能量，进而环境会不断恶化。人类与环境之间存在着发展无限性和地球资源环境有限性这一基本矛盾，当人口的增长达到极限时，便会导致整个地球危机和人类社会瓦解。为使人类免于灾难，就应当让经济发展服从于环境保护，使人口和经济发展实现零增长。该理论显然是过于悲观，因此该观点遭到发展中国家和发达国家的共同反对，但确实对促使国际社会警醒，反思"高投入、高生产、高消费、高污染、高浪费"的发展模式，客观上促进了全球环保事业的发展。

　　人类社会的繁衍、发展必须依靠其周围的资源和环境，自从人类诞生以来，就在持续不断地影响着周围的环境，利用各种自然资源，促进经济社会发展和人本身的再生产，经济社会发展对资源环境的影响是无法杜绝的。20 世纪 60 年代以来，随着欧美国家经济社会全面进入现代化，欧美及日本等国出现严重的公害事件，世界上野生动植物灭绝速度加快，全球气候变暖，臭氧层破坏等环境问题，给经济社会的发展造成了很大的影响。我国环境问题也相当突出，据世界银行、中科院和原国家环保总局的测算，我国每年因环境污染造成的损失约占 GDP 的 10% 左右[1]，保护环境刻不容缓。基于对生态环境的担忧，学界提出环境保护优先论，尤其是欧美发达国家更是竭力主张。应当说保护生态环境关系到所有当代"地球人"和将来"地球人"人格尊严和发展能力，关系经济社会乃至人类自身的可持续发展。但环境优先论坚持，为了保护环境而减慢发展，甚至不发展，也是值得商榷的，实践证明人类的任何生产和生活活动都会对环境造成影响，不发展也无法杜绝对环境的影响。其次，对于大多数发展中国家而言，没有一定的经济发展速度就不能解决其民众的基本生活，不能保障其民族尊严和国家独立，一直以来发达国家所宣传、维护和捍卫的基本人权也

---

[1]　中国每年因环境污染造成损失达 GDP 的 10%［J］. 净水技术，2007，26（2）：66.

无法保证，这对发展中国家是不公平的。就环境保护和经济发展的关系看，环境保护应坚持"共同但有区别原则"，发达国家因为发展耗费了大量的资源，对环境的影响也更为明显，而且当代发达国家民众的生活方式对环境的影响和破坏远高于发展中国家，发达国家应当承担更多的环境保护责任，其本国可以把环境保护优先于经济发展，因为其经济的发展速度稍低不会影响其民众的基本人权和尊严，而发展中国家则必须保持一定的经济发展速度。总之，环保优先论必须在社会公众的基本发展权利、基本尊严有物质保障的条件下才能实行，要坚持经济发展和环境保护同步进行，不能走"先污染后治理"的老路，也不能"光着身子看美景"，无视环境条件搞环境优先论。

第三节　可持续发展论

一、可持续发展的内涵解析

可持续发展是当今国际社会关注最多，使用最广的概念之一，其内涵关涉自然和社会科学的多学科知识。其最初源于著名报告——《我们共同的未来》。其概括为："即满足当代人的需要，又不对后代人满足其需要的能力构成威胁的发展（Sustainable development is the development that meets the needs of the present generation without compromising the ability of future generations to meet their own needs）。"可持续发展原则在 1992 年里约热内卢环境发展大会上得到全面解释和阐述，其内容包括：自然资源的可持续利用、环境保护和经济发展一体化、发展权、当代人之间及当代人与后代人之间的资源合理分配（代内和代际公平）以及"污染者付费原则"等。

（一）环境保护与经济一体化

环境保护与经济一体化是要求将环境保护与经济发展这两个方面互相结合起来，使二者协调统一。制订经济发展计划时要充分考虑到环境保护的需要，并且，在追求环境保护这一目标的同时也要切实地兼顾发展的需要。《里约环境与发展宣言》（简称《里约宣言》）第4条指出："环境保护应该构成发展进程的一个组成部分，不能脱离发展单纯考虑环境保护"，《21世纪议程》也指出："在进行经济、社会、财政、能源、农业、交通贸易和其他政策决策时要更系统的考虑到环境"。

（二）发展权

发展权是国家的义务、集团权力和个人人权三者的混合体，也被称为"第三代人权"。其强调"求取发展的权利必须实现"，体现了发展中国家及其拥护者的胜利，同时也彰显以下关注，即环境保护不能脱离经济发展的需求。对于发展权，发达国家和发展中国家在认识上仍存在分歧。

（三）自然资源的可持续利用和保全

自然资源的可持续利用和保全是以可持续的方式来利用和保存自然资源。核心是对资源利用的"度"上，这个度就是要在开发利用上适应自然资源的再生能力和承载能力。对可再生资源，要在资源最佳再生能力的前提下对其进行合理利用；对于不可再生资源或特殊区域，要对其进行保全，或以非耗尽的形式加以利用，尽量避免对其造成不可恢复的损害。污染者付费原则，要求污染者必须承担使耗尽政府当局所确认的可接受的状态而采取措施所带来的费用，或者治理措施的花费应该反映在商品和服务的价值中，使污染进入生产和消费中。污染者付费政策、建议的目的是使污染控制、清除和环境保护的成本内部化，并确保政府不会通过压低环境成本而扭曲了世界贸易和投资[1]。

笔者认为，可持续发展理论可以归纳为：以发展为核心、以合理利用资源、保护生态环境为目标，坚持代内公平和代际公平相协调[2]，以转变人的思想观念和行为为重点、加强国际合作等[3]。

二、可持续发展观对制度建构实施的挑战

历史经验证明，人类社会发展至今存在的诸多社会问题，在相当大程度上都与我们的先辈乃至我们自身的非可持续发展行为密切相关。实事求是地讲，我们过去为改善人民生活，实现经济社会的快速发展，制定的诸多政策，从当时的环境看是正确的，但从长远和整体上看，却有很多值得商榷之处。可持续发展是在人类面临诸多问题无法有效解决的窘况下，痛定思痛后做出的艰难和正确的选择。贯彻实施可持续发展理念，要求对当前的法律制度进行全面的清理，审查其是否符合可持续发展要求。其对法律制度建设的具体影响在于：它要求以法律生态理念重新审视人与自然的关系，对以当代人为本位的法律思想、法律观念、价值取向、法律中心、法律救济及立法倾向等进行深刻反思[4]，确立可持续发展的法律思想、理念、价值、立法倾向，并构建可持续发展法律制度[5]，对法律制度开展"可持续发展评估"[6]。笔者认为，可持续发展对法律制度的价值理念影响至少包括如下几点。

[1] 那力.国际环境法[M].北京：科学出版社，2005：32-36.
[2] SCHRIJVER N.Sovereignty over natural resources：balancing rights and duties[M]. Cambridge：Cambridge University Press，1997：77.
[3] SUSAN W，Anna White. Environmental Law[M].London：Cavendish Publishing Limited，1995：23.
[4] ARSANJANI M H. International regulation of internal resources：a study of law and policy[M]. Charlottesville：University Press of Virginia，1981：33.
[5] 蔡守秋.论当代环境法学的发展[J].法商研究，1998（3）：22-30.
[6] 毛文永，李世涛.中国持续发展战略[M].北京：中国科学技术出版社，1994：279-280.

（一）影响法律制度的公平观念

在可持续发展的代内公平和代际公平原则的冲击下，法的灵魂正受到审查和谴责，它要求法律制度的公平价值不能仅局限于过去的个人之间，不同群体之间，它必须关注地域发展的公平正义，关注当代人和后代人之间的公平正义。法律制度必须坚持倡导鼓励和支持资源节约型、环境友好型社会建设，谴责限制和惩处过度消费和浪费资源等行为，为地球留下足够的资源，保全地球的环境和生态，为子孙后代的全面发展留下空间，保证他们能像我们一样生产和生活，维护代际正义。要按照可持续发展的要求，对当今存在的维护不公平的法律制度予以修改、废止；要制定完善体现可持续发展理念的法律制度，铲除造成发展条件（基础）不平等和发展获利（结果）不平等制度根源。

（二）对法律制度效率价值观的影响

可持续发展的"高效性原则"要求，对法的作用、效益和价值必须重新评估。在我国法治建设领域，一直存在着直接效益和间接效益、眼前效益和长远效益、局部效益和整体效益、经济效益、环境效益、人的价值和自然的价值之间的矛盾和冲突。这些效益观及其分类有其积极意义，但从可持续发展的角度看，极个别法律保护兼顾不周。

（三）对法律制度实施体制机制的影响

可持续发展对法律制度的实际运作与实践的影响相当广泛、全面和实在。首先，影响法律制度的机制和体制。可持续发展观要求，国土空间规划制度必须从经济社会实际需要出发，从有利于改变传统的不可持续的生产方式、有利于发展生产力出发，进一步改进和健全诸如决策程序、决策责任追究、决策影响评价等机制。其次，可持续发展要求从新的角度，从更大范围、更长远的未来利益考虑国土空间规划法律行为的取向、行为的重点、行为的实施手段和评价行为的可能后果。

（四）对经济决策的影响

可持续发展要求政府经济决策必须考虑：首先，经济决策既要立足现实环境，体现客观性、实践性和可行性；也要对未来做出预测，体现超前性。其次，经济决策要克服单一性、单项性，要具有宏观地位，从更大范围、更广的领域考虑问题和制定政策。最后，经济决策要梳理分析各类关系，找出相互间的矛盾和冲突，努力克服目前人与人、人与自然不协调等问题[1]，增强协调性。

三、国土空间规划制度可持续发展促进

（一）国土空间规划可持续发展理论确立

可持续发展的国土空间规划的理论基础及学科发展，能为国土空间规划制度及体系建立与完善提供逻辑起点和理论基础。对国土空间规划理论基础、目标任务及发展路径等的研究情况见表 4.1。

表 4.1　规划学科可持续发展理论梳理

规划类别	相同或相近学科理论基础		专业理论及学科
国土空间规划	区位理论	农业、工业区位论、中心地理论、市场区位论等	人类现有有关学科理论知识
	经济理论	规模经济理论、产业发展理论、地域分工理论等	
	可持续发展论	可持续发展理论、人地关系共生理论等	

[1]　郑延涛.优化国土开发格局推动区域协调发展［J］.理论探索，2008（2）：101-102.

规划类别	相同或相近学科理论基础		专业理论及学科
土地利用规划	地租低价理论、区位理论	经济地租、理论地租、古典区位理论、现代区位理论	土壤学、地租价格理论等
	区域经济发展理论	空间结构理论、增长极理论、地域分工理论	区域经济论、区域规划等
	经济理论、可持续发展理论	生态经济学理论、土地利用理论、地域分工理论	土地利用理论、土地产权理论等
水资源规划	经济理论、可持续发展理论	产业理论、资源开发理论	水文学理论、工程学、运筹学、环境学等
海洋规划	经济理论、可持续发展理论	产业理论、资源开发理论	海洋科学、海洋法理学、资源利用理论等
航空规划	经济理论、可持续发展理论	产业理论、资源开发理论	交通运输学、航空学等

从表 4.1 可以发现，无论是国土空间规划本身还是国土空间规划的下位规划（水资源规划、海洋规划、航空规划），尽管各自所处学科不同，但其理论发展的路径基本相同：遵循区位理论、经济理论走向持续发展理论。可持续发展理论已经成国土空间规划等空间规划的理论基础，可持续发展的国土空间规划理论必然要求国土空间规划制度进行革新创新，进而为国土空间规划实践提供法制保障。

（二）国土空间规划制度可持续发展变革

1. 以科学发展观为指导，统筹城乡规划

长期以来，不少地方政府在发展过程中把着眼点过多地放在城市，为"经营城市"提出诸多不切实际的口号和目标，在编制实施国土空间规划、城乡规划时，对广大农村的关注少于对城市的关注，造成"城乡二元结构"不断加深，不仅广大农民的生活水平未能得到应有提升，也使城市发展面临支撑力缺乏、发展后劲不足等问题，从而制约了整

个国民经济的可持续发展。国土空间规划作为战略性、全局性、长期性的综合规划，要以科学发展观为指导，把空间管制和土地用途管制作为国土空间管制的基本手段，把协调地区经济社会发展与人口资源环境作为国土空间规划的重点，正确处理近期与远期、局部与整体、城市与乡村、地区与地区、发展与环境资源之间的关系，把经济发展好、国土建设好、资源利用好、环境保护好、生态治理好作为全部国土空间规划管理工作的目标，走出一条生产发展、生活富裕、生态良好的文明发展道路[1]。

2. 坚持可持续发展原则，延伸国土空间规划的地域空间

我国过去在国土空间规划实践中，过分强调自然资源的重要性，对社会资源和经济资源的重要作用认识不深。在科学技术日新月异的今天，经济资源和社会资源对经济社会发展的影响制约越来越大，在国土空间规划制度建构和实施中，必须对自然资源、经济资源和社会资源给予同等重视。国土空间规划在进行资源配置、产业布局和行为规制的过程中，要把人口、资源、环境与发展作为一个整体考虑，实现经济效益、社会效益和生态效益的整体提升。

3. 推进城乡一体化，对国土空间进行整体规划

一要统筹规划城乡建设、基本农田、产业集聚区、生活居住区、生态保护区等空间布局，推进工业向园区集中、人口向城镇集中、土地向适度规模经营集中，形成布局合理、分工有序、开放互通的城乡空间结构。二要统筹规划城乡基础设施建设一体化。将交通、水利、环境建设的规划全部纳入同一个标准进行规划。三要统筹规划城乡公共服务和就业服务一体化。建立比较完善的城乡服务体系、城乡义务教育发展体系、城乡平等的社会保障体系。

4. 要加强生态保护，促进人与自然的和谐共处

美国生态哲学家奥尔多·利奥波德说，"当一个事物有助于保护

［1］ 刘建芬.国土规划要为城乡一体化提供指导［J］.资源与产业，2010，12（1）：153-157.

土地共同体的和谐、稳定和美丽的时候，它就是正确的，当它走向反面时，就是错误的"。"和谐"是指生态共同体的完整性和多样性，保留至今尚存的一切生物；"稳定"是指大地的完好无损，维持生物链的复杂结构，使其能够发挥功能和自我更新的能力；"美丽"则是道德上的动力，要有超越经济利益的更高的价值观。和谐、稳定、美丽是生态共同体不可分割的要素，它们是三位一体的整体，理应是国土空间规划制度所追求的目标。

（三）构建可持续发展的美丽国土

1. 国土空间开发格局不断优化，整体竞争力和综合国力显著增强

到 2020 年，全国主体功能区布局基本形成，国土空间布局得到优化；到 2030 年，主体功能区布局进一步完善，以重点经济区、城市群、农产品主产区为支撑，重要轴带为主干的新型工业化、城镇化格局基本形成，人口集疏更加有序，城市文化更加繁荣，全方位对外开放格局逐步完善，国际竞争力显著增强，国土开发强度不超过 4.62%，城镇空间控制在 11.67 万平方千米以内。

2. 城乡区域协调发展取得实质进展，国土开发的协调性大幅提升

到 2020 年，区域协调发展新格局基本形成，区域之间、城乡之间居民收入差距缩小，基本公共服务均等化水平稳步提高，城镇化质量显著提升；到 2030 年，城乡一体化发展体制机制更加完善，城乡要素平等交换和公共资源均衡配置基本实现，新型工农、城乡关系进一步完善，基本公共服务均等化总体实现。

3. 资源节约型、环境友好型社会基本建成，可持续发展能力显著增强

到 2020 年，人居环境逐步改善，生态系统稳定性不断增强，生物多样性得到切实保护；到 2030 年，集约、绿色、低碳、循环的资

源利用体系基本建成，生态环境得到有效保护，资源节约集约利用水平显著提高，单位国内生产总值能耗和用水量大幅下降，国土综合整治全面推进，生产、生活和生态功能明显提升，耕地保有量保持在18.25亿亩以上，建成高标准农田12亿亩，新增治理水土流失面积94万平方千米以上。

国土空间开发保护制度全面建立，生态文明建设基础更加坚实。"到2020年，空间规划体系不断完善，最严格的土地管理制度、水资源管理制度和环保制度得到落实，生态保护红线全面划定，国土空间开发、资源节约、生态环境保护的体制机制更加健全，资源环境承载能力监测预警水平得到提升；到2030年，国土空间开发保护制度更加完善，由空间规划、用途管制、差异化绩效考核构成的空间治理体系更加健全，基本实现国土空间治理能力现代化。"[1]

---

[1] 国务院.国务院关于印发全国国土规划纲要（2016—2030年）的通知：国发〔2017〕3号. [EB/OL].（2017-02-04）〔2020-08-15〕.

第五章　国土空间规划制度的基本原则

第一节　基本原则的确立依据

《布莱克法律大词典》将法律原则的解释为：法律的基础真理或原理，为其他规则提供基础性或者本源的综合性规则或原理，是法律行为、法律程序、法律决定的决定性规则[1]。周永坤认为："法律原则是法律的基础或原理，或是为其他法律要素提供基础或本源的综合性原理或出发点"[2]。法律原则的基本功能在于对法律的规则或法律的实际操作进行规制，法律规则的正当性源于法律原则的基础性推理；在司法中因规则的适用导致不公正时，法律原则可直接适用以填补法律适用的不足，以资平衡与救济[3]。据此，国土空间规划制度的基本原则应具有如下特点。

第一，基础性。国土空间规划制度的基本原则应该彰显宪政理念、体现现代法治观念和国土空间规划制度的价值和目的，是覆盖国土空间规划的各个领域，指导国土空间规划法制各个实践的环节根本准则，是纷繁复杂的国土空间规划法制中的统一因素，变化多端的国土空间规划法制中的稳定因素。

---

[1]　HENRY C B, M. A. Black's Law Dictionary [M]. 5th ed. West Publishing Co.，1979：74.

[2]　周永坤.法理学：全球视野 [M].北京：法律出版社，2000：209.

[3]　周安平.行政程序法的价值、原则与目标模式 [J].比较法研究，2004（2）：140-148.

第二，特殊性。国土空间规划制度的基本原则应当体现国土空间规划制度价值，反映国土空间规划的基本矛盾和本质。它是国土空间规划制度所特有的，而不是适用于其他法律的一般法律原则，同时国土空间规划制度的基本原则也不同于国土空间规划制度的具体规制，它是适用于国土空间规划这一法律的最基本原则，对下一层次的原则具有指导作用。

第三，指引性。①国土空间规划制度的基本原则要对国土空间规划实践具有指导功能。②指导国土空间规划制度体系的建构。

第四，有效性。国土空间规划法律关系主体的一切行为都必须与基本原则保持一致，否则即无效，应予撤销。

第五，时代性。国土空间规划制度的基本原则必须集中反映一国当时的国土空间规划理念和精神，必须与该国的国土空间规划的历史现实相一致。保持适当的超前，但不能超越发展阶段。

按照上述要求，国土空间规划制度应确立"合法合理、统筹协调、风险预防、程序正义、公众参与"等原则。下文对各具体原则做系统论述。

第二节　合法合理原则

一、行政合法原则

行政合法原则是行政法治的核心原则，是指行政权力的设立、形势必须依据法律，符合法律要求，不得与宪法和法律相抵触[1]。该原则要求行政主体必须严格遵循行政法律规范的要求，不得享有行政法律规范以外的特权，超越法定权限无效；行政违法行为依法应当受到法律制裁，行政主体应对其违法行为承担相应的法律责任。德国行

---

[1]　莫于川.行政法学原理与案例教程［M］.2版.北京：中国人民大学出版社，2017：34.

政法学鼻祖奥托·迈耶，把是否依法行政看作法治国家的标志，并对法治提出权威见解：一是法律的规范创造力原则，认为法律对于行政权的运作，能够产生绝对有效的拘束力；二是法律优先原则，是指一个只要经过立法者制定之法律就代表民意，享有最高性，在未来经合法废除之前，其位阶高于其他行政法规，行政机关不论在为具体或抽象行政行为时，皆不得与现行法律相抵触；三是法律保留原则，是指在国家法秩序范围内，有某些事项是必须专属于立法者规范的事项，绝不可由其他机关（行政机关）代为规定[1]。上述原则提出虽然至今已有 100 年之久，但其理念仍对当今行政法治工作具有极强的指导意义，也被世界诸多国家宪法和行政法所接受并规定为"依法行政原则"。

我国为全面推进"依法行政"对"法律优位、法律保留"原则也给予了明确规定。如《中华人民共和国立法法》第九十九条规定："法律的效力高于行政法规、地方性法规、规章"。第十一条明确法律保留事项，禁止行政法规、地方性法规等对该条所列事项予以规定。《中共中央关于全面推进依法治国若干重大问题的决定》对行政合法提出基本要求："行政机关要坚持法定职责必须为、法无授权不可为；行政机关不得法外设定权力，没有法律法规依据不得作出减损公民、法人和其他组织合法权益或者增加其义务的决定。《法治政府建设实施纲要（2015—2020 年）》对行政合法从"完善依法行政制度体系；推进行政决策科学化、民主化、法治化；坚持严格规范公正文明执法和强化对行政权力的制约和监督"等方面做出具体规定。

二、行政合理原则

行政合理原则是指行政机关不仅应当按照法律法规规定的条件、种类和幅度作出行政决定，而且要求这种决定应符合法律的意图和精

---

[1] 奥托·迈耶.德国行政法［M］.刘飞，译.北京：商务印书馆，2002：229.

神，符合公平正义等法律理性，符合全社会共同行为准则的社会公理[1]。即行政主体行为应符合立法目的、基于正当考虑、合乎情理公德，遵循过错与责任相当，做到客观、适度，符合人类理性，防止行政权滥用。一般认为，行政合理原则可以概括为：行政权力的动机应符合法律授予其权力的宗旨；行使权力行为应当建立在正当考虑基础上；行使权力的内容和结果应当公平、适度、合乎情理，具有可行性[2]。行政合理原则包含两个基本内容：平等原则和比例原则。平等原则已被宪法及各类法律法规明确规定，实践中执行得相对较好，而对比例原则的理解和贯彻则存在诸多问题，以下对比例原则的内涵作解释。

比例原则产生于19世纪德国的警察学，后被奥托·迈耶在其《德国行政法》发展并提出"警察权力不可违反比例原则"，从而确定该原则在行政法学中的地位。因为比例原则以实质性规则特有的伸缩性和官方适用性，解决法治原则运用中的大量实际问题，使成文法制度难以避免的法律漏洞得到弥补，缺点得到克服，使法治原则更具有普遍意义[3]。比例原则因此在大陆法系国家得到广泛运用，也为普通法系国家接受和适用。比例原则是指行政主体实施行政行为应兼顾行政目标的实现和保护相对人的权益，如果为了实现行政目标可能对相对人的权益造成某种不利影响时，应使这种不利影响限制在尽可能小的范围内，使二者处于适度的比例[4]。它与传统意义上的行政合理原则完全相通，都是针对行政自由裁量权，为行政机关正确行使自由裁量权、审查行政机关裁量权的形式是否合理的标准，客观上都具有控制自由裁量权的作用。

比例原则也称最小侵害原则、禁止过度原则、平衡原则，是指行

---

[1] 莫于川.行政法学原理与案例教程［M］.2版.北京：中国人民大学出版社，2017：38.

[2] 王连昌，马怀德.行政法学［M］.4版.北京：中国政法大学出版社，2007：27.

[3] 于安.德国行政法［M］.北京：清华大学出版社，1999：31-32.

[4] 周云帆.行政法中的合理原则与比例原则［J］.四川师范大学学报（社会科学版），2002，29（3）：30-33.

政机关行使自由裁量权时，应在全面衡量公益与私益的基础上选择对相对人侵害最小的方式进行，不得超过必要的幅度[1]。比例原则包括三个次要原则：妥当性原则、必要性原则和均衡原则。妥当性原则也称适当性原则，是指行使行政裁量权所采取的手段必须能够实现行政目的或至少有助于行政目的的达成。必要性原则又称最小损害原则，是指在有多种同样可以达到行政目的手段可供选择时，行政主体应寻求对行政相对人侵害最小的手段。均衡原则又称狭义比例原则、法益相称性原则，是指行政主体所采取的为达到行政目的所必要的手段，不能给行政相对人权益带来超过行政目的之价值的侵害，即行政手段对行政相对人权益的侵害必须小于行政目实现的社会公共利益，不能超过这一限度。

三、合法合理原则的贯彻落实

（一）国土空间合法原则实现

①国土空间规划制定必须严格遵守《宪法》关于公民社会和政府权力的划分，不能超越宪法授权规定公民财产和人身权利，在关涉行政相对人土地开发、资源权利时，不能设定与《宪法》规定不相符的征收、征用条款，或者对擅自变更规划，侵吞公民、法人和其他组织的财产的行政行为，不予禁止或不追究法律责任。

②国土空间规划尤其是县市级国土空间规划变更时，必须有法定的理由，严格按照法定的程序，征求公众意见，并允许国土空间规划的利害关系人对控制性详细规划的变更行为提起复议和诉讼。

③在规划区内确因公共利益征收集体土地或者拆迁国有土地上房屋等财产时，要按照法定程序和标准，给利害关系人及时、公平补偿。

---

[1] 马怀德.行政程序立法研究:《行政程序法》草案建议稿及理由说明书[M].北京:法律出版社,2005:58.

（二）国土空间规划合理原则实现

①国土空间规划制度在制定中必须加强调查研究，要让国土空间规划制度符合经济发展规律、符合自然生态规律、符合公序良俗。

②国土空间规划编制和变更过程中，要对公共利益进行严格的限定，不要把个别商业性开发项目，个别单纯为了地方财政收入和税收增长的项目，个别污染环境、破坏生态的招商项目以及各种为 GDP 而建的"园区"，列入公共利益范围，因为这些个别的项目、"园区"一旦规划实施，不仅造成大量土地闲置、浪费，生态环境破坏，而且损害公众利益、减损政府信用。

③在国土空间规划制度的执行过程中，特别是在关系到人民群众财产权利时，征收、拆迁补偿标准的制定不能偏离市场规律，应给群众私产以合理的补偿；对失地农民应当给予妥善安置，充分保障其养老和医疗。

④实施国土空间规划行政处罚、强制等裁量权时，所采取的手段必须以能够实现行政目的或至少有助于行政目的的达成。要选择对国土空间规划相对人侵害最小的手段，实施行政处罚、行政强制等行为。

第三节 统筹协调原则

一、统筹协调的总体思路

《省级国土空间规划编制指南》（试行）明确提出统筹协调的基本方向："推动国家区域协调发展战略在省域协同实施；完善统筹协调机制，协调解决国土空间矛盾冲突。加强陆海统筹，促进城乡融合"，"坚持人与自然的关系协调，社会和政府的关系协调，城乡、区域发展的协调"[1]。首先，推动区域协调发展。要打破行政区划界限，充分发挥市场在资源配置中的决定性作用，使生产要素自由流动，实现各类资源的高效均衡配置。要加快区域融合发展、组团发展，实现优势互补、要素共享、各展特色，避免同质化发展和恶性竞争。要优化生产力布局，把一些大项目、好项目优先布局在有资源禀赋和有开发条件的落后地区。要加大对贫困地区的支持力度，特别是重点扶持民族地区、革命老区，着力改善其基础设施、公共服务的条件，提升富民产业的发展水平。其次，推动城乡协调发展。要加快以人为核心的城镇化建设，以中小城市和建制镇为重点，完善城市功能，提升服务水平；发展新兴产业，增加就业岗位；吸纳更多的农村人口进城、就业和生活。要加快城市基础设施和公共服务向农村延伸，让农民共用共享，在农村也能享受到均等化的公共服务。要着力改造提升村容村貌，实施绿化美化、污水处理、垃圾收集等环境治理工程，建设一批美丽乡村，使农村也能成为宜居、休闲的地方[2]。最后，统筹三条控制线。将生态保护红线、永久基本农田、城镇开发边界等三条控制线（以下简称"三条控制线"）作为调整经济结构、规划产业发展、推进城镇化不可逾越的红线。结合生态保护红线和自然保护地评估调整、永久基本农田核实整改等工作，陆海统筹，确定三条控制线的总体格局和重点区域，明确划定市县任务，提出管控要求，将三条控制线的成果在市、县、乡级国土空间规划中落地。实事求是地解决历史遗留问题，协调解决划定矛盾，做到边界不交叉、空间不重叠、功能不冲突。各类线性基础设施应尽量并线、预留廊道，做好与三条控制线的协调衔接。

［1］ 中华人民共和国自然资源部.自然资源部办公厅关于印发《省级国土空间规划编制指南》（试行）的通知:自然资办发〔2020〕5号［EB/OL］.（2020-01-17）［2020-08-15］.
［2］ 欧阳坚.坚持统筹兼顾推动协调发展［N］.甘肃日报,2016-02-19（2）.

二、统筹协调的重点难点

（一）国土空间规划体系建构任务重

当前，统一协调高效的国土规划体系尚未形成，省级国土空间规划体系还在编制之中，"多规合一"要求下的空间规划编制实施仍在探索总结和提升阶段。建设科学高效的国土空间规划体系仍面临不少难度。首先不同类别不同级别的国土空间规划整合仍任重道远。当前，空间规划存在诸多样态：按行政层级，可以划分为国家规划纲要、省（自治区、直辖市）级规划、市（设区的市、自治州）、县（县级市、自治县）级规划；按照其对象范围，可分为综合规划（或称总体规划）和特定规划（或称专项规划、详细规划）；根据其区域范围，可分为全国规划、地方规划和区域规划。当务之急是厘清国土空间规划的性质、定位、层次效力。国土空间规划作为是战略性、综合性的空间规划，其统帅其他规划的核心地位必须明确。据此，根据我国国土空间规划管理的实际情况，纵向可分为：全国国土空间规划纲要、省级国土空间规划、县（市）级国土空间规划三级，这三级国土空间规划是与政府行政辖区区域完全对应的，是必须编制和监督实施的国土空间规划。其次，行政区之间基于经济、社会、环境等协调发展的需要，区域内地方政府会编制区域国土空间规划，包括跨省（自治区、直辖市）区域国土空间规划、跨县（县级市、自治县）区域国土空间规划、流域规划，这些规划是根据发展需要编制的，不是必需的。最后，国土空间规划作为综合性规划，其下位规划包括专项规划，如环保规划、产业发展规划等。

（二）国土空间利益的协调平衡难

2010 年，国务院发布了《全国主体功能区规划》，按开发方式和开发理念，把国土空间划分为优化开发区域、重点开发区域、限制开发区域和禁止开发区域四种类型；按开发内容把全国划分为城市化地区、农产品主产区和重点生态功能区三种功能区。无论是按开发方式划分还是按开发内容划分，实施中的难点都是协调各区域所涉及的各方面利益关系。《全国国土规划纲要（2016—2030年）》将全部国土空间划分为集聚开发区域（既包括主体功能区规划中的优化开发区和重点开发区，也包括主体功能区规划中的城市化地区和农产品主产区）、分类保护区域和综合整治区域（接近于主体功能区规划中的限制开发区和禁止开发区，当然也包括各类生态功能区），面临着协调各方面利益关系的问题，以及协调成本和监督成本过高的困扰。区域利益是客观存在的，且以地方作为利益主体，主要包括在生产、流通、分配、消费活动中获得的能够满足自身需求的物质财富和精神财富的总和。区域利益至少包括两个方面的含义：一是特定区域自身需求得到满足；二是特定区域内各利益主体的共同需要得到满足。协调各利益相关者之间的利益冲突存在一定难度。

1. 空间规划如何满足各级、各类区域的需求

哪些区域应该聚集开发、哪些区域应该分类保护和综合整治是空间规划的关键问题之一。划归为哪一类地区会涉及各个地区的利益，甚至会改变特定区域的发展方向和国家的区域格局。这些功能区域的划分会影响众多主体的利益，各地方之间、各地方与中央之间的利益目标具有不一致性。虽然《全国主体功能区规划》提出要完善绩效考核评价体系，但是为了追求地方利益及短期利益，无论哪一级地方政府及官员，都不愿意看到所在辖区被划为分类保护和综合整治区域。若被划为这两类区域，就会被各种限制政策所限制，会影响该区域的开发力度，进而影响地方利益。在现行的官员政绩评价体系下，地方政府官员有大力进行经济开发的内在驱动。为了地方利益，地方政府

会通过各种方法使自己的辖区被划为对自己有利的功能定位区域。在现实情况下，要协调各地方利益关系，其协调成本是非常大的。由于地方政府与中央政府利益不完全一致，并且二者所拥有的信息具有不对称性。地方政府在执行区域政策的过程中往往会采取有利于地方利益的措施，对中央决策的执行力度欠佳。由于处于信息劣势，面对众多地方政府，中央政府的监督显得力不从心。由于中央和地方利益的不完全一致，也导致了面对国家出台的各种规划呈现出中央热、地方冷的现象。

2. 空间规划将如何满足其不同需求

一般而言，区域的主体包括地方政府、居民、企业、非政府组织。每个区域主体的目标函数并不相同，区域中各行为主体对区域利益的认识也不完全一致，或追求利益目标的差异，使其在谋取利益的行为上表现得五花八门。首先，现实中土地利益关系非常复杂，平衡利益难度大。土地市场涉及地方政府、开发商、拆迁户和购房者四方利益。政府希望取得较高的土地出让金和国有土地增值税收，开发商追求高额利润回报，拆迁户希望得到较高的土地征收补偿，购房者则希望买到性价比最优的住房——四者构成了一个相互依赖、环环相扣、没有起点也没有终点的利益循环链条，很难达到多方共赢。其次，地方政府除有自身利益要求外，还存在利益最大化倾向，不能站在中间立场去平衡其他方的利益，造成利益冲突加剧。当前，土地出让金和土地税费收入是很多地方政府财政收入的主要来源。地方政府为谋取更多的财政收入，在空间规划及相关制度的制定和执行中，通常会弱化对被征地农民、城市低收入者等弱势群体利益的保护。

三、国土空间规划统筹协调主要路径

（一）切实做好空间利益的协调平衡

我国正处于一个利益高速分化的时代[1]，整个社会利益格局不断分化重组，原有的利益格局被打破，新的利益群体和利益关系加速形成；社会不同成员、阶层、群体的利益日益多元化、差异化、冲突化。国土空间利益本身就非常复杂，加上我国又处在利益高速分化、调整、重组的时代，统筹协调必然成为国土空间规划制度的基本原则和手段。遗憾的是，过去几十年各级政府并未把利益平衡作为国土空间规划的基本原则[2]。协调利益冲突应遵循三个原则："平等保护原则；特殊情况下社会利益优先原则；一般利益优于特殊利益，并兼顾特殊利益原则"。[3]鉴于此，国土空间规划制度建构实施中应做好如下工作。

1. 在制度目的上，从维护最广大人民群众根本利益出发，坚持公益私益平衡原则

国土空间规划制度建构必须坚持民主原则，广泛吸收各方面的意见和建议，尤其是广大中下层群众的诉求。一定要厘清土地上的各种利益关系，要切实保护广大群众的利益，而不能只考虑和保护少数人的利益甚至仅仅保护地产开发商的利益。把我国《宪法》作为土地国土空间规划制度制定和修改的根本依据，根据《宪法》《民法典》中关于物权平等的规定，通过不断的制度创新，将国有土地和集体土地"同地、同权、同价"落实到位，赋予两种所有制的土地平等参与工业化和城市化建设的机会和权利。

---

［1］ 桑玉成. 利益分化的政治时代［M］. 上海：学林出版社，2002：1.

［2］ 孙佑海. 利益平衡原则是土地制度建设的根本原则［J］. 中州学刊，2009（6）：78-82.

［3］ 刘作翔. 权利冲突的几个理论问题［J］. 中国法学，2002（2）：56-71.

2. 建立和完善国土空间规划利益表达机制

健全利益表达机制，国土空间规划制度制定前，制定机构要深入基层调研，全面真实地了解社情民意，明确他们真正需要的国土空间规划制度是什么；立法过程中，要积极引导公众参与，对于列入常务委员会会议议程的法律草案，法制工作委员会、有关的专门委员会等机构应听取各方面意见。要使"听证会""论证会""座谈会"等成为了解社情民意的重要窗口，成为贯彻利益平衡原则的基础，保证国家利益、社会利益与私人利益的合理平衡[1]。

3. 构建科学高效的国土空间规划利益协调机制

国土空间规划实践中，利益协调的重点和难点是如何减少和避免土地增值收益分配中的不公平、不正义。有效化解国土空间规划利益矛盾冲突的重要渠道之一是建立快捷的利益矛盾化解机制。第一，针对国土空间规划中利益冲突解决的不顺畅等问题，要研究尽力适应当前形势需要的快速反应机制。对国土空间规划中出现的矛盾冲突，及时受理、及时立案，公平公正处理。第二，国土空间规划中产生大量的财产权益纠纷，属于公民间私权纠纷，可按照私权自治的原则，鼓励引导矛盾各方平等协商，达成和解协议。

4. 以经济手段和法律手段为主协调各种利益

一般而言，保障规划实施的手段主要有三种：经济手段、行政手段和法律手段。在规划实施中，运用的手段和工具必须从一定的客观依据出发，对调控手段和工具的选择应尽可能符合功效性、效率性、可操作性、社会可行性和公众参与度，并且手段的使用要考虑社会成本以及实施效果。区域规划的三种实施手段在使用上差别较大，经济手段虽然长期成本较高、稳定性较弱，但时效性较强、公众参与度较高、短期成本较低，最终规划实施效果较好；行政手段虽然时效性强、短期成本低，但稳定性弱、公众参与度低、长期成本高，最终规划实施

---

[1] 周剑云，戚冬瑾.《物权法》的权益保护与《城乡规划法》的权益调整 [J].规划师，2009，25（2）：10-14.

效果差；而法律手段虽然时效性差、短期成本高，但稳定性强、公众参与度高、长期成本低，最终规划实施效果好。由于法治建设不完善、公众参与程度低，以及传统治理方式的影响、政府"经济人"追求利益最大化的动机和官员的任期与升迁导致的短期行政行为，再加上相关政府部门主要采取行政手段来推动各种规划的实施，法律手段少之又少，最终导致中国虽然编制了众多的各级、各类规划，但真正落到实处的并不是很多[1]。因此，经济手段和法律手段成为协调平衡空间利益冲突的较优选择。

（二）构建科学合理的空间规划体系

1. 建立空间规划管理商讨机制

以前强调"三规合一"很困难，因为国民经济和社会发展规划由发展和改革委员会制定、土地利用规划由国土部门制定、城市总体规划由住建部门制定，三方各自为政、难以协调。现在将空间规划的职能划给自然资源部，这样就完全有条件实现"三规合一"。虽然由自然资源部统一管理，但审批与协调仍存在困难。这种困难主要体现在中央政府与地方政府之间缺少有效的联动机制，导致上下联动不畅；各个地区内部相关部门之间沟通不及时，在制定相关空间规划时统筹不到位，推进工作协同性不强，这些都严重影响"三规合一"的效率。因此，我们要积极推动建立空间规划管理商讨机制，由中央和地方相关部门共同确定各系统年度定量指标，并以此促进政策和审批条件相协调；要根据当前城市发展需要和实际改革要求，调整不适应当前规划管理要求的政策，研究制定新的政策标准，并不断完善现有政策标准，明确部门权力和责任；保证信息畅通，增强各个地区工作的主动性，加大统筹力度，制定相关政策，从市级层面进行统一协调。同时，各地区、各部门对超出职责范围的事项也要主动研究，提出

---

[1]　安树伟. 落实国家空间规划体系的关键是利益协调［J］. 区域经济评论，2018（5）：18-20.

相关建议，提请上级部门决策，通过上下联动，形成发展合力。

2. 以国土空间规划为最高上位规划，并体现自然环境和生态的约束性

经济活动必须首先服从生态、资源与环境，将空间开发的理念由经济效益优先向生态效益优先、兼顾经济效益和社会效益转变。在主体功能区规划的基础上制定土地利用规划和城市总体规划，然后制定各类专项规划，最后才是建设规划，从而形成一致有序的空间规划体系。在空间规划体系的构建中，应处理好以下四种关系。一是合与分的关系。空间规划要展现生态文明建设的价值取向，建立统一的生态边界、增长边界和功能边界，打破部门间的技术壁垒和制度壁垒，把各类空间规划无法协调的事项统一起来，从体制机制上推进空间规划体系融合。二是条与块的关系。构建全域覆盖、城乡统筹、功能清晰、横向协调的空间规划体系要以主体功能区规划为基础，以空间规划为龙头，妥善处理条与块的关系，做好纵向衔接与横向协调。三是收与放的关系。要把事关经济、社会长远利益的事权上收，强化集权，统一管理。结合当前"放管服"改革，推动向市场放权、向社会放权、向地方放权，激发市场活力，调动地方政府和市场主体的积极性与主动性。四是编与施的关系。要坚持规划共编、分工实施的原则，将空间规划编制主体归位于政府，将规划的实施主体和实施责任落实到具体部门，适度分离规划编制、管理、实施和督察职能。

3. 加强规划管理和加快国土空间规划立法

一是以中央治国理政新理念、新思想和新战略为指导。统筹推进"五位一体"总体布局和协调推进"四个全面"战略布局的重要内容，把建设生态文明和维护国家粮食安全、生态安全、资源安全放在重要位置，贯彻供给侧结构性改革的部署要求。二是以创新国土空间开发保护体系为引领。坚持国土开发与承载力相匹配、集聚开发与均衡发

展相协调、点上开发与面上保护相促进、陆域开发与海域利用相统筹、节约优先与高效利用相统一、市场调节与政府调控相结合，构建以集聚开发、分类保护、综合整治"三位一体"为框架的国土空间开发保护体系。三是构建多中心网络型区域协调发展格局。处理好重点开发与均衡发展的关系，通过加大重要节点和轴带的开发力度，增强集聚开发的辐射带动作用。在强调南北轴向发展的同时，更加关注东西轴向的开发，引导人口、产业和城镇向开发轴带和开发中心集聚，促进以人为核心的新型城镇化，推进公共服务资源在空间上的均衡配置，实现城乡一体发展。四是以强化用途管制提升国土空间治理能力。注重落实区域发展总体战略和主体功能区战略，强化国土空间用途管制，科学设置生存线、生态线和保障线，合理确定国土开发强度、水土资源利用效率和生态环境质量等约束性指标[1]。

4. 搭建统一共享的空间规划信息管理平台

整合与完善各级、各部门空间管控信息管理平台，搭建基础数据标准、空间坐标、技术规范统一衔接共享的空间规划信息管理平台，为规划编制提供辅助决策支持，对规划实施进行监测评估。一要做好省级空间规划的基础性工作。准确把握空间规划改革和"多规合一"的要义，积极推动规划体制改革，充分发挥城乡规划的技术优势，在《省级空间规划编制指南》（试行）的技术要求等方面做好基础性工作，为构建全国统一、相互衔接、分级管理、且以空间治理和空间结构优化为主的空间规划体系提供支撑。二要切实加强空间开发管制。以市县为单元，以"多规合一"为手段，推进城市开发边界和生态控制线的划定工作，充实完善市域空间管制的内容，提出差异化的空间综合功能管控措施，有效整合各类空间规划。三要建立多规衔接的基础数据标准。服务于空间规划制定和"多规合一"的要求，整合城乡规划、主体功能区规划、土地利用规划、生态环保规划、交通规划等各类规

[1] 梁琦.构建空间规划体系应处理好四个问题 [J].区域经济评论,2018（5）: 21-22.

划技术规范，推进各类规划用地分类标准、数据格式和坐标系统的衔接与统一，形成协调完整的信息库，为各省（区、市）建立统一的空间规划信息平台奠定数据基础。

第四节　风险预防原则

一、风险预防原则的理论阐释

风险预防是对人类未来活动结果的预测[1]，是面对不确定的风险时，即使科学尚未有充分的证据证明会发生损害或者与损害之因果关系，只要存在可能性，就应当提前采取应对措施，避免危险发生。风险预防作为一项原则引入环境资源法领域最早可追溯至 1976 年德国的《空气清洁法》，该法案规定："环境政策只通过避免即将发生的灾难和消除已经发生的危害是不能得以充分实现的，还要通过谨慎的态度、预防性的环境政策来提前对自然资源予以保护"[2]。1984年《北海公约》把风险预防原则作为一项预防措施写入该文件，风险预防原则自此进入国际法领域。此后，该原则迅速发展，并由环境风险防范领域延伸至食品安全、海洋生物、技术规制等其他领域。《规划环境影响评价条例》首次引入风险预防原则，其中明确规定："依照现有知识或者技术无法判断规划实施可能产生的不良环境影响时，将不予通过环境影响评价报告"[3]。风险的本质是一种不确定性，风险预防原则源自对不确定性的应对，要求决策者高度重视不确定性所引发的问题，在具体适用过程中，须具备如下条件。

---

[1]　乌尔里希·贝克.世界风险社会［M］.吴英姿，孙淑敏，译.南京：南京大学出版社，2004：4.

[2]　SCOTT L. Surveying the precautionary principles ongoing global development: the evolution of an emergent environmental management tool［J］. Boston college Environmental affairs Law Review, 2005（32）: 679-720.

[3]　李巍.风险预防原则下环境决策模式的嬗变［J］.南海法学，2017，1（3）：33-39.

（一）存在科学上的不确定性

科学上的不确定性是适用风险预防原则前提条件，"是指对于人类活动可能带来的后果尚无法给予科学的解释，仅凭现有的科学知识和认知水平，无法找寻到确凿的证据判断某项活动是否会带来损害或者灾难"[1]。某一阶段的科学认识也具有其局限性，而新兴技术的威胁远超当前科学认知的范围，损害赔偿或者补偿等事后救济成本过高且损害潜伏期过长，传统风险决策模式无法有效应对当前复杂的社会风险，要求公权力机关提前干预。风险预防原则是对传统决策模式的超越，其将预防型措施提前至危险的前端，只要有损害之虞，公权力机构就可以进行干预。当然，适用该原则，对风险要进行系统深入的科学分析并具有充分的科学指标，对风险的评估应当达成共识，确定风险级别应充分听取社会各界意见，谨慎适用。

（二）确立风险阈值

风险阈值实质是一个预警指标，即适用风险预防原则的临界点。风险的存在形态多种多样，并非所有风险都适用风险预防原则，风险必须达到一定的阈值，方可采取针对性的预防措施。风险预防原则的意义在于风险的事前预防，是通过立法设定严格的谨慎义务，其法律地位的确立则取决于风险阈值的合理设定[2]。现代国家的积极行政和服务行政要求，对风险的应对，必须从消极的危险防治，走向积极预防和高效应对。这要求政府广泛干预风险，通过风险预防克服风险，但政府的广泛干预会影响交易安全和个人自由。风险性质种类、损益轻重等因素影响风险阈值的高低，风险阈值的高低决定预防措施适用的范围和强度，以及对生态环境、社会、公众产生的实际影响，因此，风险阈值是公权力机构进行风险决策和规制风险的前置条件。

---

[1]　邓纲.风险预防原则及其适用［J］.统计与决策，2008（18）：185-186.
[2]　王萌，缪若妮，田信桥.论环境风险预防原则中的风险阈值［J］.中国环境管理干部学院学报，2014，24（4）：12-15.

（三）符合成本效益

成本效益分析是将某项经济活动中可能发生的全部成本和收益进行比较评估，利用数量分析法计算二者的比值，以此判断该经济活动的可行性。通常情况下，只有收益大于成本才是可行的[1]。边沁认为，"政府应当用最小的成本最大限度地为社会提供福祉"[2]。在国土空间规划领域，成本效益分析是风险决策的必要程序，发展经济不能以牺牲公众的生命、健康，恶化生态空间为代价，但也不能只考虑生态空间保护，忽视经济投入的边际效益。在适用风险预防原则进行决策时，由于风险具有不确定性，风险规制涉及一些非金钱的价值衡量，经济利益与生态资源的安全、人的生命健康等价值无法直接比较，导致风险规制的成本效益也具有不确定性，过度强调风险预防原则适用会牺牲其他社会福祉。因此，风险预防原则适用成本效益分析具有一定的局限性，成本效益分析不能作为国土空间决策的唯一依据，但公权力机构仍应注重成本效益分析，尽可能使干预手段与所达到的目的之间合乎比例原则的要求，在风险预防与社会效益之间寻求利益最大化[3]。

二、国土空间规划决策的合法性危机

（一）国土空间规划风险决策议程的随意性

风险预防的题中之意是要求规划决策者提前拟定决策议案来预防风险，但风险存在科学上的不确定性，风险发生的概率越高越容易引起决策者的关注；反之，概率越低越容易被忽略。国土空间规划决策

---

[1]　曾建华.现代西方财政学［M］.厦门：厦门大学出版社，2004：150.

[2]　DON B H. why cost benefit analysis? a question（and some answers）about the legal academy，Alabama Law Review 2008，59（4）：1135–1181.

[3]　沈岿.风险规制与行政法新发展［M］.北京：法律出版社，2013：243.

者的风险意识难免受到现有技术、经验的制约，还有不同利益群体的利益表达、舆论媒体、政治力量等多重因素的影响，存在多重利益选择和利益衡量[1]。面对未知的风险，空间规划决策者并不具备完整的风险知识，无法独立做出应对的措施，需要借助专家的知识和公众的诉求来拟定规制措施，形成决策结果。然而，专家和公众在对风险的认知上存在截然不同的判断，专家往往通过科学的分析预断风险，公众则基于直觉或者经验形成风险判断，专家关注量化的结果，公众关心风险的定性，由此形成了专家的科学标准和公众的价值标准不同的认知路径。这两种风险认知的判断标准都会对空间规划决策者产生影响，空间规划决策者自身的风险意识也会融入对国土空间规划风险的判断中，再加之其他一些外力因素的共同作用，导致空间规划决策者难以平衡多重利益关系，无法对国土空间规划风险决策议程形成规范的程序，从而采取的风险防范措施缺乏规范的约束。一些风险阈值高的国土空间规划决策未通过规范的议程就已形成，而一些风险阈值低的国土空间规划决策却进行了严格的议程规制，决策议程并非基于风险的大小与规制的可行性，具有较大的随意性，违背了风险预防原则的初衷。

（二）国土空间规划风险决策运行的封闭性

行政决策是政府管理公共事务职能的重要体现，决策的方式直接影响结果的实现。在当代民主法治国家，"行政决策的形成过程是一种讨价还价的过程，不再只是政府单方命令强制的过程"[2]。长期以来，我国采取自上而下的行政决策模式，国土空间规划决策与其他行政决策程序一样呈现封闭性，并非通过利益表达、利益博弈形成。国土空间规划决策模式强调的是公民对政府权力的防卫，体现的主要

[1]　叶俊荣.环境政策与法律[M].北京：中国政法大学出版社，2003：99-102.
[2]　B.盖伊·彼得斯.政府未来的治理模式（中文修订版）[M].2版.吴爱明，夏宏图，译.北京：中国人民大学出版社，2013：7.

是政府的意志，这种决策模式是一种以国家意志为轴心的规制模式，具有单向度、垄断性、封闭性和形式主义特征，是与管制行政范式相契合的传统规制模式。在风险社会中，国土空间规划风险的不确定性加大，国土空间规划相对人权利意识增强，对于风险规避的诉求日益强烈，封闭的国土空间规划决策模式由于难以提供公开的、制度化的利益博弈平台，其决策的过程排斥公众的参与，规划规制机构往往又不进行成本效益分析，致使这种模式已经不适应风险社会的要求。在风险理性下，国土空间规划决策应当注重风险知识的平等化，决策不能只关注技术参数，还应考虑规划风险的社会接受度，即公众的价值判断，并进行价值衡量，封闭的规划决策造成的偏差要通过充分的开放决策过程、提高公众参与度来弥补，使国土空间不同利益主体在风险可接受度上达成一定程度的共识。

（三）公众国土空间规划知情权的缺失

当前我国国土空间规划风险决策仍是自上而下的命令式结构，国土空间规划行政主管部门与相对人及利害关系人等风险承受者之间缺少合作的空间，国土空间规划相关管理机构在风险议程设定、风险管理以及风险沟通中均处于支配地位，相对人及利害关系人等风险承受者处于服从的地位。知情是公众风险认知形成的前提，而国土空间规划信息不公开或者公开的信息滞后、不完整，导致政府与公众之间在信息占有上不平等。政府是信息主导方、发射者，掌握着充分的、全面的国土空间规划信息资源，利用自身的优势地位控制信息源头、主导决策过程，公众由于获取信息不全面而产生风险认知偏差，无法形成理性的判断，从而对国土空间规划公开的有限信息产生怀疑和不信任。如前文所述，在国土空间规划风险决策的形成中，专家与公众之间是一种理性的竞争关系，专家为决策提供科学性和合理性的论证，公众作为风险沟通的对象，处于规制系统的边缘，其获取的国土空间规划风险信息往往是滞后的，被动地接受相关规划规制机关的信息或者决定，并未真正成为规划风险决策的参与者[1]。没有公众参与的国土空间规划决策缺乏正当性，行政主体只有和相对人互相合作，反复比较和试错，相互批评和协助，才能逐步向规范性指标靠拢[2]。由于公众国土空间规划风险知情权缺失，获取的信息不充分、不准确，导致空间规划风险决策难以获得公众的普遍认同和接受。

三、国土空间规划风险预防决策模式的完善

风险预防原则要求行政决策的形成必须遵循一定的约束程序，而不是指向特定的实质决定，该原则能使人们以更好偏见的方式产出信息并对信息做出评价[3]。国土空间规划决策者在做出决定时，还应就实质政策选择与风险防范目标的一致性做出具体分析，并向公众公开，吸纳公众的意见。国土空间规划决策应形成于普通公众、政府部门、相关组织及技术专家等协商博弈。将风险预防原则嵌入国土空间规划决策过程中，给规划决策机关提供一种手段，提醒决策者和影响决策做出者的一般公众，防范未来不确定风险的重要性，建立风险沟通机制和协商决策机制，以回应风险给社会带来的挑战。

（一）健全国土空间风险利益衡量机制

风险利益衡量要求规划决策者在制定决策时，在不同的利益之间进行权衡和取舍，将经济要素、社会发展、环境生态利益、公民权益等多重因素予以整体考量，比较价值位阶，进行成本效益分析。国土空间规划风险规制中涉及多方利益主体，既包括决策、实施机构，又包括规划相对人、其他利害关系人以及专家、风险承受者。国土空间规划决策不是也不应当是主要由技术专家做出。相对人作为利益相关

---

[1]　戚建刚.风险规制过程合法性之证成：以公众和专家的风险知识运用为视角[J].法商研究，2009（9）.

[2]　乔迪.弗里曼，晏坤.私人团体、公共职能与新行政法[J].北大法律评论，2003（1）：516-550.

[3]　金自宁.风险规制与行政法[M].北京：法律出版社，2012：81.

者，与风险承受者存在利益分化，二者的诉求不同，力量对比关系呈现出不同的博弈样态[1]。在国土空间规划风险决策中，规划决策者是公共利益的代表，其制定公共政策是出于对经济、政治或环境利益的考量；相对人是社会公众，其参与国土空间规划决策过程主要是出于对自身经济利益的考量；风险承受者则是生存利益的代表，而作为专家在规划决策过程中并非利益相关者，其本应处于中立地位，但往往扮演规制决策者"谋士"的角色，无法做到真正独立的第三方。公众参与国土空间规划规制的需求正是源自对专家的不信任，以及相应地对规划决策者的不信任。

在风险预防原则下，利益衡量必须考虑风险规避，这就要求规划决策部门设计风险评估的程序，风险评估本身就是一个利益评价的过程。一方面，规划决策机关要在规划决策目标和手段之间进行权衡，结合技术、经济等可行性因子，在规划风险规制过程中通过风险沟通达成多元主体的共识，在规划决策实施时全面考虑规制后果，进行利益衡量，避免决策偏向某一方。国土空间规划风险决策的形成既不能仅依赖科学参数，又不能仅考虑公众的心理恐慌和价值判断，应是基于最低限度共识基础上的策略选择[2]。另一方面，通过风险评估来强化规划决策的中立性，将规划决策与风险评估适度分离，防止规制俘获和规制滥权。

（二）建立国土空间风险沟通机制

市民社会的利益表达和利益诉求方式突破了计划经济体制下所形成的政治系统和行政系统的体制渠道，这在客观上对行政管理创新和改革提出了新的要求，"政府行政系统必须搭建起适应市民社会多种

---

[1] 杜辉.挫折与修正：风险预防之下环境规制改革的进路选择［J］.现代法学，2015，37（1）：90-101.

[2] M. Granger Morgan, Baruch Fischhoff, Ann Bosrtom, Cyuthia. et al. Risk Communication: A Mental Models Approach［M］. Cambridge: Cambridge University Press, 2001: 20-21.

利益表达的体制平台才能满足这种要求"[1]。"风险沟通是风险预防的一个重要规制工具，是涉及风险性质、风险影响因素、风险管理、预防措施以及相关风险信息的意见交换过程"[2]。在风险社会，由于风险的不确定性，国土空间规划决策也处于不确定之中，传统的政府单向、命令式国土空间规划决策模式由于缺少沟通，一旦规划决策失误，后期纠正将产生极高的社会成本，因此必须强化空间规划风险的沟通，建立空间规划风险沟通机制。在国土空间规划决策中，规划风险沟通是一个民主协商的过程，不同主体之间存在不同的风险认知，规划风险沟通就是通过协商对话，基于科学依据、证据证明以及规划风险评估缓解利益冲突，在多元主体之间形成平衡的意见、判断和利益共识，重构规划决策机关、规划相对人以及风险承受者之间的关系。

（三）构建协商式国土空间风险决策机制

国土空间规划规制涉及利益衡量和价值判断，价值判断离不开科学分析，空间规划风险的判断并不完全是一个科学过程，也是一个政策取向的过程，应在民主的框架下形成规划决策共识，这就要求空间规划决策要基于公众的合意，高度重视公众的深度参与，不断加强协商沟通，完善的规划规制应当建立在民主协商的基础上。在风险预防原则下，规划风险评估和成本效益分析都难以得出确定性的结论，要求空间规划相关部门将预防措施提前到危险前端，沟通协商的过程也应在规划决策形成之前。传统国土空间规划决策模式的封闭性和单向性，公众参与不足，风险沟通的广泛性和互动性都不够，难以形成有效的信息反馈。协商式国土空间规划决策机制可以把不同空间利益主体的知识经验和价值诉求引入国土空间规划决策中，使国土空间规划

---

[1]　刘靖华，等.中国政府管理创新（全四册）［M］.北京：中国社会科学出版社，2004：13.
[2]　黄新华.风险规制研究：构建社会风险治理的知识体系［J］.行政论坛，2016，23（2）：73-80.

决策者能够做出更科学、更周全、风险性更小的公共决策。

在协商式决策机制下，参与国土空间规划风险决策的主体不仅包括主管部门、相对人，还包括其他风险承受者，这些主体参与国土空间规划决策过程不仅代表私人利益，也承载着实现公共利益的目的。构建协商式国土空间规划风险决策机制，要明确公众的空间规划决策参与权，其决策参与权应贯穿空间规划决策形成的全过程，包括决策前参与（预案参与）、决策过程参与和决策后参与（末端参与）。在风险预防原则下，空间规划主管部门要提前预测风险并为之制订预案，那么公众的参与权也应提前作用于风险预案。此外，公众参与还应延伸至末端参与，即空间规划决策实施后的反馈与监督，这样的反馈与监督是极具裨益的。

第五节　程序正义

一、程序正义原则解析

人类对正当程序的追求源远流长，法律关于正当程序的最早规定可追溯至 11 世纪的西欧。罗马帝国皇帝康拉德二世（1024—1039 年在位）曾颁发诏令：“不依帝国法律以及同等地位贵族的，不得剥夺任何人的封邑。”[1] 1215 年 6 月 15 日，英王约翰一世（1199—1216 年在位）签署了《大宪章》，其第 39 条规定“凡自由民，除经同等人的依法判决或遵照国内法律之规定外，不得加以扣留、监禁、没收财产、褫夺其法律保护权。”1354 年英王爱德华三世颁布《伦敦威斯敏斯特自由法》，再次明确细化正当法律程序规定，“正当法律程序”从此时起大量出现在成文法中。《布莱克法律大词典》对正

---

[1]　凯利.西方法律思想简史［M］.王笑红，译.北京：法律出版社，2002：26.

当程序的定义为："任何权益受到判决结果影响的当事人都享有被告知和陈述自己意见并获得听审的权利……合理的告知、获得听审的机会以及提出主张和抗辩等都包含在程序性正当程序之中"[1]。19 世纪中叶以后，正当法律程序开始从单纯的内容正当演变为程序和实体兼具的宪法性原则，20 世纪 70 年代以来，英美国家对正当法律程序进行适度调整，提出正当程序认定的历史判断、利益衡量和最低限度保障三标准。

"程序正义"是对法律程序自身内在优秀品质的一种统称，它的存在不取决于任何外在的结果，而是取决于法律程序本身的公正性、合理性甚至人道性[2]。程序正义的核心是：那些其利益可能受到裁判结果直接影响的人充分而富有意义地参与到裁判结果的制作过程中，从而对裁判结果形成积极有效影响。程序正义要求：①裁判者应对行政相对人各方保持不偏不倚的中立态度；②当事各方应当受到平等的对待，裁判者在整个决定制作过程中给予各方参与者以平等参与机会，对各方的证据、主张或诉求、给予同样对待，对各方利益给予同等尊重和关注；③决定应遵循理性要求，所做判断结论要有可靠、明确的认识基础，不能擅断；④法律程序应当及时形成决定，不能过于拖延或过于急速；⑤参与纠纷处理的各方当事人的人格尊严和意志自由受到尊重，不得在违背其意志的情况下强迫其连带履行某种义务，不能牺牲当事人的个人权益换取社会整体利益的实现。程序正义的独立意义在于：保证那些权益可能受到裁判影响的人受到公正对待，以一种独立的方式保证裁判结果的正当性，增强被裁判者和公众对裁判结果公正性的信赖[3]。

[1] HENRY C B, M. A. Black's Law Dictionary [M]. 5th ed. West Publishing Co., 1979：1083.
[2][3] 陈瑞华. 论程序正义价值的独立性 [J]. 法商研究，1998（2）：23-29.

二、国土空间规划程序正义的实现

关于程序正义对法治国家建设的意义，有学者提出，"如果我们要实现有节度的自由、有组织的民主、有保障的人权、有制约的权威、有进步的保障这样一种社会状态的话，那么，程序可以作为其制度化的最重要的基石"[1]。正当法律程序已为联合国宪章及《国际人权公约》等国际法确认为一项重要的国际法原则，欧美国家宪法也将正当法律程序立为宪法原则。关于程序的价值，具有绝对工具主义程序理论、相当工具主义程序理论、程序本位主义理论、经济效益主义程序理论等[2]。我国宪法对正当法律程序规定较为粗陋，实践中对正当法律程序原则缺乏正确认识，局限于程序意义上[3]，对正当法律程序的贯彻停留在具体措施、手段上，如听证、座谈、告知等。国土空间规划制度坚持程序正义原则需要重点做好以下工作。

①坚持国土空间规划程序法定。非以法定程序，国土空间规划管理部门及其公职人员不得随意增加程序或减少程序，使程序的安定性遭到减损，让程序可预知性降低，影响行政相对人参与国土空间规划相关编制、审批、监督等。

②国土空间规划编制实施的全过程，除法律、行政法规规定需要保密的事项之外，国土空间规划实施中的数据、资料、行政相对人所享有的权利及行使权利的方式、途径和时限，都要及时告知社会、利害关系人，要让国土空间规划正义，以看得见的方式实现。

③坚持"自然公正"原则，国土空间规划的编制、审批、实施部门在贯彻落实国土空间规划制度的过程中，对可能给社会公众的利益造成不利影响时必须听取利害关系人的意见；行政主管部门及其工作

[1]　季卫东．程序比较论［J］．比较法研究，1993（1）：1-46.

[2]　樊崇义．迈向理性刑事诉讼法学：樊崇义刑事诉讼法学文选［M］．北京：中国人民公安大学出版社，2006：111.

[3]　陈瑞华．程序价值理论的四个模式［J］．中外法学，1996，8（2）：1-7.

人员，在遇到与自己有关的案件时，必须主动申请回避。国土空间规划主管部门及其工作人员不得单方会见国土空间规划争议中的一方当事人及其代理人。

④国土空间规划编制、审批、实施主体违反程序正义原则，所实施的行为无效，对相关责任人必须予以问责。

第六节　公众参与原则

一、公众参与概念辨析

公众参与是指行政机关在进行行政决策、制定规范性文件和制定行政规划（计划）时，应尽可能地听取和尊重行政相对人的意见，并赋予利害关系人以申请发布、或废除某项规章的权利[1]。笔者认为，在议会制度的功能越来越不能适应当代社会发展要求，国家权力中心从议会开始移向政府，当今"行政国"出现并加深发展；前述对公众参与的定义显然过窄。实际上，行政程序中行政相对人的参与还应包括具体行政行为和行政救济等各方面，可以说，行政相对人在行政程序中的参与应是全方位、多层级的。[2]公众参与制度，不仅是保障行政相对人的制度，更应是允许公众在法律框架内表达利益诉求、价值理念和民主思想，回应社会关切、建设和谐社会的重要手段。

因此，公众参与是社会公众对公权力部门作出的关涉自身利益或关涉社会公共利益的决策、制订规范性文件和制订行政规划（计划）以及行使各类具体行政行为，所享有的依法参与相关决策等形成实施过程，发表自己的意见建议，表达自己诉求的一种程序性权利。

---

[1]　罗豪才.行政法论丛（第2卷）［M］.北京：法律出版社，1999：104.
[2]　马怀德.行政程序立法研究：《行政程序法》草案建议稿及理由说明书［M］.北京：法律出版社，2005：35.

二、公众参与的功能分析

1. 公众参与能够使行政机关依法行政、严格执法

政府机关进行决策时，对公众意见建议虽然有权决定是否听取，听取后是否采纳，但是公众参与由于与公开和舆论监督紧密联系，它会对政府公权力行使营造一种无形的监督氛围，对可能违法和滥用权力者形成一种无形的威慑力[1]。

2. 公众参与可以增强群众对行政行为的信赖

公众参与可以提供充分的信息，尤其是行政相对人作为个体利益代表者参与信息的交换，可以改变传统上行政机关对信息的垄断而形成信息不对称的难题；使行政相对人及其他行政参与人能够了解行政决策及决定的产生理由和依据，提高行政行为执行的可接受性[2]。美国前司法部部长克拉克曾指出：“如果一个政府真正的是民有、民治、民享政府的话，人民必须能够详细地知道政府的活动，没有任何东西比秘密更能损害民治，公众没有了解情况，所谓自治所谓共享最大限度参与国家事务只是一句空话。在当前群众时代的社会里，当政府在很多方面影响很多人的时候，保障人民了解政府活动的权利，比任何其他时代更为重要。”[3]

3. 能够保障公众的知情权、参与权、监督权

“公众参与，通过意见表达，可以使相关事实更明晰；以此为相互协调和妥协的平台，迅速化解纠纷，并且有助于从心理层面和行动层面解决争执”[4]。

---

[1] 姜明安.行政程序：对传统控权机制的超越 [J].行政法学研究，2005（4）：16-21，28.

[2] 徐键.城市规划中公共利益的内涵界定——一个城市规划案引出的思考 [J].行政法学研究，2007（1）：68-73.

[3] 王名扬.美国行政法 [M].北京：中国法制出版社，1995：959.

[4] 贝勒斯.法律的原则：一个规范的分析 [M].张文显，等，译.北京：中国大百科全书出版社，1996：34.

三、国土空间规划公众参与的现状及问题

（一）空间规划公众参与制度建设方面

在宪法规定方面。我国《宪法》第二条第三款规定"人民依照法律规定，通过各种途径和形式，管理国家事务，管理经济和文化事业，管理社会事务"；第二十七条第二款规定，"一切国家机关工作人员必须依靠人民的支持，经常保持同人民的密切联系，倾听人民的意见和建议"；第四十一条第一款规定："对于任何国家机关和国家工作人员的违法失职行为，有向国家机关提出申诉、控告或检举的权利，但是不得捏造或歪曲事实进行诬告陷害"。

在《土地管理法》及相关法律规定方面。《土地管理法》第七条规定"任何单位和个人都有遵守土地管理法律、法规的义务，并有权对违反土地管理法律、法规的行为提出检举和控告"。第十九条规定："乡（镇）土地利用总体规划应当划分土地利用区，根据土地利用条件，确定每一块土地的用途，并予以公告。"《国有土地上房屋征收与补偿条例》第七条规定，"任何组织和个人对违反本条例规定的行为，都有权向有关人民政府、房屋征收部门和其他有关部门举报。接到举报的有关人民政府、房屋征收部门和其他有关部门对举报应当及时核实、处理"。另外，《国土资源听证规定》对国土资源管理领域的听证行为作出了专门规定，但主要是规范国土资源审批、处罚等具体行为。《国土资源"十三五"规划纲要》要求，"进一步提高规划编制过程的社会参与度和透明度，增强规划的科学性、民主性和可行性，努力将土地利用总体规划编制成集中民智、反映民意、凝聚民力的规划"。

（二）国土空间规划公众参与实施方面

自 2012 年来，全国先后进行新一轮的土地利用规划修编，公众

参与有所加强。具体表现在以下几个方法。①规划单位在收集土地利用规划布点区域背景资料和野外踏勘过程中充分了解区域背景、地方各部门的用地需求和安排，以及相应的发展要求和思路，通过多方交流座谈，实现对规划区域的整体把握；②规划中国土部门牵头，各相关部门、单位积极配合，参与到规划中，为部门利益间的相互协调和保证区域的整体规划目标提供前提和保证；③规划从编制到审批，都征求相关行政部门以及一些重要建设单位的意见，有时涉及四十多个的相关部门。在规划审批中如果发现规划文本附件中没有所要求的相关部门意见的不予审批；④公众参与的土地利用详细规划范围较宽，涉及退耕还林、退耕还草、小流域规划、小尺度区域土地利用、农村社区土地规划、库区规划、坡耕地整理、水土保持等。

（三）国土空间规划公众参与存在的问题

我国的公众参与规划一般都属于临时召集型，公众只能被动地接受政府与规划部门的安排。不管是市民还是利益集团和规划人员只有参议权，而没有决策权。土地利用规划公众参与存在如下问题。

1. 缺乏法律保障

法定化是将公众参与以法律的形式加以确定，使公众参与有法可依并获得法律保障，但国土空间规划制定中省略了公众参与这一环节。《土地管理法》及有关的地方性法规没有明确的规定，《城乡规划法》第十条虽然对公众参与城乡规划作出规定，但该法条的适用有个逻辑前提——国土空间规划行政管理相对人对国土的信息知情，如果不知情，其参与则必然是盲目的，更不可能获得理想的参与效果，也无从保护自己的合法权益。

2. 缺乏公众参与的组织形式

长期以来，由于我国公民社会建设的滞后，普通公民对政治乃至关涉切身利益的决策的参与具有被动性，没有促进公民社会建设的公益性社会组织来组织公众参与工作。

3. 规划过程中公众参与缺乏利益表达渠道

国土空间规划所涉及的利益关系人参与国土空间规划的渠道较少，甚至在某些规划中存在相对人的利益诉求被漠视的情况。

4. 信息渠道不畅

国土空间规划过程缺乏透明性，广大群众只能通过官方媒体等获取国土空间规划信息。这种信息具有单向性和不充分性，这不仅降低了公众的判断力，也影响了公众的参与积极性。

四、国土空间规划公众参与的完善

1. 国土空间规划公众参与的具体制度

第一，完善国土空间规划听证制度。国土空间规划编制、审批、实施等过程中的重大决策、各种决定等，只要关涉土地及其他资源权利人权益都应当举行听证，非经听证程序国土空间规划主管部门所做的行政行为，公众有权提起复议和诉讼。第二，明确国土空间规划法律关系的参与者的陈述申辩权。陈述申辩是公众参与的集中体现，陈述意见是国土空间规划行政相对人参与行政程序的最基本权利，彰显了其作为法律主体的基本尊严。申辩权是陈述意见权的自然延伸，是当事人主张观点和辩明曲直所应当具有的权利。

2. 国土空间规划工作参与的范围和阶段

首先，有权参与国土空间规划及与国土空间规划相关的法律、法规、规章及规范性文件的制定；其次，有权参与与国土空间规划相关的具体行政行为，如行政决策、决定等；最后，有权参与国土空间规划审批和实施等。按国土空间规划公众参与的时期可以分为以下三个阶段。

①国土空间规划行政行为启动阶段。如规划编制阶段，除了规划技术人员外，应邀请有关职能部门、各级政府、学术界代表、经济界代表、公益团体代表等社会各阶层人士参加，应将阶段成果进行公示，广泛征求市民的意见。

②国土空间规划审批和实施阶段。规划审批不应由政府或主管部门一家说了算，应由各方面人员组成国土空间规划委员会来审批或审议国土空间规划；充分发动各部门、各利益团体及全体市民的力量，共同实施国土空间规划。

③规划实施后阶段。对已经做出的具有瑕疵的国土空间规划行为，行政相对人有权申请补正、更正等。如细化监督规定，让公众多途径参与监督，包括电话、邮件、微博等方式，另外，国土空间规划主管部门处理意见的时间要有限制，处理结果要对公众公开[1]。

---

[1]　李健芸.土地利用规划中公众参与的法制研究［J］.法制与社会，2012（12）：217-218，236.

第六章 国土空间规划权配置制度

第一节 国土空间规划权配置的域外借鉴

一、欧美国家国土空间规划权配置的基本样态

（一）德国：垂直型空间规划权配置典型

《德意志联邦共和国基本法》规定，空间规划是联邦和州共同管理的领域，联邦以及各州的《空间规划法》和《空间规划条例》等为相关规划提供法律依据。与政权组织形式对应，联邦空间规划分为联邦、州、区域和地方四级。德国空间规划配置自上而下分工明确，层级关系联系紧密但职能清晰。各级规划的编制都遵循对流原则和辅助原则，构成具有垂直连贯性的规划管制体系。同时，各个层面的空间规划既能从整体区域的角度进行考虑，又可与部门规划以及公共机构相互衔接和反馈，空间规划权配置科学合理，管理有主有次、完整灵活。其突出特点有以下两点。①打破行政界线，注重区域协调发展，推动乡村振兴发展。德国国家空间规划坚持"未来国土空间的发展必须重视城市（区域）与乡村地区的发展方式及其相互关系"[1]原则。

[1] Federal office for Building and Regional Planning, Spatial Development and Spatial Planning in Germany [C] . Bonn: 2001: 14-16.

德国国土开发遵循均衡理念，形成了遍布全国的都市圈体系，区域内部实现了功能和服务的和谐，同时带动了外部乡村土地的开发[1]。②以都市区为抓手，引导经济增长、促进国土空间重构。国家空间规划旨在通过建立大都市区与其周围乡村地域的和谐发展关系、大都市区之间及其与下级城镇之间的有机功能联系，促进形成"多中心、多轴带、全覆盖"的高级化城镇网络结构[2]。

（二）法国：网络型空间规划权配置典型

法国国土空间规划分为三个层次，法国没有统一意义上的全国空间规划，国家通过《共同服务纲要》（Schéma de Service Collectif）协调指引全国规划政策；通过《国家—大区规划协议》（CPER）协调公共投资[3]。

1. 制定大区、城市圈和市县规划并法定化

（1）制定大区规划。大区级空间规划包括《大区国土规划与发展纲要》、国土规划指令（DTA）等，《大区国土规划与发展纲要》是针对大区的综合性空间规划文件，主要内容包括具有公益属性的重点服务设施、基础设施的布局，经济开发项目，城市、郊区与乡村地区的协调发展，环境、名胜、景观和自然遗产的保护与保留，衰败地区的复兴，跨大区或跨行政边界规划的整合，大区交通设施规划等。《大区国土规划与开发纲要》以安排公共投资为主，对地方的规划文件不具约束力。国土规划指令（DTA）是针对特殊战略地区编制的综合性规划文件。特殊战略地区是指重点交通设施和社会服务设施选址困难的区域（如受地理条件限制的交通走廊地区），以及人口压力较大、土地资源匮乏或生态环境面临危机的地区（如滨海地区、山区、

［1］ 李露凝，孔繁灏，戴特奇，等.德国国土空间开发经验与启示［J］.亚热带资源与环境学报，2018, 13（2）：79–84.

［2］ 孙斌栋，殷为华，汪涛.德国国家空间规划的最新进展解析与启示［J］.上海城市规划，2007（3）：54–58.

［3］ 蔡玉梅，何挺，张建平.法国空间规划体系演变与启示［J］.中国土地，2017（7）：32–34.

城市边缘地区等）。

（2）编制《国土协调纲要》（Schémas de Cohérence Territoriale）。《国土协调纲要》目的是整合与城市规划、住宅、交通设施和商业设施等相关的专项规划政策，确定规划区的空间规划基本原则，特别是保持建成区域与自然区域、耕地和林地之间的平衡，确定、平衡住宅社会混合、公共交通以及商业和企业设施的目标等。《国土协调纲要》是跨部门和跨地区横向协调公共政策的工具，对市镇空间规划具有约束力。

（3）《地方城市规划》。《地方城市规划》是地方发展的战略性、实施性方案，需要与地方住宅发展计划、交通规划等相互衔接。根据《社会团结与城市更新法》，该规划只能对局部地区进行修改。

2. 规划模式：从控制管理为主到协商为主的治理理念

20 世纪 40 年代，市镇规划完全由中央政府控制，60 年代转为省政府负责市镇规划的编制与实施，80 年代则由市镇政府负责，自上而下的控制逐步减弱。21 世纪以来，《国土协调纲要》注重体现以多元参与和协商为主的治理理念。

3. 规划类型：从区域经济型走向综合集成型

20 世纪 90 年代，法国空间规划体系的纵向和横向合作及政策整合是最重要议程，在监管和战略规划层面，改进了规划文件的层次结构；在政策制定和公共投资层面，多角色和多层次的合作正在增加。这使法国的空间规划逐步具备了综合集成模式的特点，且这种趋势仍在扩大，这将预示着法国的空间规划正发展为综合集成型。

（三）美国：自由型空间规划权配置典型

美国一直没有全国性的空间规划，也没有全国性的统一空间规划体系。美国州以下政府通常分市、县、镇及村政府。与此相对应，具有代表性的是区域规划（跨州、跨市）、州综合规划或土地利用规划、县镇村规划。从空间规划情况看，全国只有四分之一的州制定全域用地规划和政策，有的把规划发展目标作为本州的法令，强制要求地方政府在各自的总体规划中贯彻体现，如夏威夷州等；有的则通过复杂的公众参与和听证程序，由专门的委员会出台一套州规划目标，要求各市、县、镇村予以贯彻落实，如俄勒冈州；有的要求各地方政府首先制定发展规划，然后整合所有的地方规划，形成全州的总体规划，如佐治亚州[1]。

二、其他国家空间规划权配置的基本经验

（一）适时修改完善国土空间规划制度

一是依法编制实施空间规划（国土空间规划）。各国国土空间规划的相关法律法规对国土空间规划编制实施主体的职责、规划目标任务都作出明确规定，并根据国土空间的发展需求，不断修订相关法律法规以适应形势变化的需要，从而使国土空间规划的编制实施有法可依。例如，2005 年日本颁布了《日本国土形成规划法》，根据该法编制了《日本国土形成规划》（简称《七全综》）并于 2015 年获得议会批准。2004 年英国颁布了《规划与强制购买法》，首次确立了区域规划机构区域战略的法律地位，同年颁布了《规划政策声明 11：区域空间战略》和《城乡规划条例（英格兰）》等法律法规及规范性文件[2]。

（二）管理方式的横向协作

1. 部门间的协同式治理

目前，空间规划的管理方式正由传统的纵向等级管理向横向伙伴关系治理转变。其协调整合政的探索主要有三种形式。第一，针对跨

［1］　蔡玉梅，高平.发达国家空间规划体系类型及启示［J］.中国土地，2013（2）：60-61.
［2］　张丽君，等.世界主要国家和地区国土规划的经验与启示［M］.北京：地质出版社，2011：16.

区域的部门协作，通过机构整合或成立高层领导小组从而达成切实的行动计划。例如美国在解决区域发展问题时，通过建立大都市区政府或者地方联合组织，以法律、经济或技术交流的方式协调各政府部门间的利益问题。第二，成立专门的空间规划协调机构。如荷兰在国家、区域、省级都设有空间规划委员会，主要职责是协调各部门利益并监督规划实施。第三，针对特定建设项目，制订具体的协作方案。奥地利、芬兰、西班牙等国通常会基于项目涉及的部门建立专门的合作机制。除此之外，经过多年的协商讨论，欧盟于1999年最终形成的《欧洲空间发展展望》，旨在跨国层面对欧洲一体化发展进行空间指引，并展开成员国之间的分工合作，进而有效地提升欧盟整体空间资源的配置效率。

2. 社会间的全纳性参与

全纳性参与（inclusive participation）是指在空间规划中以正式或非正式手段将社会间团体、个人纳入规划编制、实施和监督的全过程，是西方国家在规划"沟通转向"上的重要表现形式[1]。第一，在市场经济条件下，针对一些高风险、高投资的市政建设项目，公私合作实施规划成为发达国家越发流行的一种城市发展模式。例如荷兰通过价格调整、政策保障等激励手段，激发社会投资活力，逐步由政府主导城市建设转向基础设施市场化和公共服务社会化；德国主要城市的中央车站建设和部分高速公路、铁路修建也引入了社会资本特许经营模式。第二，社会间的协作还体现为广泛的公众参与。例如荷兰针对国家战略性工程引入对话协作机制，同时实施广泛的公众参与以保证不同利益主体间的密切联系和沟通[2]；英国有法定的公众参与文件，规定在规划方案问询、规划实施评价、规划监督反馈以及地方发展重

[1] 张伟，刘毅，刘洋.国外空间规划研究与实践的新动向及对我国的启示［J］.地理科学进展，2005，24（3）：79-90.
[2] 陈利.荷兰国土空间规划及对中国主题功能区规划的启示［J］.云南地理环境研究，2012（2）：90-97.

大决策等不同阶段的参与标准[1]。

（三）管理通道的纵向打通

1. 自上而下的战略性管控

欧美各国在国家和区域层面都不断增强概念性和战略性规划的统领和引导作用，对地方空间规划予以规范并确立标准。例如瑞士仅在国家层面编制全国概念规划，以规范地方级规划编制的原则性和框架性内容，除此之外，则更多采用财政和经济手段如设立专项资金加以引导发展[2]；美国虽然规划权在地方，各州都拥有较大的自主权，但 20 世纪 90 年代以来广泛开展的跨域规划工作（如以水土保持和空间资源配置为核心的田纳西河流域管理），强化了联邦政府和州政府的空间规划权力；德国在联邦层级的规划主要规定国土资源要素的开发利用原则，州层级的空间规划内容包括规划范围内的核心区域和特殊区域的空间结构、土地开发规模和公共设施配置。

2. 自下而上的灵活性自给

中央政府通过授予地方一定的空间规划自决权、在地方层面制定多种选择的土地开发行动计划或方案、简化规划审批和修订程序等方式，更好地适应时代发展需求，也成了多数发达国家保证规划实施灵活性的主要手段。如德国 2006 年修改的《德意志联邦共和国基本法》，进一步扩大了州级政府在空间规划立法方面的权力；英国 2004 年《城乡规划法》允许地方规划立法，以法规性的条例形式实现地方规划自主权[3]，并由地方政府在城市重点地区编制行动规划来指导地区开发，从而促进地方在经济、环境和社会多重目标的实现。需要指出的是，地方发展的灵活性仍应以国家层面的战略性管控为基准，在客

---

［1］ 蔡玉梅，吕宾，潘书坤，等 . 近 10 年主要发达国家空间规划进展及趋势［C］//中国土地资源可持续利用与新农村建设研究 . 重庆，2008：686-690.

［2］ 刘丽，荣冬梅 . 世界部分国家空间规划实施的主要方式［J］. 国土资源情报，2018（5）：30-35.

［3］ 陈成，张丽君 . 英国区域空间战略及对我国的启示［J］. 国土资源情报，2012（1）：20-24.

观的法律约束前提下追求地方自治的主观能动性[1]。

（四）增强国土空间规划内容的科学性与公正性

西方国家在土地规划管理中特别注重规划内容的科学性和公正性。首先，尽量避免国土空间的多头规划管理，减少部门之间的相互掣肘[2]，增强规划内容的协调性。其次，即便是同一部门制定的国土空间规划，也要论证其科学性、公正性[3]。最后，加大推进协商型规划的编制力度，广泛吸收群众参与，对涉及公民私权的事项，设计完善的权利救济机制，特别是引入第三方裁决的机制[4]。

第二节　国土空间规划权配置现状及问题

一、我国国土空间规划管理权配置现状

（一）明确国土空间开发利用权利边界

我国国土空间规划权力配置和运行实际上是围绕自然空间资源展开的，遵循资源载体使用许可—载体产权许可—产品生产许可的规制路径。自然资源开发和生产时国土空间利用实践中的两种基本方式，前者为对自然资源空间所得利用，称为自然资源的一次利用，后者根据自然资源的价值特性将物化劳动把自然资源转换为有形的产出，从而实现附加值并产生效用的过程，是资源产品获得行为，属于自然资源的二次利用[5]。在现实的国土空间资源管理中，国土空间资源开发利用和生产都必须获得相应的使用权利（表6.1）。

［1］　邰艳丽，王璇.横纵重构：国土空间规划管理框架逻辑思考［J］.北京行政学院学报，2019（5）：44-52.

［2］　黄祖辉，汪晖.城市发展中的土地制度研究［M］.北京：中国社会科学出版社，2002：118-119.

［3］　罗伯特·C.埃利克森，维基·L.本.土地使用管理法：案例与资料［M］.北京：中信出版社，2003：76-77.

［4］　黄祖辉，汪晖.城市发展中的土地制度研究［M］.北京：中国社会科学出版社，2002：102.

［5］　北京大学城市与环境学院课题组.完善自然资源监管体制的若干问题探讨［J］.中国机构改革与管理，2016（5）：22-24.

表 6.1　国土空间开发利用过程中的权利体系

类　别	载体	权　利	主管部门（原）
自然资源载体使用权	陆域	建设用地使用权、宅基地使用权、农村土地承包经营权、林权、草地（草原）使用权等	国土资源部、农业农村部、林业局等
		探矿权	国土资源部
	水域	水域滩涂养殖权	农业农村部（渔业管理）
	海域	海域使用权、海域滩涂养殖使用权	国家海洋局
自然资源产品获得权	陆域	采矿权、房屋所有权等	国土资源部、住房和城乡建设部
		林木采伐权、狩猎权、采集权	林业和草原局
		放牧权	农业农村部（畜牧业管理）
	水域	捕捞权	农业农村部（渔业管理）
		河道采砂权、取水权、河道及水工程范围内建设权	水利部
	海域	捕捞权	国家海洋局

（二）坚持空间规划制定和空间开发利用许可相统一

在国土空间规划实施层面，各部门都是集规划编制权和实施管理权于一身，根据本机关的职能权限对国土空间进行用途管制，但在管理的技术标准、规范、成熟度等方面差异明显。其中，土地利用规划中的乡镇土地利用总体规划，明确要求将管控要求落实到每一个地块，必须满足农用地转建设用地审批的技术标准；城乡规划必须满足《中华人民共和国城乡规划法》对"三证一书"的法定要求，这两种空间规划用途管制落地能力强、管控效果较明显；而另外一些空间规划则只是功能方向指引，无法对具体地块作出明确规定，空间用途管制的效果无法实现，如主体功能区规划、生态功能区划等。显而易见，在国土空间规划管理权限的实际运行手段上，"土地利用总体规划、城乡规划的成熟度高，林地保护利用规划、水功能区划、海洋功能区划等成熟度较好，主体功能区规划、生态功能区划等则尚无明确手段"[1]。

根据国土空间规划对国土空间开发利用权利的限制，国土空间开发利用管制是通过载体使用许可、载体产权许可、产品生产许可三种方式实现（图6.1）。

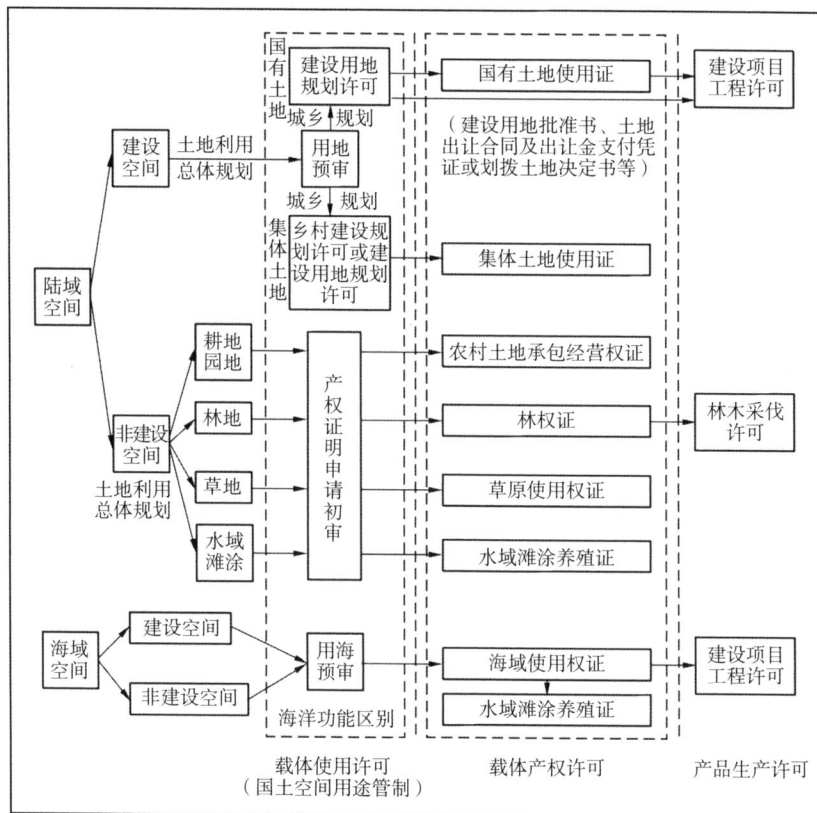

图6.1　国土空间监管的实施方式
（含陆域和海域、建设空间和非建设空间）

1. 自然资源载体使用许可

发生在所有权人向自然资源初次使用权人之前，是国土空间规划

---

[1]　林坚，吴宇翔，吴佳雨，等．论空间规划体系的构建：兼析空间规划、国土空间用途管制与自然资源监管的关系［J］．城市规划，2018，42（5）：9–17.

的落实、是国土空间用途管制的重要手段，一般是国土空间所有权的代表（地方政府）通过明确自然资源利用的四至、空间用途、开发条件等实现。

2. 载体产权许可

该项许可实施是在自然资源载体使用许可划定的使用范围、用途和开发条件等前提下，资源使用权人在土地一级市场通过国土空间用地出让合同或者行政划拨手段获得资源载体的使用权利，再经国土空间规划管理部门核准后，颁发国有（集体）土地使用证、林权证、草原使用权证等相应的许可文件的阶段。

3. 产品生产许可

实际上是国土空间资源使用权人在获取前述的国土空间开发权利后，按照相关部门的管理要求，在获得的自然资源空间中，投入相关劳动资料，进行生产开发，将空间资源转化为具有使用价值和价值的特定劳动产品；国土空间规划等相关管理部门对其劳动结果进行审核并颁发许可证件的过程，如建设项目工程许可、建设项目施工许可等。

（三）指标控制＋分区管制＋名录管理的空间管制手段

从国土空间规划管理实际看，加强指标管理和空间用途管控是空间规划编制和实施核心，把规划管理重心落实在指标、边界、名录三个层面，一般通过"指标控制＋分区管制＋名录管理"方式（表6.2）实现。

表 6.2　我国部分空间规划的核心内容

规划名称	指标控制	分区管制	名录管理
城乡规划	城市、乡镇总体规划：城市人口规模、建设用地规模；控制性详细规划：容积率、建筑密度、绿地率等	三区四线（适宜建设区、限制建设区、禁止建设区；蓝线、绿线、紫线、黄线）；城市、乡镇总体规划、详细规划中的用地分类管控	近期建设项目名录

续表

规划名称	指标控制	分区管制	名录管理
土地利用总体规划	约束性指标（耕地保有量、基本农田指标、城乡建设用地规模、人均城镇工矿地规模、新增建设占用耕地规模、土地整理复垦开发补充耕地规模）；预期性指标（建设用地规模、城镇工矿地规模、新增建设用地规模、新增建设占农用地规模）	用途分区；建设用地空间管制分区（三界四区：城乡建设用地规模边界、城乡建设用地扩展边界和禁止建设用地边界；允许建设区、有条件建设区、限制建设区、禁止建设区）	重点建设项目、土地整治项目名录
主体功能区规划	国土开发强度	优化开发区、重点开发区、限制开发区、禁止开发区	重点生态功能区，农产品主产区、城市化地区名录
林地保护利用规划	森林保有量、征占用林地定额指标	公益林和商品林两大类、林地质量等级管理	林业重点工程名录
水功能区划	—	两级区划（一级区划：保护区、保留区、开发利用区、缓冲区；二级区划主要针对开发利用区的分类管理）	—
海洋功能区划	—	分类区划	—

二、我国规划权配置存在的问题

（一）多规划并存，权力冲突明显

目前在有限的国土空间上形成了纵横交错、条块分割的空间规划编制和审批格局，具有法定依据的各类规划已超过 80 种[1]。不同的规划根据各自的法律法规，由不同的部门或者地方政府编制实施，编

---

[1]　严金明，陈昊，夏方舟. "多规合一"与空间规划：认知、导向与路径［J］. 中国土地科学，2017, 31（1）：21-27, 87.

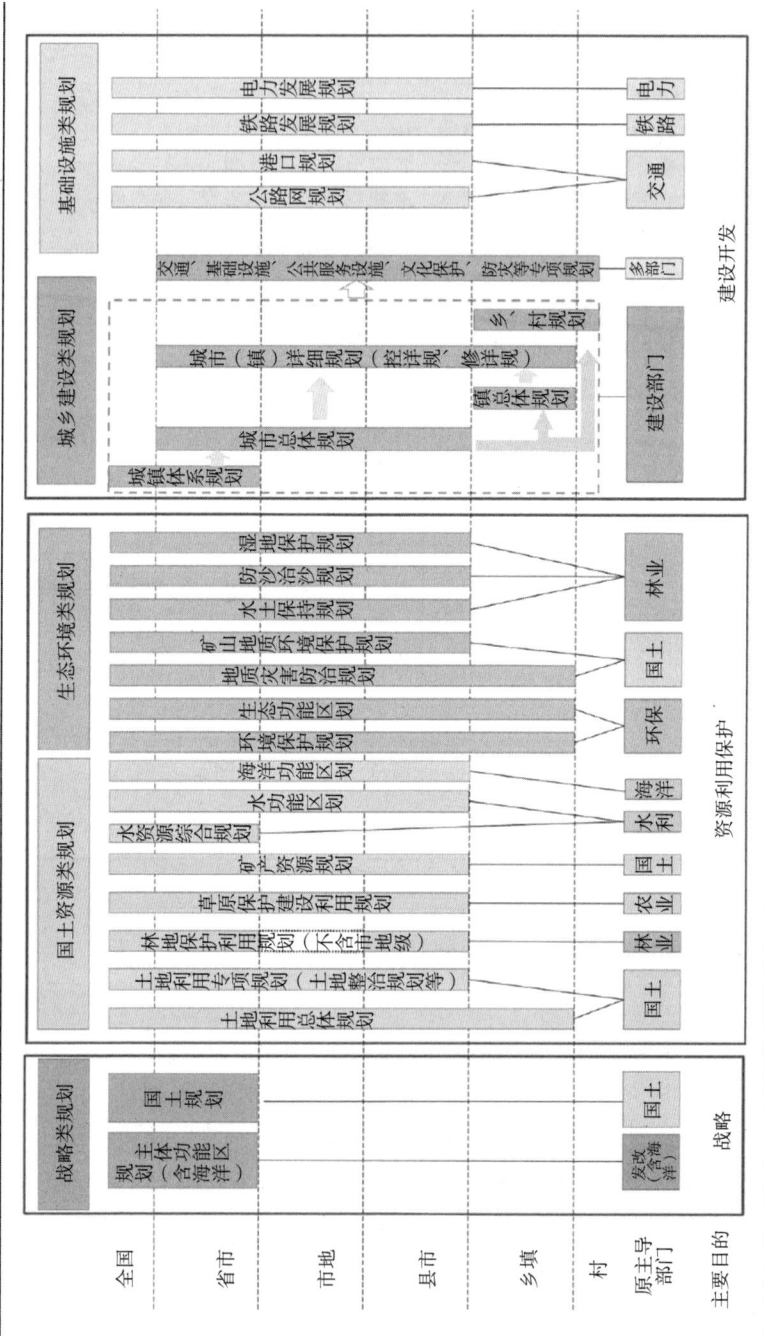

图 6.2　现实中的国土空间规划关系

制的技术标准、规划强度各异，呈现出"各自为政"窘境。梳理纷繁复杂的空间规划，主要的空间规划可以分为"战略类规划、国土资源类规划、生态环境类规划、城乡建设类规划、基础设施类规划等，具有战略引导、资源保护利用、建设开发等不同目的"[1]（图6.2）。各类空间规划客观面临的困境是：基础数据不统一、地理坐标系有差异、空间布局有矛盾。从国家层面开始，就存在各类规划的用地目标数值的冲突，造成下位各级规划的目标和布局有矛盾，主要表现为管理职能交叉、权利义务不清晰。

（二）中央地方围绕土地发展权的管理冲突突出

"土地发展权是土地利用和再开发过程中用途的转变、利用强度的提高而获得的权利，以建设许可权为基础，可拓展到用途许可权、强度提高权。"[2]通过对土地发展权的设立和限制来实现国土空间的用途管制，落实国土空间规划目标，实现促进资源与环境可持续发展、管控不同利益主体对国土空间利用行为的能力，进而实现国土空间规划管理部门职能和作用，是国际社会空间管制的基本经验。实际上国土空间发展权是国土空间规划矛盾冲突的焦点，规划之间也是"围绕土地发展权的空间配置展开博弈"[3]。具体表现在两个方面：一是一级土地和二级土地发展权管理矛盾突出。2019年《土地管理法》修订，国土空间发展权管制从一级管理转变为两级管理，中央和省级人民政府管建设用地指标，体现在土地利用规划、计划中的数量调控和分区引导；地方政府的二级土地发展权管理表现为对个体行为进行引导和约束，呈现出用途限定、强度控制、实施许可的方式[4]。但中央和地方对国土空间发展权的管控目标并不完全一致，中央层面严控土地供应，地方政府为了GDP增长、偿还债务等常常加大对土

[1][2][4] 林坚，许超诣.土地发展权、空间管制与规划协同[J].城市规划，2014，38（1）：26-34.
[3] 林坚，陈诗弘，许超诣，等.空间规划的博弈分析[J].城市规划学刊，2015（1）：10-14.

地的开发。二是建设用地使用权管制博弈激烈。2004年《国务院关于深化改革严格土地管理的决定》明确中央和地方土地管理的目标：中央调控新增建设用地总量，地方政府盘活存量建设用地。中央通过新增建设用地总量、基本农田面积指标、永久基本农田划定等手段控制新增建设用地，落实国土空间用途管制目标。地方二级土地发展权管理要接受中央控制和引导，实行中央统一领导。

（三）空间规划权力运行机制不灵活

第一，由于国土空间规划分散在多个政府部门，受规划编制技术规程条款限制、资金预算制约、方便审批管理等影响，国土空间规划编制存在规划方案单一、内容标准化、功能与用途分区机械等问题。规划方案缺乏弹性，导致规划缺乏灵活性和适应性。第二，空间规划实施缺乏激励性机制。一直以来，我国国土空间规划管制遵循行政命令，规划实施偏重行政管制性措施，缺少保护性地役权设立、土地发展权转移、指标交易等市场性激励方法和措施，国土空间规划管制方法单一，管制效果不佳。

第三节　国土空间规划权配置制度的重构

一、国土空间规划权重构的基本要求

十九大报告提出，"以城市群为主体构建大中小城市和小城镇协调发展的城镇格局"和"加快农业转移人口市民化"，使经济和人口的空间分布更加趋于均衡，推动了区域协调发展。在此基础上，关注和解决农村空心化、农业边缘化和农民老龄化的"新三农"问题，通过强化制度供给，推动"五位一体"建设，促进关键要素的充分流

动，振兴乡村经济、社会和文化，推动乡村生态文明建设，实现农村现代化[1]。

（一）科学划分国土空间规划层次

不同空间范围的规划的目标任务具有差异性，从地域空间管制范围看，基于空间管理需要，可以把规划分为宏观、中观、微观层面。具体而言，主体功能区规划属于宏观、中观层面的规划，其目标任务是谋求大区域层面空间管理的创新。城乡规划属于中微观层面规划，宜通过推进人居较为密集区域建设为主要对象，对地空间建设活动进行直接和间接规范。生态功能区划则涵盖宏观、微观两个层面，其管制重点是确立生态环境的约束效力，加强环境保护。

（二）增强国土管制的协作性

规划协调是世界各国空间规划和政策变革的长期命题[2]。在我国，由于条块分割管理体制以及各类规划编制的要求和基础不同，空间规划的改革也存在许多难点[3]，规划间的冲突和审批效率的低下等问题已经开始严重制约经济社会的发展[4]，规划之间的衔接不够，也使得一些规划难以真正落地[5]。具体而言，主体功能区规划要发挥其对国土空间资源的引导作用；城乡规划要通过对规划区建设行为的规划许可，实现空间布局的合理性和空间生产高效性；生态功能区规划则要突出其监控职能。几大空间规划的编制和实施部门要积极有

[1]　廖彩荣，陈美球.乡村振兴战略的理论逻辑、科学内涵与实现路径［J］.农林经济管理学报，2017，16（6）：795-802.

[2]　张永姣，方创琳.空间规划协调与多规合一研究：评述与展望［J］.城市规划学刊，2016（2）：78-87.

[3]　顾朝林.论中国"多规"分立及其演化与融合问题［J］.地理研究，2015，34（4）：601-613.

[4]　王蒙徽.推动政府职能转变，实现城乡区域资源环境统筹发展：厦门市开展"多规合一"改革的思考与实践［J］.城市规划，2015，39（6）：9-13，42.

[5]　中央编办二司课题组.关于完善自然资源管理体制的初步思考［J］.中国机构改革与管理，2016（5）：29-31.

效协作；在国土空间规划的统一框架下各司其职，形成系统化的管理体制。

（三）提高管理实效

管理是否有效，管理机构的权威性和管制手段的科学性至关重要。空间管制要从过去过分重视管制惩处，过渡到引导与控制相结合的管理模式，采取"疏导"与"控制"相结合。

二、国土空间规划权重构的重点

（一）规划公权力的边界：公共利益

规划公权力是一项对社会公众利益产生重大影响的公权力，与其他行政权的行使一样，其运行必须基于公共利益，非因公共利益不得发动和行使该项权力。关于公共利益，国际社会一般是通过宪法或者宪法性文件予以明确，尤其是关于权利平等保护、正当程序、征收补偿等规定，行使范围普遍被严格限制在促进健康、安全、道德或公共福利的界限内。但公共利益的确切含义却很少达成共识[1]，但其为公共政策的伦理标准被广泛接受，一般认为其至少包括"共同拥有价值、道德需要、利益平衡等5种典型理解"[2]。在美国，规划公权力的行使始终以保障维护公共利益为目标和边界。最初把公共利益界定在"避免拥挤和促进舒适性、建设公共设施、抑制土地投机、保护郊区农地、维护城市美观等范围内"[3][4][5][6]；

［1］ MINTEER B A.Environmental philosophy and thepublic interest: a pragmatic reconciliation［J］.EnvironValues, 2005, 14（1）: 37-60.

［2］ SORAUF F J.The public interest reconsidered［J］.JPolitics, 1957, 19（4）: 616-639.

［3］ VANHECKE M T. Zoning ordinances and restrictions in deeds［J］.YaleLawJ, 1928, 37（4）: 407.

［4］ GOODMAN R B.The regulation and control of land use innon-urban areas［J］.JLand Public UtilEcon, 1933, 9（3）: 266.

［5］ WEHRWEIN G S, Johnson H A.Zoning land for recreation［J］.JLand Public UtilEcon, 1942, 18（1）: 47.

［6］ ARPKE F.Land-use control in the urban fringe of Portland, Oregon［J］.JLand Public UtilEcon, 1942, 18（4）: 468.

20世纪六七十年代，"规划公权力行使范围扩大到保护历史文化遗产、保护农地和开敞空间、保护现有邻里和社区、控制城市蔓延等领域"[1][2][3][4]；20世纪90年代以来，受可持续发展和精明增长理念的影响，"可负担住房供应、精明社区建设、填充式发展、土地可持续利用"[5][6][7][8]等成为国土空间规划公共利益考量的动力和目标。今天公共利益和受管制利益间的平衡、土地利用规划管制与经济发展的关系等被重新思考[9]。

（二）构建科学高效的空间规划体系

空间管理层次可以按照空间单元的范围分为：宏观（区域、全国）、中观、微观（直接影响建设方案的）；按照行政管理单元的层级划分为全国、省域、市县域、城区（镇区、乡集镇、村）和跨区域。各层级城乡规划中需实现的基础目标是："上位规划分工清晰、基层规划全面整合。"空间管制层次体系划分为明确各层级责任、明确事权、明确管理主体、明确依据衔接关系，采用按照行政管理单元层级划分空间管理的层次。空间规划可按照纵向层次和类型两个标准，建构"4+X"协调高效体系。其中4层次编制和实施按行政层级划分进行，

［1］　STEELE E H.Aesthetic zoning：preservation of historic areas，Fordham Law Review,1961，29（4）.

［2］　SNYDER J H.A new program for agricultural land use stabilization：the California land conservation act of 1965［J］.LandEcon，1966，42（1）：29.

［3］　LOO E J T.State land use statutes：a comparative analysis［J］.Fordham LawRev，1977，45：1154.

［4］　SHLAY A B，ROSSI P H.Keeping up the neighborhood：estimating net effects of zoning［J］.AmSociolRev，1981，46（6）：703.

［5］　STOCKMAN P K.Anti-snob zoning in Massachusetts：assessing one attempt at opening the suburbs to affordable housing［J］.ViLawRev，1992，78（2）：535.

［6］　BERKE P R，CONROY M M. Are we planning for sustainable development?［J］.JAmPlanAssoc，2000，66（1）：21-33.

［7］　MECK S. Growing Smart Legislative Guidebook：Model Statutes for Planning and the Management of Change，American Planning Association（APA）,2002.

［8］　JOHNSON D. Planning for Smart Growth：2002 State of The States，American Planning Association（APA），2002.

［9］　CHRISTENSEN J G. Public interest regulation reconsidered：from capture to credible commitment，Paper presentedat "Regulation at the Age of Crisis"，ECPR Regulatory Governance Standing Group，3rd Biennial Conference，University College，Dublin，June17-19，2010.

"X"是跨行政区的，编制和实施需要区域政府协调配合（表6.3）。

表6.3 空间管制"4+X"层次体系的分工和内部衔接表

规划层次	主要成果及特点	层次规划目标	指导内容
第一层次	偏重政策—综合规划 宏观原则、分类指导	国家政策方针体现	分类、措施
第二层次	侧重保护—综合规划 一图（定类别）一表（定要素、标准）	以保护为核心，法规衔接、专项规划综合平台	一图一表
第三层次	侧重保护—综合规划 指导建设控制细化措施	定界限、定位	一图
第四层次	侧重建设—综合规划 指导建设控制细化措施	确定适宜建设区、限制建设区的细化类别，建设准入措施	—
X层次	专项规划 控制内容深	以下层次的深度校核上层次的控制要求，突出合作与分工内容，采取激励和共同约束的规划手段	—

第一层次，国务院和国家相关部委组织编制的全国层面规划主要有：全国城镇体系规划、全国主体功能区规划、全国生态功能区划、土地利用规划、全国地震区划。此空间管制层次，应以《全国国土规划纲要（2016—2030年）》为统摄，将各相关规划进行整合（按照刚性规划），明确空间开发原则，确定主要类型区域的功能定位、建构全国地域空间开发利用的总体架构，提出规划期内具有全局意义的地域空间整治和开发的重大工程布局方案。第二层次，指省级政府及相关部门组织编制的省域的相关空间管制规划，主要有省域城镇体系规划中空间管制部分、省域主体功能区规划、省域生态功能区规划、省域土地利用规划和省域战略环评等规划。省域层面空间管制以管制要素体系构建为重点，综合各专业规划，形成"一图、一表"的最终成果。第三层次，市（州）级政府及相关部门组织编制的市（州）域区域规划。其主要目标是对上层次管制规划成果"一表"中的指标范围的落实，将省层次的"一图、一表"细化为"一图"为空间开发利用提供直观

的管理依据。第四层次，城市、县政府组织编制城市（县）总体规划。主要空间管制分区和措施重心由保护转向建设，前三层次分区是以保护生态环境、自然和历史文化资源为出发点，此时空间管制目标为在不违背上层次的规划要求前提下，以划定控制建设用地为主要目标。X层次是跨行政区规划，这类规划应根据跨行政区域规划的具体目的和要求，编制要体现地域特色。跨区域空间管制是由跨区域共同的上级政府或其授权的相关部门进行管理，规划内容和深度需按照规划范围大小和影响确定，因此这层次规划特殊性需要单列。

（三）明晰国土空间规划管制事权

1. 明确各级纵向层次政府规划事权

一是需要界定协同事权的范畴，该类事权主要涉及一些分散配置的空间规划管理实务，这一领域的事权须协调各部门的专业能力来完成；二是对关键的空间规划事项，实施事权集中配置的原则，强调空间规划资源的集中配置；三是环境保护部门编制生态功能区规划要弱化空间管制内容，强化对生态功能区生态指标的管控，使其成为国土空间规划统领下的专项规划；四是自然资源部成立跨部门的国土空间规划委员会负责政策协调和技术咨询，其咨询审议意见将作为权力机关审议和审批部门审批的依据；五是重构规划审批事权，具体包括下放审判权和上移监管问责权，建立统一的国土空间用途管制规则与平台，明确农业和生态空间的管控细则（图6.3）。

最后，构建协调统一的国家空间规划体系，明确从国家层面到乡镇的五级国土空间的功能定位、管控要点和指标参数等，增强上下层级空间规划功能传导的整体性、连通性和协调性（图6.4）。

2. 建立"协商共治"新型政府关系

国家治理体系和治理能力现代化的一个典型标志就是建立政府间横向和纵向的沟通协商、多元参与的协商共治的新型政府治理模

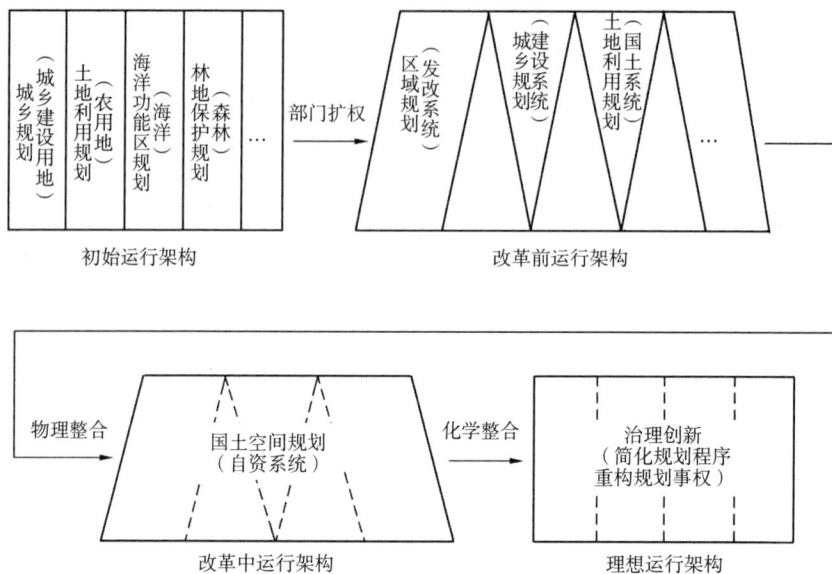

图 6.3　空间规划重构横向模式

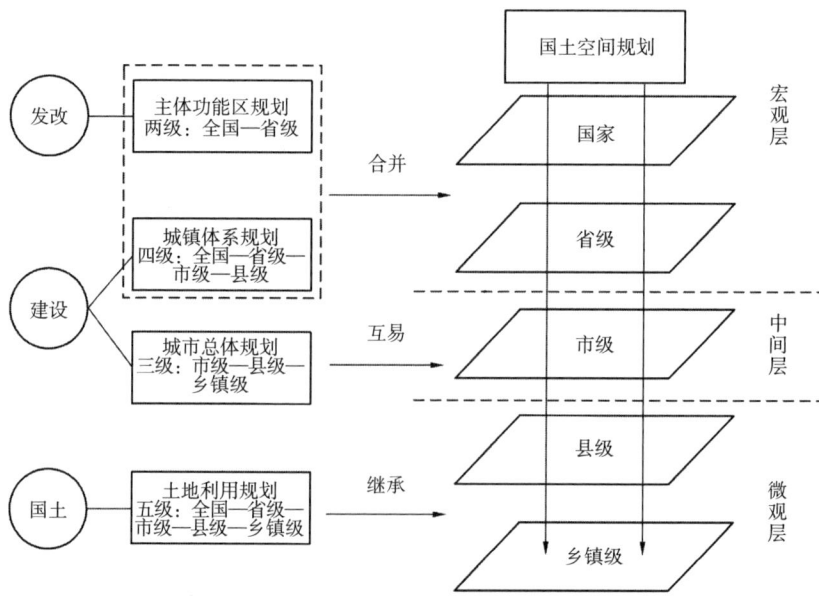

图 6.4　空间规划重构纵向模式

式，推动政府职能的转变，实现"善政"。为实现国土空间治理体系和治理能力现代化，空间规划管理必须按照国家职能转变要求，构建"协商共治"的政府关系来破解中央与地方之间空间管控博弈的局面[1]。就当前情况看，国土空间规划必须尽快重构中央与地方的空间规划事权关系、切实改变现有的绩效考核机制，谋划制定体现协同空间治理的原则的管制制度，科学划定城镇开发边界、生态保护红线等，重新配置中央政府与地方政府空间权责关系，构建"协商共治"的政府关系，进一步引导空间规划向生态环境保护方向转变。同时应加强中央政府在地方和区域规划管制中的协调和对接能力，强化对国土空间规划的宏观管控，将管控重点逐步扩展到整个国土空间。

3. 切实调动地方积极性、加强公众参与

一方面，从国家层面来讲，国土空间规划管理在国家和省级层次应强调战略性和引导性；另一方面，在地方层面，国土空间规划管制要充分发挥地方层次的积极性和创造性，地方规划制定要更多考虑灵活性、适应性，以制定地方性的发展战略为辅，以制订具体的行动计划为主。为保障国土空间规划高效实施，形成有机的国土空间治理结构进而解决国土空间规划公共需求问题，应建立全纳性的公众参与机制。要以法律形式确定在地方规划的编制实施环节引入公众参与，建立自上而下公共利益的维护传导机制和自下而上社会需求的常规表达路径，实现公共利益与公共责任相适应。在这一体制架构下，国土空间规划应围绕"全国统一、相互衔接、分级管理"的规划体系构建目标，建立科学合理的分工体系，厘清"五级三类"规划的重点事项和关键事权（图6.5）。

［1］ 张艳芳，刘治彦.国家治理现代化视角下构建空间规划体系的着力点［J］.城乡规划，2018（5）：21-26.

五级三类	总体性规划	专项性规划	详细性规划	功能定位	规划重点
全国（跨省级）	全国国土空间总体规划	国家级专项规划		法定的权威规划，负责统筹协调全国空间资源的开发与保护，强化对核心要素的管控	按照人口、产业和自然要素的现实情况和发展趋势进行全国和省域的城镇空间布局
省级（跨市级）	省级国土空间总体规划	省级专项规划		对接中央管控要求和地方发展需求的中间层级，突出引导作用，兼顾规划的刚性与弹性	省域的国土空间规划之下可编制特色小镇发展专项规划，负责统筹设施建设、重大战略发展区布局等
市级（跨县级）	市级国土空间总体规划	市级专项规划	市级详细规划	对接上级空间规划，是地方政府进行空间管理的基本依据	编制支撑系统规划，提出实施政策计划和行动计划，建立机制保障城市战略资源和预留城市发展战略空间
县级（跨乡级）	县级国土空间总体规划	县级专项规划	县级详细规划	对接上级空间规划，是地方政府进行空间管理的基本依据	划定三区三线，确定城市发展目标与定位，城市建设容量与规模，城市用地发展方向与布局形态，政策分区、政策引导
乡镇级	乡镇国土空间总体规划	乡镇片区规划	乡镇级详细规划	实现城乡均衡发展的关键抓手	实施全面覆盖的空间布局，构建全面覆盖的乡村规划体系，注重乡村产业、乡村环境和基础设施等方面的规划内容
跨区域层级	经济开发区域规划	生态保护区域规划		落实国家重大战略的政策工具	针对不同的经济开发区域和生态保护区域，立足底线思维，把握系统载力，思维和的新思维、明确其法律制约力，竞争力和管制能力，建立法定协调和约束机制

（政策引导＋空间传导）（地方实际＋公众参与）

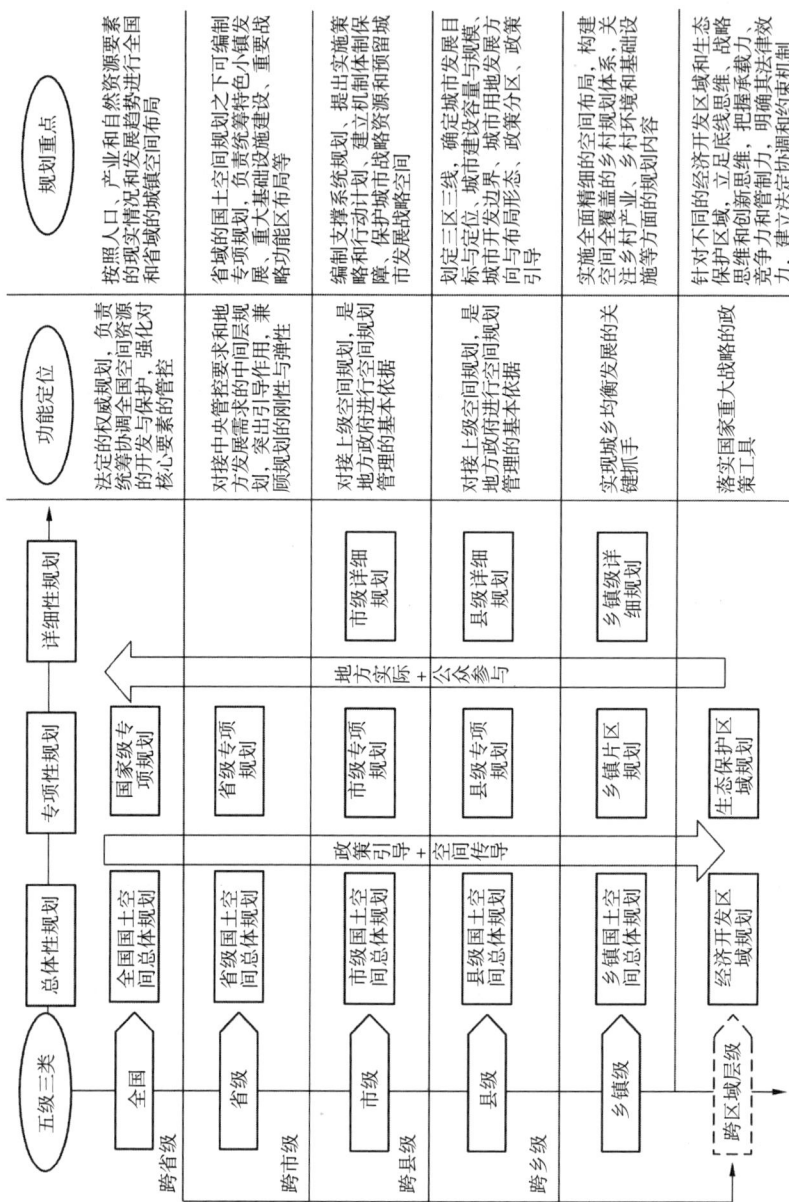

图 6.5 "五级三类"规划体系简图

（四）切实做好与相关规划的协调衔接工作

1.国土空间规划与国民经济和社会发展规划衔接[1]

空间规划与发展规划的关系在我国显得非常重要也非常复杂。从可持续发展和中华民族伟大复兴中国梦等目标实现的角度看，前述目标的实现就必须有科学布局和优化配置各种空间资源，服务经济社会发展，因此以物质环境为基础平台的国土空间规划应服务于社会经济发展规划。但国土空间规划和国民经济与社会发展规划的区别也是显而易见的，国土空间规划对象多是建筑、道路、土地等物质实体，与国民经济与社会发展规划多规定教育、卫生、就业、社保目标等截然不同，因此作为物质环境规划的国土空间规划与各类经济社会发展规划又是相对独立的[2]。二者之间的关系可以概括为：既紧密相关又互有侧重，目标和规制对象存在明显差异，二者目标衔接、分工协作，共同促进国家发展战略的实施。2018 年 3 月，中共中央印发《深化党和国家机构改革方案》，将建立空间规划体系并监督实施的职责赋予自然资源部，国土空间规划与发展规划两大类规划并存的格局正式建立。《关于统一规划体系更好发挥国家发展规划战略导向作用的意见》（以下简称《意见》）明确要求："建立以国家发展规划为统领，以空间规划为基础，以专项规划、区域规划为支撑，由国家、省、市县各级规划共同组成，定位准确、边界清晰、功能互补、统一衔接的国家规划体系"。[3]空间规划与发展规划密切联系，共同组成国家统一规划体系。根据《意见》规定，国家发展规划"聚焦事关国家长远发展的大战略、跨部门跨行业的大政策、具有全局性影响的跨区域大项目，把党的主张转化为国家意志，为各类规划系统落实国家发展战

---

［1］　董祚继.新时代国土空间规划的十大关系［J］.资源科学，2019，41（9）：1589-1599.

［2］　董祚继，吴次芳，叶艳妹，等."多规合一"的理论与实践［M］.杭州：浙江大学出版社，2017.

［3］　中共中央办公厅秘书局《中共中央国务院关于统一规划体系更好发挥国家发展规划战略导向作用的意见》（中发［2018］44 号）［EB/OL］.（2018-11-19）［2020-9-10］.

略提供遵循"。"国家级空间规划要聚焦空间开发强度管控和主要控制线落地，全面摸清并分析国土空间本底条件，划定城镇、农业、生态空间以及生态保护红线、永久基本农田、城镇开发边界，并以此为载体统筹协调各类空间管控手段，整合形成'多规合一'的空间规划"。发展规划重在战略引导和政策指导，空间规划重在空间组织和开发控制，发展规划提出的国土开发和生态环境保护目标有待空间规划加以落实。发展规划具有统领作用，"发挥国家发展规划统筹重大战略和重大举措时空安排功能，明确空间战略格局、空间结构优化方向以及重大生产力布局安排，为国家级空间规划留出接口"。空间规划具有基础作用，"强化国家级空间规划在空间开发保护方面的基础和平台功能，为国家发展规划确定的重大战略任务落地实施提供空间保障，对其他规划提出的基础设施、城镇建设、资源能源、生态环保等开发保护活动提供指导和约束"。统领作用体现规划的发展功能，基础作用体现规划的稳定功能，二者相辅相成，共同构筑起中国特色"规划大厦"。

2. 国土空间规划与主体功能区规划协调衔接

编制国土规划和区域规划应以主体功能区规划为依据，编制土地利用规划、城镇体系规划、环境保护规划等应以主体功能区规划、国土规划为依据，市县层面"多规合一"的空间规划应以主体功能区规划、国土规划、区域规划为依据。各地区、各部门、各行业编制相关规划、制定相关政策，在国土开发、保护和整治等方面应与主体功能区规划、国土规划、区域规划相衔接[1]。主体功能区规划可以作为发展类规划和布局类规划的一个旋转门。在发展类规划中，通过主体功能区规划对发展战略和目标体系进行空间落实和总体部署，而主体功能区规划所表达的城镇化、农业发展、生态安全和自然岸线等四

[1] 肖金成.实施主体功能区战略建立空间规划体系［J］.区域经济评论，2018（5）：14–16.

大战略格局也成为国家发展类规划的重点内容。在布局类规划中，主体功能区规划对每个县区的主要功能定位有了科学设置，在横向上可以统筹城镇化、区域协调发展、生态环境改善、蓝色经济空间的布局，可以作为国土空间开发布局规划的总图，为空间管制政策制定实施提供依据；而且通过空间规划体系的下层位落实，通过对空间开发强度、不同地域空间比例关系等的管制，实现国土空间有序开发保护的顶层设计功能。主体功能区规划能够成为各类规划空间布局衔接协调的基础平台，可以成为编制城乡规划、土地利用规划、区域规划、重大建设项目规划等在空间开发和布局方面的基本依据[1]。主体功能区规划作为国土空间开发的总体规划和顶层设计，对下层位各类空间规划具有约束性、基础性作用。全国主体功能区规划所确定的功能定位，构成了下层位空间规划所遵循的基本原则，其所确定的优化开发区、重点开发区必须在下层位规划中得到细化、落实，其所划定的禁止开发区应该作为生态红线管制的主要依据。主体功能区格局也为形成良性互动的区际关系、推动各地区共容式发展奠定了基础，其所确定的区域发展方向和共性问题构成了区域规划以及其他所有跨行政区空间规划的科学依据[2]。

[1]　黄勇，周世锋，王琳，等.用主体功能区规划统领各类空间性规划：推进"多规合一"可供选择的解决方案［J］.全球化，2018（4）：75-88，134.

[2]　盛科荣，樊杰.主体功能区作为国土开发的基础制度作用［J］.中国科学院院刊，2016，31（1）：44-50.

第七章 国土空间规划权力运行制度

第一节 国土空间规划编制制度

国土空间规划编制制度是规范和调整国土空间规划编制及相关主体间法律关系，落实国土空间规划制度价值、目标和原则的行为规范。在欧盟，为适应全球化时代公共政策从纵向管理（Government）向横向的伙伴关系治理（Governance）转变，空间规划编制实施强调建立规划的协商治理新机制，引导、鼓励利益相关者参与空间规划的编制和执行，克服过去过分依靠精英、过分强调技术理性，规划编制脱离群众和实践的问题[1]。这在 1999 年《欧洲空间发展展望》（ESDP）体现最为明显，其经历长达 6 年，多方主体参与，反复协商、无数次听证、论证才最终出台。在欧盟空间规划编制及其他空间政策制定和执行中，都把"谈判和协商机制"[2]作为空间规划等公共政策制定、实现民主和规制效率的主要措施。

［1］ 黄晓林.土地利用规划面临的若干问题及其对策［J］.西南民族大学学报（人文社科版），2005，26（12）：168-170.

［2］ 黄郁城，刘卫东，陈佳骊.新农村建设中新一轮乡村土地利用规划的思考［J］.农机化研究，2006，28（12）：5-8.

一、国土空间规划编制制度存在的不足

从现有的关于国土空间规划编制的法律规范看，我国并没有统一的国土空间规划编制的法律法规，实践中国土空间规划的编制是参照适用城乡规划、土地利用规划、主体功能区规划编制制度的相关内容，开展规划编制活动。但三类规划编制制度在实践中都存在突出问题：城乡规划的优点是综合性强、体系构建完整、理论研究充分、技术方法成熟，但其脱胎于计划经济体制，在实践中较多体现地方发展诉求，或多或少存在重发展轻保护的问题，在区域协调发展、全域管控等方面也有缺陷。土地利用总体规划特点在于自上而下、层层落实，其优势体现为"规划—计划—供地—监督—执法"的全过程管理，但也存在重指标管理、轻空间布局，重耕地保护、轻各类用地统筹，见地不见人等问题。主体功能区规划定位于战略性、基础性和约束性规划，其初衷是通过强调政策性分区来发挥调控与引导作用，但实际操作上在市县以下，缺少空间落地支撑，难以具体发挥空间管控作用。在空间发展和空间治理方式全面进入生态文明建设新时代后，以上每个规划都不足以满足提高空间资源配置效率、提升空间治理能力的战略要求，不足以发挥在国家规划体系中的基础性作用[1]。三类规划编制都或多或少存在基础数据不准确、基础图件不健全、规划编制效率低、规划强制性有余而韧性不足、规划科学性差等。具体问题如下。

①法律条文关于规划编制内容和程序规定过于原则化，可操作性不强。例如《土地管理法》（2019年修正）"落实国土空间开发保护要求，严格土地用途管制；严格保护永久基本农田，严格控制非农建设占用农用地；……质量相当"等原则对土地利用总体规划编制，只提出了"严格保护永久基本农田，控制非农业建设占用农用地；提高

[1]　本刊编辑部.国土空间规划体系改革背景下规划编制的思考学术笔谈［J］.城市规划学刊，2019（5）：1-13.

土地节约集约利用水平；统筹安排城乡生产、生活、生态用地，满足乡村产业和基础设施用地合理需求，促进城乡融合发展；保护和改善生态环境，保障土地的可持续利用；占用耕地与开发复垦耕地数量平衡、质量相当"等原则。仔细揣摩这些原则，完全正确、非常合理，在贯彻落实过程中，须有可操作性的实施细则。

②规划编制主要体现为静态空间控制，与城乡经济社会发展对空间的需求不相适应，规划编制过程封闭，包容性、扩充性不够，不能容纳不断涌现的规划编制类型，如区域规划、城市群规划等[1]。

③规划编制过程中公众参与严重不足。国土空间规划及其他空间规划编制基本遵循规划制定主体（地方政府）委托具有相应资质的国土空间规划编制机构（高等院校、专业规划编制机构等）编制—征求政府相关部门意见—政府组织召开专家论证会听取意见—地方政府按照权限审批的封闭过程，全过程（尤其总体规划编制）基本没有普通公众参与。

④缺乏国土空间规划编制单位法律责任的规定。当前国土空间规划编制单位由于缺乏对国土空间规划实践的深入了解，仅靠政府部门或者研究机构公布的数据材料编制国土空间规划，造成编制的国土空间规划严重脱离实际：要么提出的规划目标过高，要么规划目标估计不足，不适应新型城镇化、乡村振兴、生态文明建设战略实施对空间的需求，规划屡屡被更改，国土空间规划的严肃性大打折扣。但无论出现哪种结果，规划编制机构都不会被追究责任。因为规划编制机构是接受委托的专业技术机构，处理委托人委托的编制事项，按照委托人的要求完成编制任务，即便存在过错，一般也无法追究其责任，造成国土空间规划编制的质量不高[2]。

---

［1］　何强为，苏则民，周岚.关于我国城市规划编制体系的思考与建议［J］.城市规划学刊，2005（4）：28-34.

［2］　张荣群，林培.论土地利用规划的研究模式［J］.中国土地科学，2000，14（2）：22-25.

二、国土空间规划编制的基本要求

（一）体现战略性

国土空间规划尤其是国家级和省级空间规划，其调整空间资源配置、空间开发权力和权利等诸多内容；另外，国土空间规划的编制期限较长，一般为 15 年甚至更长，因此，国土空间规划编制必须体现其战略性、宏观性。一是要结合本区域实际落实党中央、国务院重大决策部署及国家安全战略、区域协调发展战略和主体功能区战略，明确空间发展目标，优化城镇化格局、农业生产格局、生态保护格局，确定空间发展策略。二是把地方政府出台的关系地方国土空间开发利用保护的政策、法规落实到规划中，用以明确本地区空间发展目标，指导本地区空间开发、利用、保护活动，提升国土空间开发保护质量和效率。

（二）提高科学性

坚持生态优先、绿色发展，尊重自然规律、经济规律、城乡发展规律，因地制宜开展规划编制工作；坚持节约优先、保护优先、自然恢复为主的方针，在资源环境承载能力和国土空间开发适宜性评价的基础上，科学有序统筹布局生态、农业、城镇等功能空间，划定生态保护红线、永久基本农田、城镇开发边界等空间管控边界以及各类海域保护线，强化底线约束，为可持续发展预留空间。坚持山水林田湖草生命共同体理念，加强生态环境分区管治，量力而行，保护生态屏障，构建生态廊道和生态网络，推进生态系统保护和修复，依法开展环境影响评价。坚持陆海统筹、区域协调、城乡融合，优化国土空间结构和布局，统筹地上地下空间综合利用，着力完善交通、水利等基础设施和公共服务设施，延续历史文脉，加强风貌管控，突出地域特色。坚持上下结合、社会协同，完善公众参与制度，发挥不同领域专家的作用。运用城市设计、乡村营造、大数据等手段，改进规划方法，提高规划编制水平。

（三）加强协调性

强化国家发展规划的统领作用，强化国土空间规划的基础作用。国土空间总体规划要统筹和综合平衡各相关专项领域的空间需求。详细规划要依据批准的国土空间总体规划进行编制和修改。

（四）注重操作性

按照"谁组织编制、谁负责实施"的原则，明确各级各类国土空间规划编制和管理的要点。明确规划约束性指标和刚性管控要求，同时提出指导性要求。制定实施规划的政策措施，提出下级国土空间总体规划和相关专项规划、详细规划的分解落实要求，健全规划实施传导机制，确保规划能用、管用、好用。

三、国土空间规划编制制度的完善

（一）坚持以人民为中心

国土空间规划编制实现以人为本，就要求国土空间规划制度的价值取向以人为中心，以人为需要，以人为目的；把人的发展作为使用土地的出发点与归宿，牢固树立以人为本的理念和宗旨，将以人为本的追求落实到土地资源开发、利用的制度实践中，依法促进土地资源的整合和良性运作。要从过去强调生产、追求 GDP 转向维护社会公平、保障公众私权和自由，处处体现对人的关怀，努力创造舒适宜人的人居环境。土地利用保护政策要求各地不能各自为政追求局部利益的最大化，而应切实做好用地功能布局，地域之间应相互协调分工，以发挥最大的公共利益，真正体现以人为本的本位追求[1]。

1. 坚持"开门编规划"

规划编制的过程是广纳民意、集中民智、凝聚民心的共建共治过程；建立全流程的规划编制公众参与机制，规划草案应当以多种方式进行公示，规划获批后要及时公开，扩大公众和社会各界参与程度，推进形成共谋、共建、共治、共享的国土空间治理模式。

2. 坚持以人为本

第一，纵向推进路线，主要体现全国、省、市、县、乡（镇）的逐级汇交和纵向联通机制，在一张底图的基础上，形成可层层叠加、打开的国土空间规划"一张图"，并借助信息化手段，为统一国土空间用途管制、实施建设项目规划许可、强化规划实施监督提供支撑。第二，横向推进路线，横向上加强总体规划、详细规划、相关专项规划的协调衔接，以详细规划落实总体规划，以总体规划对专项规划指导和约束，以城市设计、乡村营造、大数据等手段提高规划水平，从而实现把每一块土地都纳入空间规划管控，把每一寸土地都规划得清清楚楚，进而形成安全和谐、富有竞争力和可持续发展的国土空间格局。

3. 切实体现生态文明理念

（1）全面保护生态安全。以现状生态本底为基础，严控发展底线，合理划定生态保护红线、基本农田保护红线、城镇开发边界。构筑网络化的地区生态空间格局，加强生态敏感区域保护，健全生态补偿机制，以资源环境承载能力和国土空间开发适宜性评价为基础引导空间格局优化。

（2）全面贯彻国家重大战略，建设美好家园。以建设美丽中国为目标，按照"五位一体"总体布局，落实国家重大战略决策部署。

[1] 孙万国，焦君红. 生态伦理：可持续发展的伦理基础［J］. 生态环境学报，2009，18（6）：2409-2412.

充分符合发展趋势是指推进区域协同、乡村振兴战略、生态文明发展，依据《全国国土规划纲要（2016—2030 年）》和地区协同发展要求，科学研判当地发展趋势，提出国土空间发展目标。满足人民对美好生活的向往，为中国人民谋幸福、为中华民族谋复兴。

（3）构建山水林田湖草为一体的空间格局。空间的规划重点要处理好人与自然的关系，构建山水林田湖草为一体的空间格局、建立保护有力的自然保护地体系、增加优质生态产品供给、系统性主动实施全域生态修复。

（4）编制全域整治规划。坚持以人民为中心的发展思想，明确国土空间生态修复目标、任务和重点区域，安排全域整治和生态保护修复重点工程规模、布局和时序，明确各类自然保护地范围边界，提出生态保护修复要求，提高生态空间完整性和网络化[1]。

4. 树立公众参与的理念

国土空间规划反映城乡、区域、公共、私人及各个团体的利益，各利益主体在规划中的目标追求不同，在观念和思想上也会存在较大分歧。国土空间规划编制过程中要多渠道推进规划的公众参与，集思广益，减少规划过程中的失误，实现不同利益主体分歧的协调，减少实施中矛盾的激化[2]。

（二）体现可持续发展理念

进入 21 世纪以来，我国经济更加多元、开放，城乡统筹协调发展进入加速期。如何使国土空间规划工作适应新形势，是摆在决策者面前一项紧迫而又艰巨的任务。实现国土空间资源的可持续发展，国土空间规划编制需要坚持以下三点。

---

[1]　周青．以人为本国土空间规划编制探讨［J］．合作经济与科技，2020（7）：98-99.
[2]　王勇，李广斌．市民社会涌动下小城镇规划编制中的公众参与［J］．城市规划，2005，29（7）：57-62.

1. 树立统筹城乡均衡发展的理念

国土空间规划编制应充分发挥国土空间规划对经济社会发展的引导和调控作用。通过改善城乡环境、塑造绿色、生态城市和农村、提升城市文化品位保障绿色发展、可持续发展。提出生态环境、土地和水资源、能源、自然和历史文化遗产保护等方面的综合目标和保护要求，提出空间管制原则；预测区域、总人口及城镇化水平，确定各城镇人口规模、职能分工、空间布局方案和建设标准并进而确定区域发展策略。

2. 促进经济社会和资源环境相协调

规划编制要充分发挥协调作用，正确处理好近期和远期、局部和整体、需要和可能、平常时期和非常时期、经济发展和环境保护等关系。

3. 加强国土空间规划的协调性

强化国家发展规划的统领作用，强化国土空间规划的基础作用。国土空间总体规划要统筹和综合平衡各相关专项领域的空间需求。详细规划要依据批准的国土空间总体规划进行编制和修改。相关专项规划要遵循国土空间总体规划，不得违背总体规划强制性内容，其主要内容要纳入详细规划。

（三）提高空间规划的操作性

1. 重视多视角切入，多目标统筹，增加规划"广度"

国土空间规划涵盖经济、社会伦理、生态环境等许多知识，规划编制实施不能就规划论规划。重视多视角切入，在规划方案的制订中，尽可能地提供多元的设计方案，增强规划的"广度"，使规划思路更加开阔，增强国土空间规划方案的社会接受度，为规划更具有科学性提供基础条件。

2. 加强规划编制中的综合

长期以来，国土空间规划编制实施部门主导，编制活动多为主管部门的内部封闭作业，较少征求采纳其他部门的意见和建议，因此，规划的编制也难以得到其他部门的理解支持，造成国土空间规划编制的科学性和操作性差。因此，国土空间规划编制一定要注重综合协调，在规划编制过程中增强对其他职能部门职权与国土空间规划之间关系的研究，调动其他部门的积极性。

3. 提高规划成果的易读性和规划管理的便利性

在规划成果表达上，要着眼于让不同层次的公众看懂、读懂，通过各种手段把规划的主要过程和规划设想彰显在成果体系上，使规划从现状到得出结论的过程，以及规划的措施和方法一目了然。另外，推动规划编制部门和实施部门的良性互动，通过规划编制确认规划实践中的成功经验，并通过实践验证规划的科学性、合理性及可操作性。

（四）重视编制技术创新

规划编制要体现政府转变管理职能的要求，厘清政府管什么和不管什么，确定规划的内容控制什么和引导什么，从而明确规划编什么和不编什么，在保持编制体系技术属性的同时，应加强规划的公共政策属性，使城市规划编制的政策意义大于技术意义；强化规划文件实用性和时效性，提高规划成果的审批效率，消除快速城市化背景下土地利用和空间资源管理配置过程中的不确定性；规划编制成果关键的部分必须借助法律手段确定下来，以强化规划成果的法律效力，促进规划政策目标的实现。城市规划编制技术制度需要以目标价值取向的调整为基本导向，不断趋于完善。同时，城市规划编制技术制度的创新，必须辅以一系列的配套改革，如规划设计单位的体制改革，规划技术标准和准则的修订和调整等。

第二节　国土空间规划审批制度

一、国土空间规划审批制度的现状

（一）城乡规划的审批程序

1. 坚持提级审批

全国城镇体系规划由国务院城乡规划主管部门报国务院审批。省、自治区人民政府组织编制省域城镇体系规划，报国务院审批。直辖市的城市总体规划由直辖市人民政府报国务院审批。省、自治区人民政府所在地的城市以及国务院确定的城市总体规划，由省、自治区人民政府审查同意后，报国务院审批。其他城市的总体规划，由城市人民政府报省、自治区人民政府审批。县人民政府组织编制县人民政府所在地镇的总体规划，报上一级人民政府审批。其他镇的总体规划由镇人民政府组织编制，报上一级人民政府审批。镇人民政府根据镇总体规划的要求，组织编制镇的控制性详细规划，报上一级人民政府审批[1]。

2. 坚持权力机关前置审议

省、自治区、直辖市人民政府组织编制的省域城镇体系规划，城市、县人民政府组织编制的总体规划，在报上一级人民政府审批前，应当先经本级人民代表大会常务委员会审议。镇人民政府组织编制的镇总体规划，应当先经镇人民代表大会审议。村庄规划在报送审批前，应当经村民会议或者村民代表会议讨论同意。规划的组织编制机关报送审批省域城镇体系规划、城市总体规划或者镇总体规划，应当将本级人民代表大会常务委员会组成人员或者镇人民代表大会代表的审议意见和根据审议意见修改规划的情况一并报送[2]。

[1]　中华人民共和国城乡规划法［EB/OL］.（2019-08-07）［2020-08-15］.
[2]　屠李，张超荣.多元利益诉求下的规划审批制度改革［J］.规划师，2013，29（9）：99-103.

3. 坚持行政和立法机关双备案

城市人民政府城乡规划主管部门根据城市总体规划的要求，组织编制城市的控制性详细规划，经本级人民政府批准后，报本级人民代表大会常务委员会和上一级人民政府备案。县人民政府所在地镇的控制性详细规划，由县人民政府城乡规划主管部门根据镇总体规划的要求组织编制，经县人民政府批准后，报本级人民代表大会常务委员会和上一级人民政府备案。

（二）土地利用规划的审批程序

《土地管理法》第二十条规定："土地利用总体规划实行分级审批。省、自治区、直辖市的土地利用总体规划，报国务院批准。省、自治区人民政府所在地的市、人口在一百万以上的城市以及国务院指定的城市的土地利用总体规划，经省、自治区人民政府审查同意后，报国务院批准。本条第二款、第三款规定以外的土地利用总体规划，逐级上报省、自治区、直辖市人民政府批准；其中，乡（镇）土地利用总体规划可以由省级人民政府授权的设区的市、自治州人民政府批准。"《土地利用总体规划管理办法》第二十四条规定："省、市、县级土地利用总体规划大纲经本级人民政府同意后，逐级上报规划审批机关同级的国土资源主管部门审核。土地利用总体规划大纲未通过审核的，有关国土资源主管部门应当根据审核意见修改土地利用总体规划大纲，按照规定程序重新上报审核。"第二十六条第二款规定："跨行政区域的土地利用总体规划由共同的上级人民政府国土资源主管部门会同发展改革等有关部门编制，依照法定权限报批。"

（三）主体功能区规划审批程序

根据《国务院关于编制全国主体功能区规划的意见》（国发〔2007〕21号）规定，主体功能区规划只在国家和省级两个层面编制，国家主体功能区规划报国务院审议，省级主体功能区规划报省（区、市）人民政府审议。

（四）国土空间规划审批程序

《中共中央　国务院关于建立国土空间规划体系并监督实施的若干意见》规定，由自然资源部会同相关部门组织编制，全国国土空间规划由党中央、国务院审定后印发。省级国土空间规划是对全国国土空间规划的落实，经同级人大常委会审议后报国务院审批。需报国务院审批的城市国土空间总体规划，由省级政府报国务院审批。

二、国土空间规划审批制度存在的问题

（一）城乡规划审批存在的主要问题

1. 规划审批程序封闭

虽然城乡规划是国土空间规划体系中开放度、科学论证程度、民主决策度最高的一种空间规划，但其依然摆脱不了封闭决策权的命运，公众参与城乡规划依然停留在成果公示的层面。在计划经济体制下，从城镇总体规划到详细规划，政府可以自上而下地组织城镇建设、设计城镇发展和生活模式，封闭的规划决策系统有其合理性与优越性，但当城乡建设进入城镇化、工业化、信息化时代后，城乡建设开发主体日益多元化，封闭性和主观化的规划审批决策体系实际上造成较大浪费，规划审批工作常常受到市场主体的抵制。

2. 审批体制僵化

近年来，一些地区根据实际发展需求，出现了城镇群规划、区域间协调发展规划、城乡一体化规划和概念规划等新的规划类型，但是由于它们无法在城乡规划编制审批体系中"对号入座"，目前的审批体制使得这些新的规划类型无法获批。

3.审批效率低下

一般情况下，城镇总体规划从编制到审批一般要经过 3 年左右时间，有的甚至长达 9 年。由于没有审查细则的规定，城镇总体规划审查内容的深度、标准难以把握，不同时期内的不同审查主体可能会对同一性质的问题反复提出审查意见，随意性较大，审批效率也很低，造成有的规划刚刚获批又面临修编，有的上版规划期限已过，新版规划还未批下来，极大地影响了规划的时效性[1]。对于城市详细规划，以"一书两证"为核心的规划许可制度，并将其纳入城市规划行政主管部门的职责范围，各省、自治区、直辖市颁布的地方性法规又普遍建立了以建设项目总平方案、工程设计方案审查为核心的规划行政许可实施程序，使"一书两证"的规划管理更具可操作性。但存在的突出问题是：规划审批部门越来越陷于规划具体项目的微观管理之中，疲于应付；而对城镇发展有重要意义的宏观规划管理工作却越来越显得力不从心，作为不力。

（二）土地利用总体规划行政审批存在的问题

①土地利用规划的编制缺少公众的参与，制定的过程不透明、不公开，缺少公众监督，违法批地的现象屡禁不止，进而影响土地利用总体规划的权威性。

②土地利用总体规划与其他规划缺乏有效的衔接配合，从而影响其实施效果。比较典型的如土地利用规划与城市规划之间的关系，经常出现两者矛盾冲突的情形。与其他专项规划之间，理论上土地利用规划应当作为其他规划的基础依据，其他专业规划不得违反土地利用总体规划。但因实施周期、相互之间缺乏有效沟通、人员专业素质不同等而相互之间难以实现有效衔接。

---

[1]　官大雨.国家审批要求下的城市总体规划编制——中规院近时期承担国家审批城市总体规划"审批意见"的解读[J].城市规划，2010，34（6）：36-45.

③土地利用总体规划还存在轻易被改动的问题，权威性、稳定性不足，土地利用规划审批程序没有发挥应有的监督管理作用[1]。

三、国土空间规划审批制度的完善

（一）国土空间规划审批权制度化

科学划分国土空间规划的审批权限，不仅能够保障国土空间规划实施，实现国土资源集约高效利用、国土空间合理布局及经济社会可持续发展，而且可以促进国土空间规划管理权规范运行，保障国土空间规划行政相对人权利。因此，必须科学配置国土空间规划审批权。第一，省、自治区、直辖市的国土空间规划，报国务院批准。省、自治区人民政府所在地的市、人口在一百万以上的城市以及国务院指定的城市的国土空间规划，经省、自治区人民政府审查同意后，报国务院批准。其他国土空间规划，逐级上报省、自治区、直辖市人民政府批准。第二，经国务院批准的大型能源、交通、水利等基础设施建设用地，需要改变国土体规划的，根据国务院的批准文件修改国土空间规划。经省、自治区、直辖市人民政府批准的能源、交通、水利等基础设施建设用地，需要改变国土空间规划的，属于省级人民政府批准权限的，根据省级人民政府的相关文件修改国土空间规划。

（二）明确国土空间规划审查的原则和重点

1.国土空间规划审查的原则

①合法原则。空间规划审批是一项重要的行政权力，直接涉及政府、开发商、普通公民和其他利益主体的权益，关系政府国土空间开发建设保护职能的转变和经济、社会、环境的可持续发展。因此，城国土空间规划审批制度的建立须严格遵守依法行政要求，符合法定权

[1]　赵国.我国土地行政审批制度改革问题与建议［J］.产权法治研究，2017（2）：242-253.

限和法定程序。此外，围绕规划审批制度的方方面面进一步完善相关法律法规也很重要，如空间规划委员会制度的法定化。

②合理原则。空间规划审批制度的建立应有利于国土空间集约高效开发利用、生态环境保护、国土空间开发利用权益保护和国土空间治理能力的提升，凡是能通过市场机制解决的问题，应当由市场机制解决；通过市场机制难以解决，但通过公正、规范的中介组织、行业自律能够解决的，应当通过中介组织、行业自律解决。例如，规划方案审查的技术性审查工作除了专家审查，应该也可以交由技术过硬的中介机构完成。这符合建设社会主义市场经济和转变政府职能的要求，也有利于减轻政府负担、提高政府效能。

③效能原则。国土空间规划审批制度的制定要严格遵循效能原则，合理划分和调整规划行政主管部门内部以及与其他部门之间的审批职能，简化程序、减少环节。同时，不再将消防、抗震、环保及防疫等部门意见前置于空间规划审批过程，而是集中精力审查规划内容，变"串联审批"为"并联审批"，提高审批效率，提高规划管理部门的服务质量。

④责任原则。"政府在获得人民直接或间接授权的同时，也承担了相应的责任"[1]，空间规划审批制度应按照"谁审批、谁负责"的原则，《城乡规划法》《土地管理法》《行政许可法》及相关法律法规在赋予规划行政主管部门行政审批权时，也规定了其相应的责任，尤其是规划审批后实施有效监督的相关责任。对于不按照审批条件、程序实施规划审批甚至越权审批、滥用职权、徇私舞弊，以及对被许可人不依法履行监督责任或监督不力、对违法行为不查处的，规划行政主管部门的领导和直接责任人员必须承担相应的法律责任。

2.国土空间规划审查的重点内容

①规划编制原则与指导思想及战略定位与规划目标。

②国土空间可持续发展的总体要求。包括城镇化目标和战略，城

---

[1] 金太军.公共行政的民主和责任取向析论［J］.天津社会科学，2000（5）：9-14

镇化发展质量目标及相关指标，城镇化途径和相应的城镇协调发展政策和策略；城乡统筹发展目标、城乡结构变化趋势和规划策略。

③资源利用与资源生态环境保护的目标、要求和措施。包括土地资源、水资源、能源等的合理利用与保护，历史文化遗产的保护，地域传统文化特色的体现，生态环境保护。

④土地利用结构、规模、布局和时序；城乡空间和规模控制要求。包括中心城市等级体系和空间布局；需要从区域层面重点协调、引导地区的定位及协调、引导措施；优化农村居民点布局的目标、原则和规划要求。

⑤与城乡空间布局相协调的区域综合交通体系。包括综合交通发展目标、策略及综合交通设施与城乡空间布局协调的原则，综合交通网络和重要交通设施布局，综合交通枢纽城市及其规划要求。

⑥城乡基础设施支撑体系。包括统筹城乡的区域重大基础设施和公共设施布局原则及规划要求，中心镇基础设施和基本公共设施的配置要求；农村居民点建设和环境综合整治的总体要求；综合防灾与重大公共安全保障体系的规划要求等。

⑦空间开发管制要求。包括限制建设区、禁止建设区的区位和范围，提出管制要求和实现空间管制的措施，为省域内各市（县）在城市总体规划中划定"四线"等规划控制线提供依据。

⑧耕地保有量、基本农田保护面积、建设用地规模和土地整理复垦开发安排等。

⑨土地利用结构、布局和节约集约用地的优化方案。

⑩土地利用的差别化政策。

3. 审查评价的依据和要求

首先，国土空间规划审批机关在审批国土空间规划时要依据现行法律、法规及相关规范；国家有关土地利用和管理的各项方针、政策；上级国土空间规划、主体功能规划及土地利用等相关规划；其他可以依据的基础调查资料等。其次，重点分析评价现行国土空间规划的规划实施情况，明确规划编制原则、重点和应当解决的主要问题；土地资源、水资源、能源、生态环境承载能力等城镇发展支撑条件和制约因素，提出城镇化进程中重要资源、能源合理利用与保护、生态环境保护和防灾减灾的要求；经济社会发展目标和产业发展趋势、城乡人口流动和人口分布趋势、省域内城镇化和城镇发展的区域差异等影响规划区经济社会发展的主要因素，提出城镇化的目标、任务及要求。最后，按照城乡区域全面协调可持续发展的要求，审查经济社会发展与人口资源环境条件，提出优化城乡空间格局的规划要求，包括优化省域城乡空间布局、优化城乡居民点体系和优化农村居民点布局的要求；审查资源、生态环境和省域城乡空间布局，研究提出适宜建设区、限制建设区、禁止建设区的划定原则和划定依据，明确限制建设区、禁止建设区的基本类型。

（三）规范国土空间规划审批程序

1. 明确国土空间规划审批流程

第一，地方政府在拟编制国土空间规划之前，应就原规划执行情况、修编的理由、范围，书面报告规划审批机关，经规划审批机关同意后，方可编制规划。第二，组织编制国土空间规划纲要，并提请审查。第三，依据国务院国土空间规划主管部门或者省、自治区、直辖市国土空间规划主管部门提出的审查意见，组织编制本级国土空间规划。第四，国土空间规划报送审批前，须经本级人民代表大会常务委员会审议，规划制定主体应当把规划文本、专家审查意见和行政审批文件一并报送。第五，组织编制部门还应当依法将国土空间规划草案予以公告，采取论证会、听证会或者其他方式征求专家和公众的意见，并在报送审批的材料中附具意见采纳情况及理由。第六，规划上报审批机关后，由审批机关授权有关国土空间规划主管部门负责组织相关部门和专家进行审查。在审批机关审批规划时，有关部门及专家组的审查意见将作为重要的参考依据。

2. 强化规划权威，确保国土空间规划的严肃性

①强化规划权威。空间规划一经批复，任何部门和个人不得随意修改、违规变更，防止出现换一届党委和政府更改一次规划。下级国土空间规划要服从上级国土空间规划，相关专项规划、详细规划要服从总体规划；坚持先规划、后实施，不得违反国土空间规划进行各类开发建设活动；坚持"多规合一"，不在国土空间规划体系之外另设其他空间规划。相关专项规划的有关技术标准应与国土空间规划衔接。因国家重大战略调整、重大项目建设或行政区划调整等确需修改规划的，须先经规划审批机关同意后，方可按法定程序进行修改。对国土空间规划编制和实施过程中的违规违纪违法行为，要严肃追究责任。一是规划必须坚持集中统一管理，实行垂直指导，一级政府只能有一个规划管理部门，规划权不得层层下放。二是修改国土空间规划和分区规划必须坚持法定程序，重大项目用地调整应提交政府常务会议和本级人大常委会会议集体讨论。严格决策程序，对规划评审委员会讨论的事宜和规划一经确定，必须严格执行，任何单位或人都不能随便更改规划。空间规划涉及《城乡规划法》《土地管理法》《建筑法》《环境保护法》《森林法》《草原法》《风景名胜区条例》的，要按相关法律、法规不折不扣执行。三是建立法定图则，控制性详规一旦通过法律的形式确定下来，就要严格按详规实施，不可随意更改。四是规划实施应接受社会监督，让市民知情，及时纠正规划实施过程中的偏差，维护规划的严肃性和公民的合法权益，防止产生纠纷。

②监督规划实施。依托国土空间基础信息平台，建立健全国土空间规划动态监测评估预警和实施监管机制。上级自然资源主管部门要会同有关部门组织对下级国土空间规划中各类管控边界、约束性指标等管控要求的落实情况进行监督检查，将国土空间规划执行情况纳入

自然资源执法督察内容，对违反规划擅自超越规划进行建设的单体建筑和破坏规划整体布局的行为要及时严肃查处[1]。

（四）深入推进"放管服"改革

（1）以"多规合一"为基础，统筹规划、建设、管理三大环节，推动"多审合一""多证合一"。优化现行建设项目用地（海）预审、规划选址以及建设用地规划许可、建设工程规划许可等审批流程，提高审批效能和监管服务水平[2]。改革规划许可和用地审批，推进"多审合一、多证合一"。合并规划选址和用地预审，合并建设用地规划许可和用地批准，多测整合、多验合一，简化报件审批材料等，进行流程再造。

（2）改革国土空间规划审查报批制度，提高效能，促进国土空间治理体系和治理能力现代化。一是报请国务院同意，减少报国务院审批城市数量，除直辖市、计划单列市、省会城市及国务院指定城市的规划由国务院审批外，其他城市均由省级政府审批。二是压减审批内容，按照权责一致原则，国家层面主要负责对国家需要管控的内容进行审查，包括：规划的目标定位，生态保护红线、永久基本农田、城镇开发边界等控制线的划定与落实以及体现区域特色的自然历史文化保护体系，建设用地规模、开发强度、用水总量和强度、基础设施和公共服务设施以及公共空间等主要控制性指标，城市、区域间的空间格局及相邻关系等，以及其他由地方负责审查。三是大幅缩短审批时间，将审查时间由过去 3 年甚至更长时间，压缩到半年左右[3]。

---

［1］　鲁春阳，高新盈，周长军，等．土地利用总体规划修编中存在的问题与对策分析［J］．安徽农业科学，2006, 34（24）：6557-6558.

［2］　《中共中央国务院关于建立国土空间规划体系并监督实施的若干意见》［EB/OL］．（2019-05-23）［2020-09-15］．

［3］　新闻办就改革规划许可、用地审批和国土空间规划审查报批制度等举行发布会［EB/OL］．（2019-09-20）［2020-04-25］．

第三节　国土空间用途管制制度

土地用途管制制度是国家为合理开发利用国土空间资源的合理利用，促进经济、社会和环境可持续发展，通过编制国土空间规划明确土地的用途和使用条件，要求土地所有者、利用者和管理者严格按照规划确定的用途和条件开发利用土地的制度[1]。国土空间用途管制制度始于19世纪末的西欧和北美，其设立是为了解决城镇化快速发展中"土地利用负外部性和公共用地短缺等问题"[2]。最早土地用途管制制度内容较为简单，一般把城市规划区内的土地按照使用功能分为商业用地、工业用地和住宅用地，后来土地用途管制发展到明确特定地块土地主要用途后，"以保护自然和人居环境"[3]。土地用途管制的管制措施分为三类：一是明确城市规划区内土地的功能；二是控制建筑的密度和高度；三是"所有新建或维修建筑必须保持与原来的历史风貌一致"[4]。随着国土空间管制目标的日益复杂，西方国家土地用途管制逐渐发展到林地、草原、湿地、荒漠、滩涂等用途管制，用途管制覆盖整个国土空间[5]。

《中共中央关于全面深化改革若干重大问题的决定》提出："健全自然资源资产产权制度和用途管制制度。"《生态文明体制改革总体方案》明确指出："构建以空间规划为基础、以用途管制为主要手段的国土空间开发保护制度。"《中共中央关于制定国民经济和社会发展第十三个五年规划的建议》提出："以市县级行政区为单元，建立由空间规划、用途管制、领导干部自然资源离任审计、差异化绩

[1]　王永红.土地用途管制：悬在土地流转头上的达摩克利斯之剑——违反土地用途管制的土地流转纠纷的法律适用问题探究［J］.广西政法管理干部学院学报，2011（6）：54-58，75.

[2]　MICELI T J. The Economic Theory of Eminent Domain［M］. Cambridge：Cambridge University Press，2011：311.

[3]　文贯中.用途管制要过滤的是市场失灵还是非国有土地的入市权——与陈锡文先生商榷如何破除城乡二元结构［J］.学术月刊，2014，46（8）：5-17.

[4]　王雨潇.土地用途管制与耕地保护及补偿机制研究［D］.武汉：华中农业大学，2010.

[5]　翟洪波，赵中南，张又水，等.森林资源资产用途管制制度改革研究［J］.林业资源管理，2014（6）：16-20.

效考核等构成的空间治理体系。"因此建构完善国土空间用途管制制度，不仅是规制空间资源开发利用、保护生态环境、提升国土空间治理能力和水平等的重要抓手，更是统筹协调空间资源开发利用与生态修复，落实山水林田湖草生命共同体理念，推进生态文明建设的必然要求[1]。

一、我国土地用途管制现状

（一）现行国土空间用途管制制度的主要内容

《土地管理法》第四条规定："国家实行土地用途管制制度。国家编制土地利用总体规划，规定土地用途，将土地分为农用地、建设用地和未利用地。严格限制农用地转为建设用地，控制建设用地总量，对耕地实行特殊保护。使用土地的单位和个人必须严格按照土地利用总体规划确定的用途使用土地。"[2]正式确立了土地规划为基础、以用途分类为核心的新型土地管理模式的确立[3]。土地用途管制的核心是依据国土空间总体规划对土地用途的界定，非经法定审批程序不得变更用地性质，特别是将农用地转变为非农用地。各类用途管制制度均是通过编制资源、空间利用规划或功能区划，划定功能用途区并确定限制开发利用条件，实行用途审批和变更许可。林地用途、水域岸线用途、海域用途等转化为建设用地或者进行项目建设，必须履行严格的用途专用许可，并严格落实林地分级管理和森林面积占补平衡，水功能区划严格分区管理和岸线补偿制度，海域管理实施海洋功能区划制度的规定。

---

[1]　黄贤金，杨达源.山水林田湖生命共同体与自然资源用途管制路径创新[J].上海国土资源，2016，37（3）：1-4.

[2]　中华人民共和国土地管理法［EB/OL］.（2019-09-05）［2020-07-15］.

[3]　王万茂.土地用途管制的实施及其效益的理性分析[J].中国土地科学，1999，13（3）：9-12.

（二）现行土地用途管制的基本手段

根据《土地管理法》《森林法》《水法》《海洋环境保护法》关于国土空间用途管制的规定，我国国土空间用途管制基本采取三种管理措施。一是空间用途变更审核许可制度。征收土地、林地等，利用农业空间进行项目开发建设活动必须遵守相关法律规定，符合国土空间规划和区划要求，各级行政主管部门必须严格依照法定程序审批。二是国土空间有偿使用制度。任何单位和个人使用土地、林地、草原、水域、海域等都应按照法定标准向国家缴纳土地有偿使用费、水资源使用费、海域使用金等。三是空间占用补偿制度。建设项目征占用耕地、林地、草地应按照规定提前预交耕地开垦费、森林植被恢复费、草原植被恢复费及征占用土地补偿安置相关费用等，对耕地、林地等资源实行总量控制、占补平衡。

（三）现行国土空间用途管制的效果

国土空间用途管制的作用在于"合理保护自然资源，严格控制资源无序开发利用，寻求既保护国土空间资源又促进空间资源的合理开发利用，达到国土空间资源优化配置，以实现自然资源可持续利用、生态文明建设的总体目标"[1]。国土空间用途管制的意义在于：一是有效促进了国土空间资源保护和合理开发利用。国土空间用途管制制度实施有利于推进国土空间资源统一确权工作，明确产权主体，落实主体责任，从而促进国土空间资源保护政策和自然资源可持续利用政策落地，推动自然资源合理开发利用。二是有效落实了生态文明建设理念。国土空间用途管制始终把生态经济效益作为制度建构和运行的基本原则，坚持在国土空间资源和生态环境得到周密保护的基础上，推进经济社会和环境的可持续发展，全面体现和贯彻了生态文明理念。三是有效优化自然资源行政管理运行机制。国土空间用途管制

---

[1] 王万茂.土地用途管制的实施及其效益的理性分析[J].中国土地科学，1999，13（3）：9–12.

实施中，高度重视国土空间规划在空间资源优化配置中的重要作用，全面推进"多规合一"工作，有效避免各类规划内容交叉重叠、布局不一致、协调性差等问题，优化自然资源行政管理运行机制[1]。

二、现行国土空间用途管制制度存在的问题

虽然土地用管理制度在保护稀缺耕地资源、维护国家粮食安全方面起到了重大作用[2]，但随着我国经济社会的快速发展和利益主体的多元化，国土空间用途管制实践中，存在诸多违反国土空间用途管制，从事农地非农化建设的违法行为，在一定程度上宣示现行土地用途管制已步入了运行失灵的困境[3]。自1998年《土地管理法》将农用地转用审批权上收至省级人民政府和国务院后，造成农用地转用审批程序更为严格、程序运行成本较高且缺乏效率。实践中，地方政府则采取各种方式规避上级政府审批，因此，"下放审批权至县、市人民政府"[4]成为必然。此外，在现行农用地转用审批程序运行中，因过于关注量化指标，一方面诱发地方政府采取各种规避法律的违法方式获取新增建设用地指标，从而将大量的优质农用地转为建设用地，造成了大量的耕地资源减少[5]；另一方面，虽然通过土地开发整理指标填补了农用地转用指标的需求，即形式上满足了耕地保护数量（即耕地保有量指标）的要求，但却忽视了对优质耕地资源质量和生态价值的保护，无形中增加了社会成本，不符合比例原则[6]。

［1］ 毕云龙，徐小黎，李勇，等.基于成效分析的国土空间用途管制制度建设［J］.中国国土资源经济，2019，32（8）：43-47.

［2］ 孙佑海.《土地管理法》的历史回顾和修改建议［J］.国土资源导刊，2009，6（11）：50-51.

［3］ 郭洁.土地用途管制模式的立法转变［J］.法学研究，2013，35（2）：60-83.

［4］ 陈书荣，陈宇.土地审批制度的供给侧改革：征批分离［J］.中国土地，2016（2）：21-23.

［5］ 胡初枝.农地转用乱象及规范途径［J］.中国土地，2010（5）：47-48.

［6］ 王良健，韩向华，李辉，等.土地供应绩效评估及影响因素的实证研究［J］.中国人口·资源与环境，2014，24（10）：121-128.

（一）未能反映多元利益诉求

作为"法律制定及运用之最高原理的法理念"[1]，不仅是对法之本质、灵魂的一种深刻诠释，再现了法的终极意识，而且是法的生命之所在。因而，法的理念决定着具体的法制度和法规范之展开样态[2]。就违反土地用途管制的现象，严格执行《土地管理法》等法律法规，加大对土地违法行为的处罚力度，从理论上讲应当能够遏制土地违法行为[3]。然而，土地用途管制执法的实际情况却表明，违法用地现象并未得到有效遏制，反而呈现出"有禁无止"愈演愈烈的局面[4]。根本原因在于土地用途管制制度未能反映多元利益诉求，具体而言：一方面，现行土地用途管制的制度设计忽视了对被管制者的利益诉求，难以契合公权与私权协调、公益与私益平衡的基本法理念。一般而言，在我国现行土地用途管制下，农用地权利人只能将承包地用于农业生产而不能从事非农开发建设使用。《民法典》把土地承包经营权定位为用益物权，但农用地权利人却无法从该权利中获得收益，明显有失公平。一是土地用于农业生产和开发建设所带来的市场利润或比较效益相差悬殊[5]，对农用地用途施加限制，却不给予承包经营权人公平补偿，必然造成被管制者抵触抗拒。二是实行土地用途管制的国家，对因土地受到限制而无法开发建设的土地权利人通过"公共地役权"[6]"管制征收补偿"[7]以及"土地发展权交易"[8]

［1］ 刁荣华.中西法律思想论集——管茂［M］.台北：汉林出版社，1984：259.

［2］ 李龙.中国特色社会主义法治体系的理论基础、指导思想和基本构成［J］.中国法学，2015（5）：14-28.

［3］ 程雪阳.中国的土地管理出了什么问题［J］.甘肃行政学院学报，2013（3）：108-122，126.

［4］ 何艳玲.中国土地执法摇摆现象及其解释［J］.法学研究，2013，35（6）：61-72.

［5］ 耿卓.农地三权分置改革中土地经营权的法理反思与制度回应［J］.法学家，2017（5）：13-24，175.

［6］ NANCY A. McLaughlin. Increasing the tax Incentives for conservation easement donations a responsible approach［J］.Ecology Law Quarterly，2004，31（1）：1-115.

［7］ MADELYN M，MARY G，Regulatory Taking Claims in Massachusetts［J］Massachusetts Law Review，1997（2）：246.

［8］ ARI D. Bruening，The TDR Siren Song：The Problems with Transferable Development Rights Programs and How to Fix Them，［J］Journal of Land Use & Environmental Law，2003（2）：423-440.

等给予受损开发利益者公平补偿，已成常态。另一方面，在中央和地方关系上，因现行土地用途管制的制度设计对地方政府独立的利益诉求未作积极回应，[1]地方政府缺乏遵守和执行这一制度的主观意愿。从我国《土地管理法》等规定来看，中央政府和地方政府构成了我国土地用途管制权的行使主体。在二者的权力配置方面，地方政府乃是在中央政府的授权下行使对本区域土地资源实施管理[2]。因此，理论上地方政府应严格按照中央政府设定的目标管理本区域的土地资源，以保护稀缺的耕地资源、维护国家的粮食安全。然而，从实践来看，受"土地财政"等多种因素的影响，将大量农用地转为建设用地从事非农化开发建设，已经成为地方政府发展本地经济的重要方式。尤其是在现有技术条件、土地资源约束以及区域之间竞争日益加剧的背景下，这一方式显得更为明显[3]。就此而言，地方政府具有土地资源经营者与管理者的双重角色。作为经营者，其享有独立的利益诉求。然而，现行土地用途管制的制度设计却忽视了地方政府独立的利益诉求。这是实践中许多地方政府不严格执行甚至直接违反土地用途管制的重要原因。

实际上，自改革开放以来，伴随我国市场经济的不断发展，由市场所催生出的多元化主体具有明显、独立且正当的利益诉求。虽然这些多样化的利益诉求，有的因具备了类型化基础而上升为一项独立的实定法权利[4]；有的尚未转化为实定法权利而仅处于理论上的论证阶段[5]。但一个不争的事实是，借助于法律制度的构建回应这些多元化的利益诉求，已成为各部门法领域的普遍现象。然而，由于受传统计划经济的影响，恪守国家利益本位的土地用途管制，一方面与当

[1] 容志.土地调控中的中央与地方博弈：政策变迁的政治经济学分析[M].北京：中国社会科学出版社，2010：238.

[2] 刘俊，朱小平.国有土地所有权权利行使制度研究[J].江西社会科学，2012，32（2）：147-154.

[3] 孙秀林，周飞舟.土地财政与分税制：一个实证解释[J].中国社会科学，2013（4）：40-59，205.

[4] 孙山.寻找被遗忘的法益[J].法律科学（西北政法大学学报），2011，29（1）：59-70.

[5] 姚建宗.新兴权利论纲[J].法制与社会发展，2010，16（2）：3-15.

下的行政法理论所倡导的"激励性管制"原理相悖[1]，难以实现管制者与被管制者之间的相互配合、相互协作，难以调动被管制者自觉遵守这一制度；另一方面会在一定程度上抑制各类土地市场的顺利发展。

（二）未能很好贯彻生态文明理念

我国现行的国土空间管制关于空间分类较少系统地考虑生态保护问题，土地用途多从经济角度考虑，分类主要基于土地利用现状，对土地适宜性和土地功能，尤其是土地的多宜性和多功能性考虑不足。对城市建设与生态保护缺乏统筹安排，城市建成区存在农用地和公园绿地等具有重要生态功能的土地，如果纳入建设用地管理，既不符土地功能区划要求，也会造成建设用地规模虚高，突破建设用地指标总量控制要求；如果不纳入建设用地管理，对其开发利用又缺少政策支持，涉及违规建设问题。国土空间用途管制目前尚未涵盖山岭等自然生态空间，林地、草地等用途管制制度还有诸多缺漏，部分地区自然资源和生态空间被改变用途或非法征占用现象依然存在，山地等受到开发破坏的现象仍存在。

（三）空间规划交叉重叠影响土地用途管制效果

1.相关国土空间规划对生态空间用途划定存在漏项

由于我国国土空间资源管理部门较多，每个部门都在编制空间规划，各类规范的技术标准、管控深度和边界都不一致，甚至还存在矛盾冲突，各类空间规划内容交叠且用地布局不一致、协调性差[2]。作为规划体系基础的详细规划不够完善，城乡规划体系中的控制性详细规划局限在大城市规划区内，没有覆盖小城镇，诸多规划都涉及自然保护区、风景名胜区，但规划四至范围模糊甚至边界不一致，导致

---

［1］　丰霏.当代中国法律激励的实践样态［J］.法制与社会发展，2015，21（5）：181-191.

［2］　张晓玲.市场经济下的国土空间用途管制［J］.中国地产市场，2014（8）：30-31.

生态空间无法准确定位并实行用途管制。

2. 不同空间规划间存在交叉重叠、保护地界限不明确

目前，我国各类规划对生态、农业空间用途的分类缺乏细化标准，造成了同一空间因分类标准不同存在多个规划用途，各个规划主管部门管理制度存在较大差异，工作职责交叉问题突出、协调难度较大。部分市县实行"多规合一"试点[1]仅是将不同规划放在一起，侧重如何将其表达统一，而并非实质"多规合一"，缺乏针对规划落地的相关配套制度，客观上制约了空间用途管制制度的运行效果。当前，我国虽然建立了较为严格的耕地和林地用途管制制度，但用途管制尚未覆盖国土范围内的草地、湿地、水域、海域、荒地、荒漠、戈壁、冰川、高山冻原、无居民海岛等其他自然生态空间。

（四）空间用途管制存在激励不足和反向激励问题

从制度实效上看，一项制度的执行需要采用多种激励和制约手段，否则制度执行效果会大打折扣。一直以来我国在土地用途管制制度实施上都遵循命令强制手段，很少利用财税、金融等经济手段激励国土空间用途管制的相关主体。譬如农用地用途管制只规定实行最严格的耕地保护政策，但对完成任务者如何激励则没有具体规定。而一些地方政府官员因违法违规占用农用地发展地方经济受到追究和问责时，当地的群众很不理解甚至抵制，他们认为这些官员虽然"违法"但发展了本地的经济。从激励理论来看，我国国土空间用途规制，对严格执行非农用地用途管制政策的地方官员是负激励，而对未违法违规变更土地用途的官员却是正激励。其次，林地、水域、湿地等生态空间确权登记工作尚未完全理顺，客观上影响了自然资源有偿使用制度和生态补偿制度的贯彻实施，并且缺少其他正向激励政策或措施。最后，对违反生态空间用途管制制度，非法占用耕地、林地、草原、水域、海域或擅自改变用途等违规行为所承担的法律责任过低，难以对违法

[1]　祁帆，高延利，贾克敬. 浅析国土空间的用途管制制度改革［J］. 中国土地，2018（2）：30-32.

者产生威慑作用，当然也无法遏制地方政府随意更改规划、变更土地用途等行为。

三、国土空间用途管制的域外经验

（一）完善国土空间用途管制制度体系

①法律体系是市场经济国家规划编制和实施的依据，表现为纵向上不同层级规划有法可依，横向上主干法律、配套法和相关法相互衔接，如德国联邦级有《空间规划法》《州空间规划法》《区域规划法》等。综合性和政策性较强的国土空间规划是进行土地利用结构和布局调整的依据。土地用途管制是土地利用规划的实施手段，控制性较强，具有法律效应。以空间为单元、功能为导向的国土空间规划与以地块为单元、用途为导向的土地利用规划共同构成国土空间管制体系，与此相对应的国土空间开发保护制度与国土空间用途管制制度，共同构成国土空间用途管制制度。

②搭建国土空间基础数据平台，辅助支撑国土空间管制活动。数据是空间规划的基础，数据驱动的评价、分区与优化模型为规划提供科技支撑。例如，美国编制空间规划的大部分州均在规划机构中设立了相关的信息中心，负责规划数据工作。欧盟建立了欧洲空间监测网络，为《欧洲空间发展愿景》（European Spatial Deuelopment Perspectire，ESDP）的实施和监管提供基础。在评价领域，德国建立了中心地等级划分评价指标体系；在优化领域，美国研发了城镇扩展边界模拟等模型；在决策领域，美国建立了指标体系和情景分析等规划辅助决策系统。

（二）实行国土空间分区制度

土地用途管制以分区制度为基础，在此基础上详细划分每一宗地块的使用类型。例如，德国通过市镇村土地利用规划（简称"F 规划"）将城市土地使用类型分为 3 种：用于修建建筑物的土地利用类型、用于不修建建筑物的土地利用类型和其他土地利用类型。然后在此基础上再细分为居住用地、混合用地、产业地域等 10 种使用类型[1]。

（三）进行国土空间分区管制

土地利用分区法律法规不仅明确土地利用方向、目标，对土地开发强度、时序做出具体规定，还对违法违规给予处罚，如德国在地区详细规划（简称"B 规划"）对土地利用的具体方式和有关建筑的限制。

（四）严格国土空间用途许可

为落实法律法规关于土地用途的规定，欧美等国家都制定了严格的土地用途变更许可制度。如日本和韩国政府规定，国土空间规划行政主管部门，对土地利用人提出的变更土地用途的许可申请要进行严格审查。重点审查其使用目的是否正当，是否存在违反土地利用基本法及其他土地利用规划的行为，否则，有权不予批准。美国的土地用途管制最严厉，州法律禁止特定用途土地转为他用，分区管制甚至走向僵化[2]。美国分区制的主要目标是避免私人开发决策带来有害或令人无法接受的负面影响。美国执行的至少有 6 种不同的分区制，包括基本分区、叠加分区、浮动分区、情景分区、奖励分区和特别分区等。

四、完善国土空间用途管制制度的路径

（一）建立覆盖全域的国土空间用途管制制度

①以国土资源环境承载能力评价为依据，综合考虑国土空间开发

---

[1]　汪秀莲，张建平.土地用途分区管制国际比较［J］.中国土地科学，2001，15（4）：16-21.

[2]　顾万禄.实施土地用途管制制度的探讨［J］.国土经济，2002（4）：41-43.

现状、经济社会发展因素，从宏观、中观、微观三个尺度分别划定战略引导区、政策落实区和空间管制区[1]。在宏观尺度上，明确区域发展的重大战略部署，确定国土空间结构、核心区域、重要廊道和节点；在中观尺度上，明确区域发展的功能定位，提出城镇和产业发展、农村和农业发展、生态保护和建设等方面的空间引导措施；在微观尺度上，划定生态保护红线、耕地保护红线和建设开发边界"三线"，落实生产、生活、生态空间开发管制界限，将空间用途管制落实到每一个地块图斑，严禁任意改变用途，实现国土空间开发格局控制和引导。

②适时将土地用途转用制度扩展到各类空间用途，制订完善的各类空间用途之间、同类空间用途内部转用制度，按照"放管服"有关要求，强化规划管控的刚性和计划管理的弹性，探索建立国土空间用途转用许可制度。

③建立生态补偿制度。综合考虑实施国土空间用途管制后，部分空间使用者因生态保护区等因素导致可能无法获得转用时的高额收益，损失了机会成本。需适时建立健全国土空间用途管制补偿机制[2]，通过对森林、湿地、水流等生态空间进行补偿激励，提升生态保护区等直接经济效益较低地区的补偿标准。

（二）实行国土空间用途分类规制管控

1. 完善城镇空间内的土地用途管制规则

以《城市规划编制办法》和《城市、镇控制性详细规划编制审批办法》中城市、镇的土地用途管制规则为基础，按照"三区四线"中划定的城镇空间和城镇开发边界的要求，调整完善城镇空间用途管制规则。

---

[1] 郝庆，孟旭光，强真，等.优化国土空间开发落实空间用途管制：《广西北部湾经济区规划耦合及国土发展空间类型划分研究》成果简介[N].中国国土资源报，2014-05-23（4）.

[2] 夏方舟，杨雨濛，陈昊.基于自由家长制的国土空间用途管制改革探讨[J].中国土地科学，2018，32（8）：23-29.

2. 强化农业空间内的土地用途管制规则

依据现行《市（地）级土地利用总体规划编制规程》《县级土地利用总体规划编制规程》和《乡（镇）土地利用总体规划编制规程》，以土地用途区中基本农田保护区（基本农田集中区）、一般农业区（一般农业发展区）的划定方法和用途管制规则为基础，按照"三区四线"中划定的农业空间和永久基本农田边界的要求，调整完善农业空间用途管制规则。

3. 探索自然生态空间内的土地用途管制规则

结合自然生态空间用途管制试点工作，探索自然生态空间实行分层分级分类管理模式。分层管理即在区域层面制定区域准入条件，明确允许的开发规模、强度以及允许、限制、禁止的产业类型；对每一宗地块的用途转换实施用途转用许可。分级管理即在划定自然生态空间基础上，区分为生态保护红线空间和其他生态空间，对生态保护红线区域实施更严格的保护；分类管理是对耕地、森林、草原、水域、湿地等自然生态空间的开发利用进行管控。

4. 用途管制要以控制用途转变为重点

主要确定允许、限制、禁止的国土空间用途类型和利用强度，尤其是明确禁止用途和限制用途的具体条件，并留出土地利用类型的可选空间和微观布局的调整空间，用以应对未来发展。

（三）严格落实空间管理三条控制线[1]

1. 按照生态功能划定生态保护红线

生态保护红线是指在生态空间范围内具有特殊重要生态功能、必须强制性严格保护的区域。优先将具有重要水源涵养、生物多样性维护、水土保持、防风固沙、海岸防护等功能的生态功能极重要区域，以及生态极敏感脆弱的水土流失、沙漠化、石漠化、海岸侵蚀等区域

---

[1]　中共中央办公厅 国务院办公厅印发《关于在国土空间规划中统筹划定落实三条控制线的指导意见》[EB/OL].（2019-11-01）[2020-09-10].

划入生态保护红线。其他经评估目前虽然不能确定但具有潜在重要生态价值的区域也划入生态保护红线。对自然保护地进行调整优化，评估调整后的自然保护地应划入生态保护红线；自然保护地发生调整的，生态保护红线相应调整。生态保护红线内，自然保护地核心保护区原则上禁止人为活动，其他区域严格禁止开发性、生产性建设活动，在符合现行法律法规前提下，除国家重大战略项目外，仅允许对生态功能不造成破坏的有限人为活动，主要包括：零星本地居民在不扩大现有建设用地和耕地规模前提下，可修缮生产生活设施，仅保留必需的少量种植、放牧、捕捞、养殖活动；因国家重大能源资源安全需要开展的战略性能源资源勘查，公益性自然资源调查和地质勘查；自然资源、生态环境监测和执法包括水文水资源监测及涉水违法事件的查处等，灾害防治和应急抢险活动；经依法批准进行的非破坏性科学研究观测、标本采集；经依法批准的考古调查发掘和文物保护活动；不破坏生态功能的适度参观旅游和相关的必要公共设施建设；必须且无法避让、符合县级以上国土空间规划的线性基础设施建设、防洪和供水设施建设与运行维护；重要生态修复工程。

2. 按照保质保量要求划定永久基本农田

永久基本农田是为保障国家粮食安全和重要农产品供给，实施永久特殊保护的耕地。依据耕地现状分布，根据耕地质量、粮食作物种植情况、土壤污染状况，在严守耕地红线的基础上，按照一定比例，将达到质量要求的耕地依法划入。已经划定的永久基本农田中存在划定不实、违法占用、严重污染等问题要全面梳理整改，确保永久基本农田面积不减、质量提升、布局稳定。

3. 按照集约适度、绿色发展要求划定城镇开发边界

城镇开发边界是在一定时期内因城镇发展需要，可以集中进行城镇开发建设、以城镇功能为主的区域边界，涉及城市、建制镇以及各类开发区等。城镇开发边界划定以城镇开发建设现状为基础，综合考

虑资源承载能力、人口分布、经济布局、城乡统筹、城镇发展阶段和发展潜力，框定总量，限定容量，防止城镇无序蔓延。科学预留一定比例的留白区，为未来发展预留开发空间。

（四）突破农用地转用审批程序的封闭运行结构

1. 建立地方人大对农用地转用预审批程序

现行农用地转用审批程序下，国务院或者省级人民政府对地方政府（主要是县、市人民政府）报批的农用地转用材料行使审批权时，主要审查的是其是否持有农用地转用指标，如果地方政府持有符合规划和计划所分配的农用地转用指标，那么获得农用地转用审批是当然的。在此情形下，行政机关内部上下级之间行政审批所带来的信息封闭，使得这一程序内部存在违法现象，从而导致农用地被转为建设用地。因此，建立地方人大对农用地转用的预审批程序，有助于规范行政机关的权力行使；亦符合我国宪法关于权力机关"审查和决定地方的经济建设、文化建设和公共事业建设的计划"的规定。

2. 建立农用地权利人意见表达机制

将农用地转为建设用地，不仅造成耕地资源的减少、影响国家的粮食安全，而且对农用地权利人的农地经营权也会带来相应的影响[1]。因此，建立拟转用农用地权利人的意见表达机制，充分利用各种途径，为农用地权利人提供表达意见的机会，打破农用地转用程序的封闭状态，不仅是落实农地权利人的知情权[2]、推动农用地转用审批程序正当性建设的内在要求，而且有助于审批机关综合权衡各种因素，从而作出是否转用的决定。

［1］ 高圣平.承包土地的经营权抵押规则之构建：兼评重庆城乡统筹综合配套改革试点模式［J］.法商研究，2016，33（1）：3-12.

［2］ 邹爱华.土地征收中的被征收人知情权保护［J］.法律科学（西北政法大学学报），2012，30（6）：118-130.

第四节 国土征收制度

一、土地征收的概念、特征

由于土地本身的稀缺性、国家经济社会发展对用地需求的加大及土地的不可移动性和特定性，对土地征收是当今世界各国普遍采用的一种行政行为。土地征收作为对私权财产权的最严厉制约，美国称为"最高土地权的行使"，英国称为"强制购买"或"强制取得"，日本称为"土地收用"，德国、法国称为"土地征收"。土地征收是世界各国政府取得土地的常用办法，但在土地私有制国家，征收土地的含义与我国有所不同，即表现为一种强制购买权，只有在正常收买无法取得土地时再动用征收权。土地征收具有如下特点。

（一）公共利益性

公共利益需要是土地征收正当化的基础，也是土地征收的唯一基础。第一，征收的公益性是现代国家土地征收的法定条件，只有为了公共目的可以征收，非公共目的不得动用征收权；第二，必须经过一定的程序，有的还需议会批准；公益范围较为严格：必须是政府投资或政府投资为主的项目，也有一些教会、学校等建设可以征收土地。如法国规定，非经法定程序并给予公平补偿，任何人不得被强制转让其所有权；意大利规定，不得全部或部分地使任何所有权人丧失所有权，但基于公共利益需要，依法宣告征收并且给予合理补偿的情况不在此限。德国《德意志联邦共和国基本法》规定，剥夺所有权只有为了公共福利的目的才能被允许。剥夺所有权只有依照法律或者法律规定进行，而且该法律对损害赔偿的方式和措施有相应规定。该赔偿必须在对公共利益和当事人的利益进行公平衡量之后确定。对损害赔偿的高低有争议时可以向地方法院提起诉讼。

我国法律也规定，对集体土地的征用必须出于为满足公共利益的需要，充分体现公共利益性。

（二）法定性

对集体土地的征用，《土地管理法》第二条第四款规定："国家为了公共利益的需要，可以依法对土地实行征收或者征用并给予补偿。"第四十五条规定：对"军事和外交需要用地的；由政府组织实施的能源、交通、水利、通信、邮政等基础设施建设需要用地的；由政府组织实施的科技、教育、文化、卫生、体育、生态环境和资源保护、防灾减灾、文物保护、社区综合服务、社会福利、市政公用、优抚安置、英烈保护等公共事业需要用地的；由政府组织实施的扶贫搬迁、保障性安居工程建设需要用地的；在土地利用总体规划确定的城镇建设用地范围内，经省级以上人民政府批准由县级以上地方人民政府组织实施的成片开发建设需要用地的；法律规定为公共利益需要可以征收农民集体所有的土地的其他情形"等确需征收农民集体所有的土地的，可以依法实施征收。

（三）强制性

《土地管理法》第四十七条规定："国家征用土地的，依照法定程序批准后，由县级以上地方人民政府予以公告并组织实施。""拟征收土地的所有权人、使用权人应当在公告规定期限内，持不动产权属证明材料办理补偿登记。"对被征收土地的所有权人、使用权人来说，必须服从行政机关的公告，服从国家需要。行政行为运行本身就是以国家强制力为背景的，因此，在国家建设需要征用集体土地时，国家可以不征得土地所有者同意而依法决定征收。

（四）补偿性

征收土地不是无偿的，应当给予公平、合理的补偿，保障被征地农民原有生活水平不降低、长远生计有保障。但是，这种补偿并非按照市场价格。《土地管理法》第四十八条第一款规定："征收土地应当给予公平、合理的补偿，保障被征地农民原有生活水平不降低、长远生计有保障。"这就为土地征收领域中全面完善补偿制度提供了宪法和法律依据。《国有土地上房屋征收与补偿条例》第二条规定，为了公共利益的需要，征收国有土地上单位、个人的房屋，应当对被征收房屋所有权人（以下称"被征收人"）给予公平补偿。将《宪法》规定的"补偿"发展为"公平补偿"，进一步体现了对私权的尊重和保护。

（五）土地权属的变更性

土地被征收后，由原来的集体所有变为国家所有，国家建设征用集体所有的土地，所有权属于国家，用地单位只享有用益物权。

二、土地征收中的公共利益界定

（一）范围划定

对公共利益的界定一直以来，都是法学界讨论的热点和难点问题。土地征收中，如何科学合理界定公共利益不仅关系经济社会的可持续发展，更关乎公民私权的保护和社会的公平公正。从法理上讲，"公共利益"应当是全体社会成员都可以直接享受的利益。我国的《宪法》《土地管理法》《民法典》对没有关于"公共利益"的解释条款，造成土地征收中"公共利益"泛化，豪华大厦、宾馆饭店、别墅区和高尔夫球场都可以借"公共利益"实行征收。

有人把公共利益限定为：发展公益事业、维护国家安全等。但这样规定仍不清楚，因为在不同领域、不同情形下，公共利益是不同的，情况相当复杂，法律难以对公共利益作出统一的具体界定。我国立法采取了由单行法根据具体情况对公共利益进行列举的立法方式，如《中华人民共和国信托法》第六十条把公益列举为：救济贫困，救助灾民，扶助残疾人，发展教育、科技、文化、艺术、体育事业，发展医疗卫生事业，发展环境保护事业，维护生态环境；发展其他社会公益事业。《国有土地上房屋征收与补偿条例》第八条将公益列举为：国防和外交的需要；由政府组织实施的能源、交通、水利等基础设施建设的需要；由政府组织实施的科技、教育、文化、卫生、体育、环境和资源保护、防灾减灾、文物保护、社会福利、市政公用等公共事业的需要；由政府组织实施的保障性安居工程建设的需要；由政府依照城乡规划法有关规定组织实施的对危房集中、基础设施落后等地段进行旧城区改建的需要；法律、行政法规规定的其他公共利益的需要。但上述法律法规对"公共利益"的列举仍然过于笼统，不好把握。

在这方面，日本的经验值得借鉴，日本1952年的《土地征收法》第三条对公共利益做出详细列举，内容包括35个方面：修建道路、治水设施、防沙设施、倾斜地防止滑坡设施、运河、土地改良设备、石油管线、桥梁、铁路、渔港设施、海岸保全设施、海啸防护设施、机场或航空保安设施、气象观测设施、电气通信和放送设施、消防设施、邮局、学校、图书馆、医疗机关或检疫所、火葬场、死亡牲畜处理设施、废弃物处理设施，公园、墓地、运动场、批发市场、环保设施、水源开发设施，等等。我国应继续对公共利益的范围给予明确界定，以规范政府征收行为和保障公民私权，实现国土资源高效利用、空间规划制度价值、目标。

（二）程序控制

按照法治原则，国家征收公民个人的财产应当通过正当的法律程序。实施土地征收时，必须履行法定程序，否则不得实施。但我国土地管理法对土地的征收程序规定极为笼统和简单，该法第四十七条第一款规定："国家征收土地的，依照法定程序批准后，由县级以上的人民政府予以公告并组织实施"；第四十七条第二款、第三款规定：
"县级以上地方人民政府拟申请征收土地的，应当开展拟征收土地现状调查和社会稳定风险评估，并将征收范围、土地现状、征收目的、补偿标准、安置方式和社会保障等在拟征收土地所在的乡（镇）和村、村民小组范围内公告至少三十日，听取被征地的农村集体经济组织及其成员、村民委员会和其他利害关系人的意见。多数被征地的农村集体经济组织成员认为征地补偿安置方案不符合法律、法规规定的，县级以上地方人民政府应当组织召开听证会，并根据法律、法规的规定和听证会情况修改方案。征地补偿安置方案确定后，有关地方政府应当公告，并听取被征地的集体经济组织及其成员，村民委员会和其他利害关系人的意见。"两款规定的程序只是内部程序，其中第一次是批准程序的附属程序，第二次公告也只是事后程序。征地程序失范情况相当严重，如违反土地征收法定流程、违反程序法规定的时间和空间限定、程序缺乏中立性等。就规范土地征收程序，有学者提出要建立公开、透明的正当程序，确保被征地农民的知情权、参与权、决策权以及司法救济权。这些程序至少应包括：征地用途的审查机制、土地价格的评估机制、制定征地以及补偿方案的权利人参与和协商机制、请求撤销征收机制、征收过程中的监督机制、对政府违法征地的申请中止机制以及政府使用土地出让金的监管机制等。根据当前我国国情，土地征收程序应作如下细化。

①确需征收土地的各项建设活动，应当符合国民经济和社会发展规划、国土总体规划、城乡规划和专项规划。保障性安居工程建设、旧城区改建，应当纳入市、县级国民经济和社会发展年度计划。

②市、县级人民政府作出土地征收决定前，应当按照有关规定进行社会稳定风险评估；土地征收决定涉及被征收人数量较多的，应当经政府常务会议讨论决定。作出土地征收决定前，征收补偿费用应当足额到位、专户存储、专款专用。

③市、县级人民政府作出土地征收决定后应当及时公告。

④土地征收部门应当对房屋征收范围内房屋的权属、区位、用途、建筑面积等情况组织调查登记。调查结果应当在房屋征收范围内向被征收人公布。

⑤土地征收部门拟定征收补偿方案，报市、县级人民政府。市、县级人民政府应当组织有关部门对征收补偿方案进行论证并予以公布，征求公众意见。征求意见期限不得少于 30 日。

⑥市、县级人民政府应当将征求意见情况和根据公众意见修改的情况及时公布。多数被征收人认为征收补偿方案不符合法律法规规定的，市、县级人民政府应当组织由被征收人和公众代表参加的听证会，并根据听证会情况修改方案。

⑦被征收人对市、县级人民政府作出的土地征收决定不服的，可以依法申请行政复议，也可以依法提起行政诉讼。

⑧作出土地征收决定的市、县级人民政府对被征收人给予补偿后，被征收人应当在补偿协议约定或者补偿决定确定的搬迁期限内完成搬迁。任何单位和个人不得采取暴力、威胁或者违反规定中断供水、供热、供气、供电和道路通行等非法方式迫使被征收人搬迁。

三、土地征收的公平补偿

（一）土地征收补偿标准存在的问题

关于征收补偿，2004 年修正的《土地管理法》第四十八条规定："征收土地应当给予公平合理的补偿，保障被征地农民原有生活水平不降低，长远生计有保障。"第二款规定："征收土地应依法及时足额支付土地补偿费、安置补偿费以及农村村民住宅、其他地上附着物和青苗等补偿费用，安排被征地农民的社会保障费用。"第三款、第四款授权省、自治区、直辖市人民政府参照征收耕地的土地补偿费、安置补助费和被征收土地上的附着物和青苗的补偿标准。第六款规定："支付土地补偿费和安置补助费，尚不能使需要安置的农民保持原有生活水平的，经省、自治区、直辖市人民政府批准，可以增加安置补助费。但是，土地补偿费和安置补助费的总和不得超过土地被征收前三年平均年产值的三十倍。"

《土地管理法》按照"原来用途"确定补偿标准，不仅没有考虑到土地的市场价格和"未来用途"（如征收后的土地用途及其收益），也没有考虑到农民失地的直接和间接损失、物价上涨、城镇居住生活成本提高等诸因素，因而不仅不合理，也不公平。另外，《土地管理法》授权省、自治区、直辖市人民政府制定土地征收的补偿标准，实践中省级人民政府很少制定土地征收的补偿标准，而是有行使征地权的县市人民政府来制定补偿标准，使《土地管理法》第四十八条规定的补偿标准一降再降，低补偿标准和不公正的征地程序不仅降低了土地利用效率，导致各类制造业开发区过度扩张；还造成政府部门的"财政幻觉"（Fiscal Illusion）；引起群体性事件[1]。不仅如此，土地征收补偿标准普遍通过政策性文件规定，采取立法形式规定的，不到30%[2]。

（二）土地征收补偿标准修正

关于土地征收补偿标准，国外民法通常规定得较为简单，但都原则性地规定了公共利益的目的和公平补偿的内容，一般按市价予以补偿。针对我国征收土地的补偿标准过低、补偿不到位的问题，侵害群众利益等问题，有学者建议规定为"相应补偿"，还有学者建议规定为"合理补偿""充分补偿"以及"根据市场价格予以补偿"等。笔者认为，不管如何确定标准，《土地管理法》"按原用途补偿"的规定，必须改革。

---

[1] 沈开举.征收、征用与补偿[M].北京：法律出版社，2006：117.
[2] 程洁.土地征收征用中的程序失范与重构[J].法学研究，2006，28（1）：62-78.

1. 要坚持同地同价足额补偿的原则

省、自治区、直辖市政府制定辖区内各市县的征地补偿最低标准时，应结合当地土地资源条件、产值、区位、供求关系和社会经济发展水平等综合因素确定。而当上述改革推进到一定程度后，征地补偿最终过渡到以市场价值为补偿原则。补偿标准制定要以乡镇为单位结合被征地农村村民的生活水平、农业产值、土地区位以及本办法规定的人员安置费用等综合因素确定，报省级人民政府批准后公布执行。

2. 引入用地者和所有者的谈判协商机制

引入谈判和协商机制，可以较好地处理目前征地过程中出现的各种问题和矛盾。地方国土部门避免把因土地征收而产生的所有矛盾集中在自己身上，大大降低国土空间规划管理部门的工作难度。征地单位与被征地农村集体经济组织或者村民委员会应当在不低于本市征地补偿费最低保护标准的基础上，协商签订书面征地补偿安置协议。协议应当包括补偿方式、补偿款金额及支付方式、安置人员数量及安置方式、青苗及土地附着物补偿、违约责任和纠纷处理方式。

3. 设计征地程序与补偿的协调和裁决机制

被征收土地的集体经济组织或者农民对征收土地方案中确定的补偿方案有争议的，或者征地单位与农村集体经济组织或者农民就土地补偿费协商不成的，由所在市、县人民政府协调；协调不成的，由实施征收土地的人民政府或者被征收土地的农村集体经济组织和农民向省、自治区、直辖市人民政府申请裁决。对省、自治区、直辖市人民政府的征收补偿方案裁决有异议的，可以自接到裁决决定之日起十五日内，向人民法院起诉[1]。

---

[1]　李集.土地征收征用法律制度研究［M］.北京：中国政法大学出版社，2008：9.

第五节　国土空间规划可持续发展评估制度

由于国土空间规划对地方经济社会发展的广泛影响性，其对经济社会发展和公众利益影响在相当长的时期内，可能超过某些地方性法规的影响力，加上国土空间规划在实践中存在违反国土空间规划制度正义价值追求，造成代内正义、代际不正义；背离国土空间规划制度效率价值，妨害限制市场自由等问题，但却因为国土空间规划的编制裁定行为是抽象行政行为，不能提起行政复议和行政诉讼。因此对国土空间规划的编制和实施进行全面评估，不仅成为保障国土空间规划的科学性、民主性、合法性和时效性的重要环节，而且成为弥补行政复议和行政诉讼不足，体现落实国土空间规划制度正义、效率和秩序价值必然要求。国土空间规划制定实施中应实行环境影响评估、私权妨害评估和市场影响评估[1]。

一、国土空间规划环境影响评估

（一）环境影响评价（评估）内涵解析

环境影响评价主要是基于区域环境、资源承载力，论证特定区域的功能定位、发展目标、空间结构与布局等的环境合理性。其主要特点是提出特定区域的资源、环境约束条件，国土开发利用等行为的准入条件，其目的是优化国土空间规划。环境影响评价是可持续发展思想在国土空间规划中的具体体现。一般认为，规划环境影响评价按照介入时间可以分为四种：早期介入，即在规划的前期准备时介入；中期介入，即在规划纲要草案或规划编制初期介入；晚期介入，即在规划草案征求意见时介入；后期介入，即规划实施后介入，一般为补充

---

[1]　叶轶，黄锡生.论对行政许可设定中"利益均沾"的规制［J］.北京理工大学学报（社会科学版），2013，15（3）：127-132，154.

的环评，类似于后评估[1]。早期介入中，规划和环境影响评价可以相互融合与整合。舒廷飞等提出城市规划及其环境影响评价在目标与过程两个融合[2]，其实也是环境影响评价早期介入的一种体现。但二者不能相互取代，规划主要是自我约束，环境影响评价是对规划的外在约束[3]。

（二）规划环境影响评估理论的发展历程

规划评估最早源于对城市规划执行情况的评价，主要是通过对城市环境、经济社会发展以及基础设施等变化对方案进行系统评价。[4]西方基于规划涉及领域的宽广性、学科知识的集成性，展开对规划评估规律的持续探索，先后形成采纳前评估和采纳后评估[5]、实施前评估和实施后评估[6]等理论。1923年英国就将其规划及政策制定过程细化为：方案可行性研究—确立目标—预估方案—监测实施过程—评估实施后果—反馈评估信息，[7]保证规划制定和实施的严肃性和完整性。实际上，根据规划评估的过程和主要任务可以将规划分为三个阶段：第一阶段，针对尚未实施的规划方案进行测试，此种测试属事前行为，又称预估；第二阶段，对规划实施过程中的行为进行"监测"，以便动态修正规划行为与目标发生偏差；第三阶段，规划实施后的"评估"，主要是对规划实施的各种项目予以系统回顾，考核目标实现程度，并对结果进行反馈（图7.1）。[8]

［1］ 刘磊.城市总体规划环境影响评价研究［J］.城市问题，2008（4）：19-24.

［2］ 舒廷飞，霍莉，蒋丙南，等.城市规划与规划环评融合的思考与实践［J］.城市规划学刊，2006（4）：29-34.

［3］ 刘磊.基于可持续发展思想的城市规划探讨［J］.湖南师范大学自然科学学报，2009，32（3）：113-119.

［4］ 吴江，王选华.西方规划评估：理论演化与方法借鉴［J］.城市规划，2013，37（1）：90-96.

［5］ TALEN E. Do plans get implemented? A review of evaluation in planning, J Planlit,1996, 10（3）：248-259.

［6］ HM Treasury. The Green Book: Appraisal and Evaluation in Central Government. 2003.

［7］ CHADWICK G. A System View of Planning［M］. Oxford: Pergamon Press Ltd, 1978.

［8］ BERKE P, KAISER E. Urban Plan Use Planning. Chicago: University of Ilinois Press, 2006: 434-438.

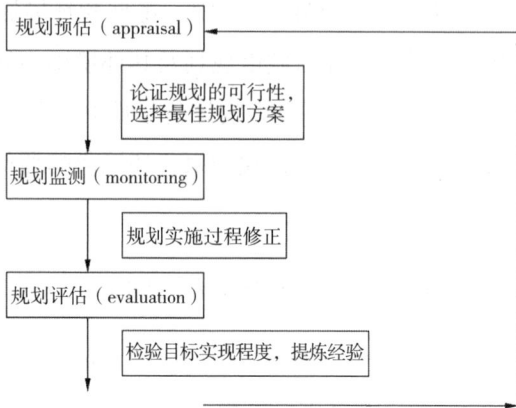

图 7.1　规划评估流程

随着西方规划理念从"蓝图描绘"向"公共政策"转变，规划评估理论依据也从"规划理性"[1]"系统观点"主导转向以"相对优化"代替"最优化"、以"比较满意"代替"完全满意"的"有限理性决策"方向，并在方案的选择中引入反证方法，[2]从而奠定了现代规划理论的基础。现代意义上的规划评估理论遵循两条线索：一是理性规划理论，二是交互规划理论。对于理性规划主要体现规划的工具性，即将社会资源的耗费与规划目标之间建立起相互匹配的关系，采用最经济的方式实现规划目标。"规划理性"的主要实现方法有"成本收益法"（也称规划评估的"第一代"）和"规划平衡表"[3]（称为第二代评估方法），理性规划包括：渐进式规划理论、倡导式规划理论、规划实施理论和战略规划理论等。理性规划理论认识到规划目标并不是都可以量化，需要考虑非量化因素，例如，除经济因素外，还需要考虑政治、社会等其他要素。这种次优的规划评估方法称为"第三代"评估方法。而交互式规划评估称为"第四代"评估方法，其主要任务是将各种主观评价考虑到规划的制定和实施中，并试图建立有效的协调机制推动规

[1]　BREHENY M, HOOPER A. Rationality in Planning: Critical Essays on the Role of Rationality in Urban & Regional Planning [M]. London:Pion limited, 1985: 43-51.

[2]　FALUDI A. The Performance of Spatial Planning [J]. PlanPractRes, 2000, 15（4）: 299-318.

[3]　GUBA E, LINCOLN Y. Fourth Generation Evaluation Sage [M]. London: New burry park, CA Sage, 1993.

划实施[1]。

（三）国土空间规划环境影响评价存在的不足

1. 国土空间规划发展理念落后

由于当前我国干部考评过分强调经济发展指标，各地纷纷围绕GDP 的规模和增长速度展开激烈的竞争，国土空间规划存在忽视环境和资源，片面追求数量、规模和速度等问题。地方政府大力发展地方经济，各类工业园区、经济技术开发区、高新技术开发区、旅游示范区等园区规划较多，这些园区规划的产业基本雷同，存在明显的重复建设问题。另外，我国诸多产业发展规划所确定的规划目标都是要实现跨越式发展，从国内、国际环境看，实现这些目标是没有资源保障的。譬如我国钢铁行业的产能过剩、矿产资源又无法满足钢铁产业发展目标，不得不从国外大量进口铁矿石，而国际市场铁矿石价格报复性上涨，大大增加了我国钢铁产业的生产成本，降低了其产品竞争力。

2. 国土空间规划环境影响评估制度需要完善

我国的规划体系与国外的规划体系是极其不同的，其主要特点以部门或者行业为主，从全国到省（市）、地区（市）、县（市）、乡镇按行政级别层层分解制定、级级审定和同步执行，规划除技术性外，行政性很强。而且，目前国内外土地规划环境影响评价研究成果大多是对其中的个别问题的理论探讨，结合土地利用规划实际内容的理论研究不多，实践研究的案例更少，可以说土地利用规划环境影响评价理论尚未成形、方法尚待完善。针对我国独特的土地利用规划体系内涵的环境影响评价理论方法体系尚处于探索阶段，研究成果非常少。国土空间规划环境影响评价在如下方面需要加强完善。

①国土空间规划的环境影响评价及其经济学分析研究的内容、

---

[1]　DAVOUDI S, EVANS N. The challenge of governance in regional waste planning [J].
Environ Plann C Gov Policy, 2005, 23（4）: 493-517.

范围、程度和体系有待廓清。

②国土空间规划的环境影响机理，环境影响主体、环境影响源、环境影响受体，规划内容及其控制系统与环境之间的作用机制等基础性问题需要做深入的研究和阐释，否则，土地利用规划与其他规划、其他战略的环境影响评价就会没有区别，因而也就失去独特内涵、失去评价的意义。

③国土空间规划环境影响的评价理论和评价方法体系如土地规划环境影响识别理论方法、国土空间规划环境影响预测理论方法、国土空间规划环境影响评价的分析综合理论方法、国土空间规划环境影响评价指标体系构成、国土空间规划的内容体系构成等需要系统研究。

④各种尺度的土地利用规划、土地利用总体规划、土地利用专项规划的环境影响评价内容、评价要求、评价原则、评价方法、评价程度如何都待解决。

⑤国土空间规划环境影响评价的工作方法、工作程序、国土空间规划环境影响评价技术要求、国土空间规划环境影响评价的标准规范、国土空间规划的管理体系等也都需尽快探讨[1]。

（四）国土空间规划环境影响评估的核心内容

环境影响评估的主要内容包括两个方面：资源可持续利用评估和生态安全评估。国土空间规划资源可持续利用评估需要重点检查审视以下几个方面。第一，拟议中的国土空间规划是否影响到人们在自然资源开发、利用及保护等方面的行为？究竟是直接影响还是间接影响？第二，国土空间规划内容和实施手段是否体现了自然资源的有偿使用原则？第三，国土空间规划尤其是地方国土空间规划、区域国土空间规划是否与国家的有关政策和法律法规相抵触？第四，国土空间规划关于国土资源的配置安排是否有利于鼓励提高国土资源的集约高

[1] 周永，汤云.土地利用中环境影响评价探讨[J].现代商贸工业，2009，21（23）：43-44.

效利用。第五，在国土空间规划中是否有鼓励对国土资源的更新、养护的相关制度安排及实施保障机制？国土空间规划生态安全评估需要重点检查审视以下几个方面。第一，国土空间规划是否与国家及生态安全和保护的法律、法规和规章要求相冲突？第二，国土空间规划是否与现行的生态安全相关的法规、规章相协调。国土空间规划实施是否会导致大气和水环境质量下降，或者对其具有潜在的威胁。第三，国土空间规划关于生产力的布局和产业安排是否会导致生态危险增加，超过区域环境容量的承载能力。第四，国土空间规划对相关可能对人体和周围环境的企业、产业的区域布局是否会对该区域居民的身体健康产生危害。是否有相应的环保措施。

二、国土空间规划私权妨害评估

（一）国土空间规划私权妨害评估的理论缘起

公共政策的执行效果取决于政策本身的质量。但在相当多的情况下，政策本身制定得比较理想，如果缺乏必要的用于政策执行的资源和恰当的执行方法，政策执行结果也不能达到政策规定的要求。有效的政策执行依赖于政策执行能力的提高、政策执行方式的改进、政策资源的优化以及建立有效的监控体系。鉴于政策执行常会偏离预期目标，必须对政策执行的全过程进行监督和控制。国土空间规划作为现代国家政府干预、调控市场的重要公共政策，其编制实施后是否以及在多大程度上达到了预期目标，是否实现了空间正义、最小化影响私人利益等的政策目标，还需要通过政策评估来判断。目前，我国也存在诸如市长信箱、人民信访、媒体舆论、网上论坛、专家论证会、研讨会等公共政策评估形式。但由于缺乏有效的评估机制，特别是缺乏具有法律效力的独立第三方进行的外部评估机制，政策评估走形式的现象较为突出，公信力较低、实效较差。因此，作为分配空间利益、协调平衡空间正义的国土空间规划，对其进行私权妨害评估，既有必要也必须。

（二）国土空间规划私权妨害评估的现实依据

当前，国土空间规划特别是城乡规划中的城市控制性详细规划、村镇规划以及自然资源保护规划，存在不同程度限制、妨害私权（主要是财产权）的问题。譬如在城市规划中片面地强调公共利益，甚至是滥用公共利益，编制征地、拆迁规划，使规划区内群众的房屋、土地使用权受到限制。政府通过规划行使土地征用行为和房屋拆迁行为，由于是基于"公益利益"，征地、拆迁补偿基本上是成本价，根本不能体现财产的实际价值，在某种意义上是通过规划剥夺了公民法定财产权利。而地方政府把土地征用后，通过国有土地"招""拍""挂"出让后，土地的价值常常是征收补偿价的十几倍甚至上百倍。国土空间规划实际发挥对城市土地资源、公共福利等的分配职能，对私权的影响甚大。而国土空间规划尤其是城市控制性规划，法律规定是不受司法审查的行政行为，这给行政规划限制、妨害、侵犯私权留下了空间。另外，由于矿产、森林、草原、河流等属于公有（国家和集体所有），有关资源保护开发部门在编制资源保护开发规划时，不能对资源保护规划区内生活和生产的原居民提供很好的保护救济。

（三）国土空间规划私权妨害影响评估内容

国土空间规划私权妨害评估重点评估两个方面：代际公平和公众参与。国土空间规划代际公平的维护问题实质上是对后代人基本权利的维护，这些权利主要是生存发展等经济社会方面的权利，属于私权范畴。

①代际公平评估需要检查审视的内容。第一，国土空间规划是否有对当代人类利益与生态利益、社会影响的衡量？是否涉及未来世代人的利益？是否有对未来世代人类利益予以保护的判断与考虑？第

二，对国土资源的开发利用是否做出后果的计算评价，以及事前的预防损害措施是否拟定？第三，是否有对开发区域环境的生态价值的判断，是否会因我们的喜好而不可逆地剥夺未来世代人类的权利？

②私权维护评估检查审视的重点。第一，国土空间规划是否尽可能有教育公民保护环境、节约资源和能源以及提高公民环境意识的措施？第二，是否有关于公众参与国土空间规划的制度性安排？这些制度规定是否得到切实保障[1]？如何保障户籍利益不受部门利益冲突的危害？

三、国土空间规划市场自由影响评估

（一）国土空间规划市场影响评估缘起

长期以来，我国过分注重国内生产总值，加上我国经济体制改革不彻底，地方政府、经济生产主管部门都在编制本部门、本地区的产业发展规划，这些规划不仅规定了很高的经济增长指标，而且为了确保本部门、本地区规划目标的实现，常常利用本部门、地区的职权对各类资源进行分割，支持鼓励大中型国有企业去圈占、垄断资源和市场，形成部门、地区的行政垄断。由于我国现代企业产权制度尚未完全规范，中央企业、省属企业在一定情况下会体现为作为市场主体的特定优势地位，使民营经济发展受限，造成国有企业的垄断地位，这种情况在一些领域和地方妨害了市场机制的发挥、在一定程度上阻碍了我国经济结构的战略性调整。

（二）国土空间规划市场影响评估的主要内容

国土空间规划市场影响评估包括效益评估和市场自由促进评估。国土空间规划对市场效率的评估要落实在综合效益上。一是国土空间

---

[1]　黄祖辉，汪晖. 城市发展中的土地制度研究［M］. 北京：中国社会科学出版社，2002：101.

规划是否充分关注居民经济福利的提高？是否保障居民的环境福利？二是国土空间规划关于国土资源的配置安排，在追求经济效益的同时，是否对环境效益和社会效益给予同等重视，并把综合效益作为目标？三是国土空间规划是否会对市场机制造成扭曲进而使部分人的福利提高并造成其他人福利的降低？

关于国土空间规划市场自由促进需要关注三点：一是国土空间规划的空间布局和资源配置是否造成不同产业或同一产业内部不同区域的企业的竞争空间和环境不公平，引起部门、产业冲突和产业发展畸形？如果因客观原因无法避免，是否有相应纠正或补救的措施？二是国土空间规划对市场的干预调控是否对产业发展的质量和速度有影响？三是国土空间规划中土地等资源的优先供给等政策安排等是否会引起产业过分集中进而形成垄断，损害消费者利益。

第六节　国土空间综合整治制度

一、国土空间综合整治制度的基本理论

（一）国土整治的含义

关于国土空间整治的概念，学者见智见仁。蔡娟认为，国土开发整治是有针对性地对国土资源、空间环境，按照自然规律与经济规律的要求，运用现代科学技术，对国土空间进行有计划开发与修复活动[1]。刘新卫认为，国土综合整治是人类采取综合措施对低效利用、不合理利用国土进行综合性治理，对已经遭受破坏或潜在受到破坏的国土进行修复性治理，以提高国土空间生产能力和效益的建设活动[2]。《现代地理学辞典》将国土整治定义为"对国土资源的开发、

---

[1]　蔡娟.国土整治的国际化特征与发展趋势［J］.今日湖北（理论版），2007（3）：195-196.

[2]　刘新卫.构建国土综合整治政策体系的思考［J］.中国土地，2015（11）：43-45.

利用、治理、保护以及为此目的而进行的国土空间规划立法和管理。"笔者认为，国土空间综合整治是为协调人与其依存的自然界的关系，促进经济效益、生态效益和社会效益相统一，实现可持续发展，进行的国土的开发、利用、治理和保护等一系列活动。

（二）国土整治的基本特征

①国土空间资源调查评价是国土空间整治的基础。国土空间资源的调查评价是开展国土空间综合整治的基础，只有了解国土的基本情况，才能有针对性地进行国土空间资源开发、利用和治理。

②以完善的法律制度保障国土空间综合整治工作有法可依。国土空间综合整治关系到多方利益主体，要保障国土空间综合整治工作有序进行，国土空间利益主体的权益得到公平对待，必须通过法律调整规制，系统完备的国土空间综合整治法规体系是开展国土空间综合整治的保障。事实上国土空间用途管制效果好，空间治理能力和水平高的国家都高度重视国土空间综合整治的法治建设。譬如日本《六法全书》就收录了126种国土空间整治的相关法规，其中首相负责实施的法律就有40多部，如《国家空间规划法》《国土利用规划法》《首都圈整治法》《近畿圈整治法》《中部圈整治法》等。

③建立高位阶国土空间综合整治的领导机构。国土空间综合整治工作比较成功的国家一般设有专门的高位阶的国土空间综合整治的领导机构，如法国于1963年设立"领土整治与地区行动代表处"（法文缩写为"DATAR"），对内阁总理直接负责。

④根据经济社会发展，适时更新国土空间综合整治的内容。早期的国土空间综合整治以促进区域经济发展为主要目标；随着资源环境问题日益突出，国土空间综合整治必然涉及生态环境、经济和社会等诸多方面，国土空间综合整治的目标从过去侧重经济指标，发展到社会效益、经济效益和环境效益的统一。

二、国外国土空间综合整治的经验及发展趋势

（一）国外国土空间综合整治的经验

1. 高度重视国土空间规划对国土空间综合整治活动的指导和规制

20 世纪 70 年代以来，世界能源结构和经济结构发生了深刻调整，人口和经济日趋向城市聚集，城市化进程加快，但同时城市贫富分化、环境恶化、生态退化等生态环境也日趋突出。面对日益严重的城市生态环境问题，国土空间规划必须从过去重视经济社会发展、生产力布局，转向整治国土空间，建设美好家园、促进社会进步方面。

2. 坚持国土空间均衡发展

为避免城乡、区域差异过大制约整体利益的发挥，进而影响国家整个经济的发展和社会的稳定；同时为了开发落后地区促进新的市场形成，进一步提升国家整体经济水平；国土均衡开发成为欧美国家国土整治与规划的最终目标。

3. 加强国土空间整治立法，为国土空间综合整治行为提供法律保障

譬如，英国的《特别地区法》《工业布局法》、德国的《联邦德国国土规划法》《德意志联邦共和国国土规划法》、日本的《国土综合开发法》、美国的《地区再开发法案》、法国的《国土整治与开发指导法》等。

4. 提高国土空间综合整治制度的针对性和可操作性

西方国家国土空间整治的一项基本经验是既注重国土空间整治法规制度的宏观指导，更注重国土空间整治技术规范和技术导则的立、改、废工作，对国土空间综合整治在确保质的要求的同时，不断强化量的管控，提高国土空间综合整治制度的针对性和可操作性。

（二）国外国土整治的发展趋势

1. 国土空间综合整治目标由经济开发为主转向社会发展为重点

早期的国土空间综合整治大多是着眼于经济发展的规模和效益，对区域全面协调发展考虑不足。以单纯经济发展为目标的国土空间综合整治确实取得了巨大成绩，区域经济发展迅速，但也带来了生态环境恶化、经济社会发展不协调等问题。因此，20 世纪 70 年代中期以来，欧美国家的国土空间整治作出了重大调整，环境和生态恢复和建设成为空间整治的重要内容。譬如日本的第三次全国综合开发计划，就采取了"定居构想"模式进行国土空间规划整治，其核心目标就是保证人民有健康而文明的生活，进一步改善居住圈生态人文环境。

2. 国土空间综合整治内容从单一走向经济社会生态环境综合

早期国土整治多是生产部门的单项资源开发和项目建设活动。20 世纪 70 年代以后，国土整治开始向开发、利用、治理、保护的综合整治，促进工业、农业、旅游业等多方面的综合发展。同时，欧美等国家普遍建立起全国性的高位阶的国土空间整治工作领导机构，统筹全局，进行多部门的综合开发和国土资源的综合治理。

3. 国土空间整治的区域从先进地区向开发落后地区有序推进

早期国土空间整治多利用先进地区的区位与资源优势，采取优惠政策，吸引各类企业优先进行开发。造成先进地区和落后地区差距不断扩大；先进地区生产与人口过于集中，造成资源匮乏、交通拥挤、环境污染严重等许多新问题。20 世纪 70 年代以后，各国为更好地促进资源的合理利用，缩小地区经济社会发展差距，有效地控制先进地区或大城市盲目增长，把空间开发整治的重点转向开发落后地区。

4. 国土空间整治从短期规划向中长期转变

日本的"七全综"、苏联的"西伯利亚计划"等都是以 20 年左右为计划目标。德国巴符州国土空间整治和发展规划把空间规划和经济结构转变和环境保护密切结合，自然景观保护、环境保护在各个州发展规划中越来越受到重视，自然界的生态良性循环和自然要素的长期利用能力等，成为国土空间发展和综合整治的主要目标之一。

5. 国土空间整治的服务对象从经济发展向区域协调发展转变

早期的国土空间开发整治多是经济计划的附属物，是以经济发展主导的特定地区的开发整治。无法更好地发挥地区优势，也不能全面地推进国土空间整治工作。20 世纪 70 年代以后，各国都是以国土整治规划为基础制定经济社会综合发展计划。日本的"七全综"是一切计划的基础，规定了经济发展的基本方针，成为各生产部门制定本部门的经济发展计划的基本依据[1]。

三、国土空间综合整治制度存在的问题

（一）未能充分考虑生态环境问题

1. 国土空间综合整治对生态缺乏系统考虑

但目前具体实践中，国土空间整治相关工作分散在多部门开展，更多的是工程项目或灾害治理等任务，较少考虑整个生态系统的功能，很多整治活动与自然生态系统和自然规律也存在不协调之处，较少在理论逻辑层面解读国土综合整治的本质和功能。

2. 国土空间综合整治缺乏对生态系统服务作用机制与集成的综合评估

国土综合整治影响的生态系统服务中，既包括以粮食、燃料纤维等为主的供给服务，也包括土壤保持、空气净化等调节服务，以及美学价值和娱乐等文化服务[2]，但是前述三种服务有时是矛盾和对立的。我们在进行国土空间综合整治中，不仅肩负增加耕地数量、协调

---

［1］ 蔡娟.国土整治的国际化特征与发展趋势［J］.今日湖北（理论版），2007（3）：195-196.
［2］ 王军.关于国土综合整治服务生态系统的思考［J］.中国土地，2018（7）：33-35.

区域发展和增加农民收入等任务，还要考虑生态环境的服务功能，只有科学合理地集成评估促进区域生态系统服务的优化，进而调控国土综合整治的时空布局，才能实现提供更多优质生态产品和优美的生态环境。但目前国土空间综合整治没有很好地对生态服务作用机制和集成做系统综合分析。

3. 国土空间综合整治中生态管理工作相对滞后

生态系统管理强调生态的完整性、综合性和统一性，这要求在国土空间综合整治中必须从生态的整体性和综合性出发，从行政区域向流域系统管理的转变，坚持生命系统与非生命系统的统一管理，把人类活动纳入生态系统协调管理。但由于我国国土空间综合整治实行"条块分割"，国土空间整治具体工作分散在相关行政部门，造成空间整治目标不一、技术规范差异明显，国土综合整治未能体现生态系统综合管理要求。比如国土资源、生态保护法律中的综合生态系统管理理念或原则还不明确，缺乏生态系统管理制度，如缺乏生态破坏的恢复与重建制度、生态审计制度等。

（二）综合整治面临生态安全问题

1. 生态空间遭受持续威胁

城镇化、工业化、基础设施建设、农业开垦等开发建设活动占用生态空间；生态空间破碎化加剧，交通基础设施建设、河流水电水资源开发和工矿开发建设，直接割裂生物生境的整体性和连通性；生态破坏事件时有发生。

2. 生态系统质量和服务功能低

低质量生态系统分布广，森林、灌丛、草地生态系统质量为低差等级的面积比例分别高达 43.7%、60.3%、68.2%。全国土壤侵蚀、土地沙化等问题突出，城镇地区生态产品供给不足，绿地面积小而散，水系人工化严重，生态系统缓解城市热岛效应和净化空气的作用十分有限。

3. 生物多样性加速下降的总体趋势尚未得到有效遏制[1]

我国高等植物的受威胁比例达 11%，特有高等植物受威胁比例高达 65.4%，脊椎动物受威胁比例达 21.4%；遗传资源丧失和流失严重，60%~70% 的野生稻分布点已经消失；外来入侵物种危害严重，常年大面积发生危害的超过 100 种。

（三）国土空间开发格局总体欠佳

1. 人口、资源、产业和经济的空间布局不协调

改革开放 40 多年来，我国的资金、技术、人口、产业高度集中在东部沿海、环渤海等城镇化水平高度发达的中心城市，而支撑产业和经济发展的资源多集在中西部地区，特别是偏远山区，这就造成市场消费地和资源富集的错位，客观上造成资源能源长距离调运和产品、劳动力的跨区域流动，经济运行成本、社会稳定和生态环境风险加大。

2. 城镇、农业、生态空间结构性矛盾凸显

随着城镇化的加速，建设用地的需求必然大幅度提升，客观上会挤压农业和生态用地空间，增加城镇、农业和生态空间矛盾。

3. 部分地区国土开发强度与资源环境承载能力不匹配

国土存在开发过度和开发不足并存的现象，京津冀、长江三角洲、珠江三角洲、成渝等经济圈国土空间开发强度已达上限，中西部一些生态禀赋较好的地区明显开发不足。

4. 国土空间开发重陆地轻海洋

沿海部分地区空间开发布局与海洋主体功能区规划不相适应，围填海规模增长较快、利用粗放，可供开发的海岸线和近岸海域资源日益匮乏，涉海行业用海矛盾突出，渔业资源和生态环境损害严重[2]。

［1］ 国家环保部印发《全国生态保护"十三五"规划纲要》［J］.建设科技，2016（21）：6.
［2］ 国务院.国务院关于印发全国国土规划纲要（2016—2030 年）的通知：国发〔2017〕3 号［EB/OL］.（2017-02-04）［2020-08-15］.

四、国土空间综合整治制度建构的路径

（一）明确国土空间综合整治的基本任务

1. 优化国土空间开发整治格局

促进形成人口产业布局均衡、陆海空间开发适度、城乡结构布局优化的国土空间开发格局，推动构建区域经济优势互补、主体功能定位清晰、国土空间利用高效、人与自然和谐相处的区域开发整治格局。

2. 提升国土空间资源环境承载能力

系统开展山水林田湖等治理，提升低效国土空间资源开发效率，推进重要区域流域环境污染综合治理、转变资源利用方式，提升资源环境承载能力。

3. 巩固国土生态安全屏障

适度增加生态用地，保护和扩大绿地、水域、湿地等生态空间，促进形成以大的水系、大片天然林、大面积湿地、海岸带和有重要保护价值的自然与历史文化遗产区域为基石的国土生态安全战略格局。

4. 有序推进国土空间综合整治

加大城乡土地综合整治力度，及时开展受损土地生态修复和地质环境治理恢复，加快江河流域综合整治及海域环境综合治理进程等。

（二）重视生态系统服务在国土综合整治中的作用

1. 强化生态系统思维，推进"山水林田湖草"综合整治

在国土空间综合整治中，牢固树立"生态系统"思维，有针对性地开展主要城镇化地区、农村地区、重点生态功能区、矿产资源开发集中区及海岸带和海岛地区的整治，加大城市低效用地的再开发、加强高标准农田建设、加快工矿废弃地复垦利用、全面推动退耕还林还草等工作；"分区域实施山水林田湖草综合整治重大工程，协调自然生态系统和经济社会关系，因地制宜恢复生产、生活、生

态和文化功能。"[1]

2. 优化国土空间开发整治格局

对全局发展具有重要意义、问题复合型的地区，优先重点部署国土综合整治重大工程，加快修复国土生态功能，提高国土开发利用效率和质量。

3. 加强国土空间综合整治制度建设，为国土综合整治提供保障

加快研究起草国土综合整治与生态修复的法律法规，从源头和顶层设计上建立生态文明建设的刚性约束。建立完善体现生态系统功能的目标体系、考核办法、奖惩机制；加快建构国土综合整治中的生态补偿机制、构建国土综合整治对生态系统影响的监测预警体系，补充完善体现生态服务功能的空间整治规划设计、施工验收和后期管护等技术标准。

（三）分类施策做好国土空间综合整治[2]

1. 推进形成"四区一带"国土综合整治格局

以主要城市地区、农村地区、重点生态功能区、矿产资源开发集中区及海岸带和海岛地区为重点开展国土综合整治。开展城市低效用地再开发和人居环境综合整治，优化城乡格局，促进节约集约用地，改善人居环境；农村地区实施田水路林村综合整治和高标准农田建设工程，提高耕地质量，持续推进农村人居环境治理，改善农村生产生活条件；生态脆弱和退化严重的重点生态功能区，以自然修复为主，加大封育力度，适度实施生态修复工程，恢复生态系统功能，增强生态产品生产能力；矿产资源开发集中区加强矿山环境治理恢复，建设绿色矿山，开展工矿废弃地复垦利用；海岸带和海岛地区修复受损的生态系统，提升环境质量和生态价值。

[1] 王军.关于国土综合整治服务生态系统的思考[J].中国土地,2018(7):33-35.
[2] 国务院.国务院关于印发全国国土规划纲要（2016—2030年）的通知:国发〔2017〕3号[EB/OL].(2017-02-04)〔2020-08-15〕.

2. 实施城市化地区综合整治

坚持集中成片改造、局部改造、沿街改建相结合，推进城镇建设用地集约利用，保障人居环境安全，确保城区污染场地无害化再利用；依法处置闲置土地，鼓励盘活低效用地，推进工业用地改造升级和集约利用；以大中城市周边区域为重点，分类开展城中村改造，改善生产生活条件，增加建设用地有效供给。严格保护具有历史文化和景观价值的传统建筑，保持城乡特色风貌。加强城市环境综合治理。推进城市大气、水、土壤污染综合治理，完善城镇污水、垃圾处理等环保基础设施。强化重点区域大气污染防治联防联控，严格控制大气污染物排放总量，逐步消除重污染天气，切实改善大气环境质量。推进绿道网络建设，连接城乡绿色空间，形成有利于改善城市生态环境质量的生态缓冲地带。发展立体绿化，加快公园绿地建设，完善居住区绿化。强化城市山体、水体、湿地、废弃地等生态修复，构建城市现代化水网体系，建设生态景观廊道。加强地质灾害综合防治，实施城市地质安全防治工程，开展地面沉降、地面塌陷和地裂缝治理，修复城市地质环境，保障人民群众生命财产安全。

3. 推进农村土地综合整治

以耕地面积不减少和质量有提高、建设用地总量减少、农村生产生活条件和生态环境改善为目标，按照政府主导、整合资金、维护权益的要求，整体推进田水路林村综合整治，规范开展城乡建设用地增减挂钩。加强乡村土地利用规划管控。全面推进各类低效农用地整治，调整优化农村居民点用地布局，加快"空心村"整治和危旧房改造，完善农村基础设施与公共服务设施。稳步推进美丽乡村建设，保护自然人文景观及生态环境和特色景观，传承乡村文化。推进高标准农田建设。大规模建设高标准农田，整合完善建设规划，统一建设标准、监管考核和上图入库。统筹各类农田建设资金，做好项目衔接配套，形成工作合力。实施土壤污染防治行动，开展土壤污染调查，掌握土壤环境质量状况。对农用地实施分类管理，保障农业生产环境安全。对建设用地实施准入管理，防范人居环境风险。强化未污染土壤保护，严控新增土壤污染，加强污染源监管，开展污染治理与修复，改善区域土壤环境质量。建设土壤污染综合防治先行区。

4. 加强重点生态功能区综合整治

强化水源涵养功能。实施湿地恢复重大工程，积极推进退耕还湿、退田还湿，采取综合措施，恢复湿地功能。开展水和土壤污染协同防治，综合防治农业面源污染和生产生活用水污染。增强水土保持能力。加强水土流失预防与综合治理，在黄土高原、东北黑土区、西南岩溶区实施以小流域为单元的综合整治，对坡耕地相对集中区、侵蚀沟及崩岗相对密集区实施专项综合整治，最大限度地控制水土流失。结合推进桂黔滇石漠化片区区域发展与脱贫攻坚，实施石漠化综合整治工程，恢复重建岩溶地区生态系统，控制水土流失，遏制石漠化扩展态势。提高防风固沙水平，分类治理沙漠化。加强林草植被保护，对公益林进行有效管护，对退化、沙化草原实施禁牧或围栏封育。在适宜地区推进植树种草，实施工程固沙，开展小流域综合治理。

5. 加快矿产资源开发集中区综合整治

开展矿山地质环境恢复和综合治理，推进历史遗留矿山综合整治，稳步推进工矿废弃地复垦利用。严格落实新建、生产矿山环境治理恢复和土地复垦责任，完善矿山地质环境治理恢复等相关制度，依法制订有关生态保护和恢复治理方案并予以实施，加强矿山废污水和固体废弃物污染治理。加快绿色矿山建设。进一步完善分地区分行业绿色矿山建设标准体系，全面推进绿色矿山建设，在资源相对富集、矿山分布相对集中的地区，建成一批布局合理、集约高效、生态优良、矿地和谐的绿色矿业发展示范区，引领矿业转型升级，实现资源开发利用与区域经济社会发展相协调。

第七节　国土空间规划信息公开制度

一、国土空间规划信息公开的缘起

（一）国土空间规划信息公开是保障知情权的内在要求[1]

知情权、参与权、选择权、监督权是现代法治国家公民的基本权利，这些权利能否得到保障、保障水平的高低，彰显一个国家的文明程度和治理水平，而知情权更是其他权利实现的前提，因为"没有公开性而谈民主制是很可笑的"[2]。国土空间规划利害关系人及公众知情权的实现有赖于空间规划信息及时公开透明，如果空间规划信息不公开不透明，空间规划利害关系人、普通公众对国土空间规划主管部门行为无从知晓，当然不可能参与其中，更谈不上监督和制约。只有全面及时公开国土空间规划信息，才能使国土空间规划利害关系人、社会公众充分了解规划行政行为的具体情况，公民才能真正把握自己的生活，有效行使自己的空间权利，并对社会承担责任。

（二）国土空间规划信息公开是服务型政府建设的需要

在现代民主法治国家，政府权力运行的信息关系社会公共利益和相关利害关系人的利益，公开政府管理服务信息是政府部门的法定职责。作为关涉公众切身和长远利益的信息公开应坚持三个取向。

1. 信息获取主体的广泛性

政府在公开国土空间规划信息时，要在最大范围内向最广大的社会公众公开相关规划信息，而不能对社会公众区别对待。

---

［1］　赵迎辉.地方政府信息公开问题研究［J］.理论学刊，2017（6）：133-140.

［2］　列宁.列宁全集：第22卷［M］.北京：人民出版社，1963：131.

2. 信息获取方式的快捷性

国土空间规划信息在向社会公众公开时，应坚持"以人为本"和"零障碍"，以法律规定程序和形式向社会公众或者规划相对人公开相关信息，最大限度地降低获取空间规划信息的时间成本，使社会公众能够以最快捷的方式获得所需的空间规划信息。

3. 信息获取客体的有效性

这要求国土空间规划部门公开的信息在内容和形式上符合法律法规规定，确保国土空间规划信息的质量，真正满足社会公众的需求[1]。国土空间规划主管部门与相对人和社会公众之间的行为关系是一种服务与合作的关系，规划行政是规划行政主管部门在相对人的参与下所做的一种服务行为。规划行政的目的就是要求人民参与，进而更好地为民服务，而做好这一点，政府信息公开是前提[2]。因此，国土空间规划信息属于《中华人民共和国政府信息公开条例》（以下简称《政府信息公开条例》）规定的攸关民众切身利益的领域，向社会公众提供及时、全面的规划信息，体现了服务、便民、人本和民主的精神[3]。

（三）国土空间规划信息公开是防治腐败必然要求

政府信息公开是确保公权力受到群众监督，预防和遏制腐败的重要渠道；同样，公共信息的缺失，必然造成公权力缺乏监督，政府官员利用信息的不对称进行寻租，从而滋生腐败[4]。因此，必须按照《政府信息公开条例》规定，坚持"公开为原则，不公开为例外"，将政府公权力运行的全过程全面、及时地向社会公众公开，从源头上铲除滋生腐败的土壤。国土空间规划是一项对规划区域内甚至整个国家经

---

[1] 蒋冠.论服务型政府背景下政府信息公开的目标取向[J].图书馆学研究，2010（3）：75-78.

[2] 王勇.政府信息公开的现代属性[J].理论视野，2008（11）：47-49.

[3] 莫于川.政府信息公开法制若干问题再思考[J].行政论坛，2009，16（6）：58-62.

[4] 斯蒂格利茨，宋华琳.自由、知情权和公共话语：透明化在公共生活中的作用[J].环球法律评论，2002，24（3）：263-273.

济社会发展、企事业单位发展权利和普通公民人身、财产等权利产生深远影响的重大公权力，也是腐败高发多发、人民群众高度关注的领域，及时客观全面地公开国土空间规划信息对防治该领域腐败，推进国土空间规划领域惩治和预防腐败体系建设具有重要意义。

（四）国土空间规划信息公开是空间治理能力提升的基本路径

公开透明既是治理能力法治化和现代化的基本特征，也是打造法治政府、责任政府的重要抓手。法治政府建设应当从限制规范公权力运行入手，其中最关键的是权力公开透明。政府通过公开透明遏制权力恣意，公众通过公开透明行使监督权利，从而确保权力在阳光下运行。没有公开透明，政府和民众之间缺乏有效沟通和良性互动，就难以做到行为规范、运转协调、廉洁高效、诚实守信等，也就不可能有真正意义上治理能力现代化。国土空间治理的法治化和现代化要求，国土空间规划信息必须透明，国土空间规划权力运行必须接受公众监督，确保国土空间规划符合权能科学、权责法定、执法严明、公开公正、廉洁高效、守法诚信的要求，只有如此，国土空间治理能力现代化才能实现。

二、国土空间规划信息公开存在的问题

（一）信息公开内容存在重大瑕疵

①空间规划信息公开比较空泛。一些空间规划主管部门信息公开空有虚名，摆空架子，作秀成分多。部分规划行政部门门户网站公开的信息多是些部门职能职责、相关法律法规、上级及本部门主要领导讲话和日常活动等。

②部分国土空间规划部门公开的信息不客观。一些空间规划信息发布不客观、不准确、不完整，个别部门甚至隐瞒重要规划信息。

③一些规划行政主管部门经常是该公开的不公开，或遮遮掩掩地公开，或成绩公开问题不公开。

（二）空间规划信息公开行为不规范

1. 无正当理由拒绝公开

一些空间规划建设类信息，例如，建设工程规划许可证、建设用地规划许可证、各类总体规划等按规定都应该对公众进行主动公开，但许多规划行政主管部门未做该项工作，从而导致居民从公开途径获取的信息少，只能转向依申请公开的途径。

2. 迟延公开

一些规划部门虽然公开了信息，但信息公开经常迟延。一些规划部门不注重利用网络这种最迅捷的渠道公开规划信息，导致规划信息公开迟缓，影响规划部门的公信力[1]。

（三）监督问责机制存在问题

1. 规划信息公开缺乏有效的反馈和评价机制

由于《政府信息公开条例》对要求主动公开的信息范围规定得比较宽泛，针对一些政府信息特别是动拆迁等与公众利益相关的城市规划建设信息，相关部门怕引起社会过多关注，所以能够不公开的信息都不主动公开。在依申请公开工作方面，由于有些申请公开的信息内容年代久远，该类信息按照现在的标准来看可能存在"瑕疵"，规划主管部门担心该类信息的公开会带来不必要的麻烦，故有时申请者没有准确填写所需规划信息，政府部门也不主动予以提醒纠正或者指导，直接答复信息不存在或是未制作等。归根结底，仍在于在空间规划建设类政府信息公开工作中，信息公开效果的反馈和评价机制不健全，缺乏第三方的评定和公众的监督与约束机制。

---

[1]　杜学文.基层政府信息公开：问题、成因与对策［J］.理论探索，2011（3）：115-117.

2.责任义务不明晰、监督追究未能好好实现

公权力部门是否切实履行法定公开义务，是否合法公正地行使信息公开权，信息公开是否取得实际效果，健全的监督、检查、考评、问责机制是必不可少的，也是根本保证[1]。

（四）相对人权利救济机制问题突出

国土空间规划信息公开涉及两类救济主体：信息公开申请人和拒绝或反对规划行政机关公开相关信息的利害关系人[2]。对于第一类主体信息公开的救济程序，《政府信息公开条例》第五十一条规定："公民、法人或者其他组织认为行政机关在政府信息公开工作中侵犯其合法权益的，可以向上一级行政机关或者政府信息公开工作主管部门投诉、举报，也可以依法申请行政复议或者提起行政诉讼。"对于第二类主体信息公开权利的救济，《政府信息公开条例》第三十二条规定："依申请公开的政府信息公开会损害第三方合法权益的，行政机关应当书面征求第三方的意见。第三方应当自收到征求意见书之日起 15 个工作日内提出意见。第三方逾期未提出意见的，由行政机关依照本条例的规定决定是否公开。第三方不同意公开且有合理理由的，行政机关不予公开。行政机关认为不公开可能对公共利益造成重大影响的，可以决定予以公开，并将决定公开的政府信息内容和理由书面告知第三方。"前述条文虽然能够对空间规划信息申请人和其他利害关系人的权利提供一定的保障，但缺陷也是显而易见的。原因在于：一是《政府信息公开条例》赋予第三方不同意公开否决权是不完整的。《政府信息公开条例》第三十二条虽然规定第三方不同意公开与自己相关信息的权利，但只是程序上的一种保障权，当第三方和空间规划等行政机关意见不统一时，是否公开信息的最终决定权在行政机关，行政机关有权基于公共利益的判断而否决第三方的意见，并公开有关

---

[1]　刘明，刘宝国.基层规划部门信息公开的分析与思考［J］.江苏城市规划，2009（11）：29-32.

[2]　郭庆珠.政府信息公开中第三人权利救济的制度进路思考——以《政府信息公开条例》第一案为引子［J］.浙江工商大学学报，2009（4）：19-25.

的信息。二是空间规划等行政机关在判断是否公开的标准是"公共利益"，当信息公开内容涉及商业秘密、个人隐私时，《政府信息公开条例》只规定行政机关有通知和说明理由的义务，对第三方是否享有救济权利，以及救济的程序、时效无具体规定。

三、国土空间规划信息公开制度完善的基本路径

（一）完善空间规划信息公开配套法律制度

第一，《政府信息公开条例》颁布实施后，自然资源部、住房和城乡建设部等相关空间规划行政主管部门先后制定了有关信息公开的行政规章或规范性文件。尽管如此，在具体操作上仍有不确定性，尤其是空间规划信息公开与信息安全的界限划分难度较大。一方面给基层规划行政部门信息公开增加了困难，另一方面又为前述部门不公开信息提供了方便。因此，应加快修改《中华人民共和国保守国家秘密法》《中华人民共和国保守国家秘密法实施条例》，明确保密信息的具体范围；同时对《中华人民共和国档案法》《中华人民共和国统计法》等法律法规进行修改，使其与《政府信息公开条例》规定相一致。第二，自然资源部、住房和城乡建设部等相关空间规划行政主管部门应抓紧修改与空间规划信息相关的政策及规范性文件。

（二）明确主动公开的空间规划信息的具体内容

1. 空间规划的制度和规章性文件

例如规划建设各类行政法规和规章制度，部门的机构职能、人员配置等。

2. 规划行政的结果性文件

例如建设选址意见书、建设用地规划许可证、建设工程规划许可证、建设工程施工许可证、竣工验收合格证等各类城市规划建设执行结果性文件。

3. 从基层规划部门实际出发的相关内容

例如，现行的空间规划建设各类公示制度中缺乏对规划主动公开予以明确的内容、市区的总体性规划、各区域的控制性详细规划等。通过对空间规划建设公开信息的逐项梳理，形成可供规划工作人员执行的细化条款，对工作实际中确实很难具体界定的，应制订特殊制约条款。

（三）规范空间规划建设类信息公开的具体程序

目前，空间规划建设类信息主动公开工作的程序还比较杂乱，各个部门的做法不一致，主动公开的网站也不协同，公众难以了解从何处获取规划部门主动公开的信息。主动公开的规划信息散落在各部门的政府门户网站上，且公布位置、网站公开栏目与模式也都不统一，无疑增加了居民获取信息的难度。规划行政主管部门的主动公开栏目应能够链接到一个统一的平台，在这个平台上公众能够看到各个部门主动公开的空间规划及相关信息，可以在平台上通过各规划主管部门网页链接直接查阅与该部门相关的空间规划信息，对公众而言能够更简单直接地获取规划信息，对空间规划主管部门而言也能够统一信息公开的栏目和方式，使空间规划信息主动公开程序更为规范。在申请公开方面，建立空间规划信息依申请公开受理及答复统一操作的平台，各部门的依申请公开都在该平台上统一处理。无论公众采用网上申请或是到现场申请都必须在该平台进行操作，若公众在网上申请信息公开，可以直接通过该平台登录并填写信息，若公众选择前往各部门现场申请的，由工作人员手动录入该系统。

（四）加大公众对空间规划信息公开的监督力度

1. 完善空间规划信息公开的考核、检查、报告、监督制度和责任追究制度

空间规划行政主管部门平时的工作得不到社会大众的监督，很容易造成权力滥用，进而侵犯公民权利。这是引发空间规划建设领域群

体事件的真正导因。针对这种情况，要加强空间规划信息公开相关法律法规在广大群众中的宣传与教育，要提高公民的参与意识和监督意识，使其主动维护自己的知情权、参与权和监督权[1]。

2. 落实空间规划信息公开社会评议制度

为进一步完善城市规划建设政府信息公开工作，建议应落实社会评议制度，可以委托第三方机构定期对空间规划信息公开工作进行评议，科学制订社会评议指标和体系，发现各部门在主动公开及依申请公开工作中的不足，并提出有针对性的意见和建议，为改善规划信息公开工作贡献智慧。

3. 重视公众在空间规划建设管理中的诉求表达

空间规划建设类政府信息公开工作中的一个突出问题是许多申请者申请空间规划建设政府信息公开的目的并不仅是获取信息本身，而是希望自己的诉求能够被关注，能够得到解决。规划工作人员耗费大量精力在依申请公开工作上，但其实这些依申请公开只是居民表达诉求的一种方式，这对行政资源是一种浪费。对于空间规划建设领域凸显的动拆迁矛盾问题，建议社区、居委会、街道、房管局、区政府、征收事务所等相关部门畅通反映的渠道，落实受理窗口和工作人员，尽可能将矛盾化解在基层，化解在萌芽状态。

4. 落实空间规划建设管理的全过程公众参与

根据现行的法律规范，在规划编制、规划审批、项目施工建设过程中都必须进行规划建设管理信息的公开，充分听取社会公众的意见和建议。空间规划建设管理部门应重视规划建设管理中的社会公众参与问题，切实落实规划建设管理的全过程信息公开：在规划编制阶段，将规划意图和导向及时公布，以便社会公众了解规划项目的可行性；在规划方案编制阶段，应切实听取周边居民的意见和建议，或以召开座谈会、论证会的形式与居民进行交流沟通和宣传解释；在规划审批

---

[1] 杜学文.基层政府信息公开：问题、成因与对策[J].理论探索，2011（3）：115-117.

阶段，及时向社会公众公布规划信息，以便于社会公众监督。

（五）完善空间规划相对人救济制度

1.完善空间规划信息公开第三方权利的救济程序

①明确规定空间规划第三方反馈信息的时限。《政府信息公开条例》三十二条虽然有相关规定，空间规划等行政机关认为申请公开的政府信息涉及商业秘密、个人隐私，公开后可能损害第三方合法权益的，应当书面征求第三方的意见；却没有对空间规划第三方反馈信息的具体时限作出规定，造成在信息公开实践中，行政部门没有给予第三方合理的答复期限，无法提出充分合理的反对意见，实际上损害了第三方的权益。因此，建议综合考虑第三方搜集证据、提出说明反对公开的理由等必需的时间，以及空间规划行政机关作出信息公开的期限，给予第三方不低于 10 个工作日的提出反对意见的期限。

②规定空间规划行政机关作出涉及第三方利益的公开决定的生效期限。空间规划行政机关在审查第三方反对意见的基础上，应该及时作出被申请信息是否公开的决定。作出不公开的决定，决定不涉及第三方利益，可立即生效。若空间规划行政机关作出公开的决定，因涉及第三方利益，决定不应立即生效，应明确生效期限，以便第三方在这个期限内通过申请复议或提起诉讼进行救济。

③确立"预先禁制令"制度。《政府信息公开条例》虽然规定第三方有权主张不同意公开相关信息，但此否决权只是一种意见表达权，国土空间规划行政机关享有最终决定权，其完全可以以公共利益需要否决当事人而公开相关空间规划信息。因此，为平衡公共利益和私权保护之间关系，可以借鉴美国《情报自由法》的规定，在国土空间规划政府信息公开中引入"预先禁制令"[1]制度。当空间规划行政机关为了公共利益而公开涉及第三方商业秘密、个人隐私的空间规划信

---

[1]　阎桂芳.政府信息公开救济制度研究[J].中国行政管理，2011（5）：30-33.

息时，第三方有权向人民法院提起行政诉讼，在人民法院通过判决阻止空间规划行政机关公开涉及其商业秘密、个人隐私的空间规划信息之前，请求人民法院发出预先禁止命令以维护其合法权益。

2. 建立完善规划信息公开案件审理相关程序制度

①确立不公开审理制度。关于空间规划信息公开案件的行政复议或行政诉讼，其要解决的核心是当事人所申请公开的信息是否涉密的问题，在有权机关做出非涉密认定之前，公之于众显然是不合适的。在第三方提起的反信息公开诉讼中，存在同样的问题。因此，规划信息公开案件的审查、审理应适用不公开审理，同时应明确规定，被申请公开的规划信息在审查阶段不属于申请人、利害关系人所查阅的资料范围。

②确立行政复议、行政诉讼停止执行制度。按照现行《中华人民共和国行政复议法》（以下简称《行政复议法》）、《中华人民共和国行政诉讼法》（以下简称《行政诉讼法》）规定，非有法定理由，申请人或者原告提起复议或者行政诉讼时，受审查行政行为并不停止执行，行政复议或诉讼无法对第三方不同意信息公开的权利起到救济作用。因此，为更好地保护国土空间规划第三方在信息公开中的合法权益，可以在信息公开案件中规定"行政复议、行政诉讼停止执行"原则，或者规定"诉讼不停止执行"[1]原则的例外情形，以平衡公共利益和私权保障之间的关系。

③建立空间规划信息公益诉讼制度。对属于主动公开的规划信息，规划行政机关不依法履行信息公开义务，有无具体公民的人身权利、财产权利等合法权益未受到实质侵犯，无具体行政相对人提起私益诉讼时，应允许适格主体基于公益提起规划信息公开的公益诉讼。

---

[1]　马怀德. 行政法与行政诉讼法 [M]. 北京：中国法制出版社，2000：59.

第八章 国土空间规划监督管理制度

第一节 国土空间规划监督法律基础

一、国土空间规划监督的缘起

（一）公权与私权关系的要求

近代启蒙思想家针对公权与私权的关系有诸多论述，譬如，"不同人之间的自利会产生冲突和对立，理性的人出于和平与安全的需要、基于自利本能的实现而签订了能够提供安全保障的契约"[1]；"人是生而自由的，国家和主权是人民通过协议即社会契约让渡其自身权利的产物"[2]；成立政府是为了维护人们的自由、生存、追求幸福等权利。这些经典言论都在揭示一个真理，国土空间规划权与其他权力一样。国土空间权利是国土空间规划权存在的目的，国土空间规划权必须受到监督。经济学对土地利用私权和规划公权力研究，也为监督国土空间规划权与保障土地利用私权提供了理论依据。"政府管制"论认为，当前的土地开发利用市场不符合完全竞争市场假设，具有异

---

[1] 霍布斯.利维坦［M］.黎思复，黎廷弼，译.北京：商务印书馆，1985：135-138.
[2] 卢梭.社会契约论［M］.何兆武，译.3版.北京：商务印书馆，2003：23-28.

质性、相互依赖性等特性[1]，政府提供信息、供应公共物品、控制外部性、促进公平分配等能有效克服市场缺陷，为规划公权对土地利用私权干预提供了理论基础[2]。但"公共选择"论认为，政府干预市场也会造成决策失误、工作低效率、寻租等问题；"集体行动困境"则造成信息成本、实施成本过高等问题，政府管制存在自身缺陷，其介入市场和干预私权应当以维护公共利益、克服私权使用和市场缺陷为目标。这些理论为监督公权，保障私权从另一个角度提供了理论依据。

一些学者由此进一步探讨了规划理论的基础及其与市场的关系等问题，土地市场中存在的大量不确定性和不必要的交易成本使政府有必要通过规划来提供有效信息、减少不确定性从而降低交易成本、创造和扩大市场[3][4]。自由开发利用土地是公民的天然权利，规划公权力是为解决土地利用私权冲突、维护并实现社会公共利益而由土地利用私权让渡和认可而来的[5]。

（二）国土空间规划权的公权属性使然

1. 权力的扩张本性

公权力运行的实践证明，权力具有天然的扩张性。"对权力永恒的和无止境的追求"[6]是全人类共同的爱好，"一切有权力的人都容易滥用权力，这是万古不变的一条经验。有权力的人们使用权力一直到遇有界限的地方才休止"[7]。按照人民主权原则，国家的一切

---

[1] RUETER F H, KUSHNER P. Economicinc entives for land use control (1977, EPA) [ER/OL].

[2] EVANS A W.Economics & land use planning, Oxford:Blackwell Publishing Ltd, 2004: 13-20.

[3] ALEXANDER E R.A transaction cost theory of planning [J].JAmPlanAssoc, 1992, 58（2）: 190-200.

[4] ALEXANDER E R.A transaction cost theory of land use planning and development control [J]. TownPlanRev, 2001, 72（1）: 45-76.

[5] 于建东, 彭志君.当代中国公权与私权和谐关系的建构 [J].武陵学刊, 2013, 38（2）: 102-107.

[6] 霍布斯.利维坦 [M].黎思复, 黎廷弼, 译.北京：商务印书馆, 1985: 72.

[7] 孟德斯鸠.论法的精神：上下卷 [M].张雁深, 译.北京：商务印书馆, 1961: 151.

权力都属于人民，但权力运行的实践看，其只能授予某些人去行使。行使权力者从法理上讲，其受人民监督、处于从属地位；但在权力运行中，这些行使权力的人却始终处于掌握和运用权力的强势支配地位，而授予其权力的人成为服从权力的受体，处于从属地位，这使得其在使用权力肆意突破合理界限，从而突破公权力行使边界。公共权力的行使者总是对其拥有的权力不满意，有企图通过各种途径和手段跃出权力范围而发展的倾向，把自己当成目的而不是手段，不断追逐自身增值，致使私权受到侵害。

2. 权力的诱惑本性

"当一个公民获得过高的权力时，则滥用权力的可能也就更大"[1]，因为权力能给掌权者带来难以想象的好处，这对权力行使者的诱惑和腐蚀不言而喻。寻租就是权钱、权色、权权交换的集中表现，其反过来又促进了"寻租"的蔓延[2]。寻租行为就是权力诱惑本性的外在推动力，"行政执法人员必然放弃职责，与寻租者相互勾结"[3]。

3. 权力运行的变异本性

公权力"不能不由个别成员来担当"[4]，此特性使得权力在运行中特别容易变异。尽管权力本身具有公共性，但其只能由特定个人来行使，这就不可避免地产生公权私用、权力异化。因为在市场经济条件下，人不再是"未被腐化的"人，都是具有"七情六欲"的普通人。"如果人人都是天使，就不需要任何政府了。如果是天使统治人，就不需要对政府有任何外来的或内在的控制了。"[5]因此，规制监督国土空间规划权是抵御权力扩张的必然选择。

［1］　孟德斯鸠.论法的精神：上下卷［M］.张雁深，译.北京：商务印书馆，1961：14.

［2］　林喆，等.腐败犯罪学研究［M］.北京：北京大学出版社，2002：231–232.

［3］　唐绍均.我国行政执法不严现象的经济分析［J］.行政法学研究，2005（3）：67–71.

［4］　中共中央马克思恩格斯列宁斯大林著作编译局.马克思格斯选集（第三卷）［M］.2版.北京：人民出版社，1995：219.

［5］　中共中央马克思恩格斯列宁斯大林著作编译局.马克思恩格斯选集（第四卷）［M］.2版.北京：人民出版社，1995：93.

（三）国土空间规划权本身的特性决定

1. 规划公权力过于强大

《城乡规划法》《土地管理法》《环境保护法》等法律侧重于授予政府规划权力和方便管理，不太重视对规划公权力的监督制约和对土地利用私权利的保障，造成规划公权力行使往往突破了公益的目的和范围，甚至恣意妄为。当前比较突出的强制征地拆迁、新农村规划建设中的"被上楼"、土地规模经营名义下的强制流转等就是权力恣意的表现。

2. 规划公权力行使不规范

当前国土空间规划编制审批中领导干预过多，规划随着领导变；主要政府官员在规划实施调整中自由裁量权过大，且缺乏监督，极易造成滥用、滋生腐败和不公。

3. 国土空间关系相关权力本身的模糊本性

国土空间规划权从本质上说是公众意愿的公正反映，是维护公共利益和保障公民权利的工具。然而，对何谓"公正"，何谓"公共利益"，至今无法律作出明确界定。《物权法》、《土地管理法》、《中华人民共和国城市房地产管理法》（以下简称《城市房地产管理法》）等法律也均有公共利益优先的原则规定，但对何谓"公共利益"，没有作清晰的界定。

二、预防国土空间规划权异化的基本路径

（一）厘清空间规划权的行使边界

首先，从本质上说，一切公权力都必须以维护和保障人民群众利益为根本出发点，任何政府机关及其工作人员不得做损害人民利益的事，国家权力运用的唯一目的是人民的福利[1]。从来源上说，法律

---

[1]　蔡定剑.国家权力界限论［J］.中国法学，1991（2）：54-61.

是权力来源的唯一途径，"法律之外没有权力"[1]，凡是法律没有明确规定的领域，均不属于公权力的范围；凡是法律未禁止的领域，均属于私人权利的领域，即"私权所至、公权所止"。其次，政府行使权力必须按照法律授权的边界、程序行使权力，不得不作为、慢作为，更不得假作为，即"法无授权不可为，法定权力必须为"。国土空间规划权必须以维护公共利益、增进社会福利，保障国土空间开发利用私权为存在目的，要将规划权限制在宪法和法律规制之下，确保宪法和法律之外无权力，杜绝和惩处任何没有宪法和法律根据的规划权扩张和越权行使[2]。最后，国土空间规划权行使者应当树立正确的权力观，自觉地以内心和道德力量抵制外在的不良诱惑[3]，自觉地严格要求自己增强为国家利益和公共利益服务能力和水平。

（二）强化空间规划权的分权及制衡

权力本身就是客观存在的强大力量，"行使权力具有单方意志性和强制性"[4]。必须有一种与之相当或更加强大的力量来制约和监督，"对于滥用职权的强力的真正纠正办法，就是用强力对付强力。"[5]"以权力制约权力。"[6]以权力制约权力，就是对国土空间规划权进行合理分工，并使各项权力既相互独立又能有效制衡。通过对国土空间规划权的分权和制衡设计，科学界定各类各级规划行政主管部门的权力边界，确保各权力之间保持相互制约平衡，防止其权力越界滥用；确保国土空间规划权是守法的权力[7]。

---

［1］ 孙曙生，刘涛.论行政公共权力的限度及其法律规制——以政府参与房屋拆迁案为对象的考察［J］.国家行政学院学报，2007（1）：82-85.

［2］ 王名扬.英国行政法［M］.北京：中国政法大学出版社，1987：151.

［3］ 郭道晖.道德的权力和以道德约束权力［J］.中外法学，1997，9（4）：21-27.

［4］ 姜明安，皮纯协.行政法学［M］.北京：中共中央党校出版社，2002：65.

［5］ 洛克.政府论：下篇［M］.叶启芳，瞿菊农，译.北京：商务印书馆，2011：95.

［6］ 孟德斯鸠.论法的精神：上下卷［M］.张雁深，译.北京：商务印书馆，1961：154.

［7］ 董云虎.论权力的制约和监督［J］.人权，2006（6）：18-20.

（三）以社会权利制约规划公权力

市民社会是基层群众为维护实现共同体内部利益，按照平等、自愿、协商、民主等原则，就团体共同事务进行多元、协商、共治、共享的一种社会结构和治理形式。"没有市民社会，自由和民主就无法生存和发展"[1]。以社会制约权力是现代民主法治国家，公民、社会、国家多元主体协商共治，实现国家治理现代化的一种基本路径，是将"制约国家权力与保护公众和社会的权利结合起来的一种方式"[2]。原因在于市民社会能起到制衡国家公权力，保障民主和防止权力蜕化；"市民社会保证公民的政治参与和对国家权力的制约，使得国家治理方式由一元格局变为国家与市民社会并存的二元格局，形成良性的国家、社会治理，从而实现善治，达到国家与社会和谐相处"[3]。因此，在国土空间规划行政领域，不断大力加强市民社会的培育，对制约监督国土空间规划权行使具有重要意义。

（四）加强空间规划的监督问责

实践证明，只有建立起以权责对等为原则的官员问责制，才能实现政府权力与责任的均衡性与一致性，才能使官员树立起依法行政的责任意识[4]。但我国目前尚无系统的责任追究的法律制度，《行政诉讼法》、《行政复议法》、《中华人民共和国国家赔偿法》（以下简称《行政赔偿法》）、《中华人民共和国行政许可法》（以下简称《行政许可法》）、《中华人民共和国行政强制法》（以下简称《行政强制法》）、《中华人民共和国行政处罚法》（以下简称《行政处罚法》）对责任追究都比较单一。[5] 由于缺乏统一的法律依据和具体的问责

---

[1] 卢怡诺·佩利卡尼.什么样的社会主义［M］.北京：中央编译出版社，1994：203.

[2] 郭道久."以社会制约权力"：理念、内涵和定位［J］.延安大学学报（社会科学版），2011，33（3）：5-10.

[3] 吕勇.法治理论中国家悖论的法理反思：以市民社会理论为研究视角［J］.理论界，2005（12）：165-166.

[4] 生民.用问责制砥砺官员责任心［N］.南方都市报，2003-07-16（2）.

[5] 孙彩红.责任政府：当代中国政府改革的目标选择［J］.中国行政管理，2004（11）：80-84.

标准，问责制在一些地方和部门容易成为一种摆设。[1]没有明确责任体系的问责制度只会成为一种摆设，为权力斗争和铲除异己增加了新工具。"[2]2018年《中华人民共和国监察法》（以下简称《行政监察法》）通过，成为我国第一部较为系统的问责法律，为尽快落实十九大"建立完善监督体系"的要求，需切实做好如下工作。一是建立完善空间规划决策问责制度体系。建立完善决策专家咨询制度，决策听证、论证制度和公示制度，决策执行跟踪制度，决策效果评价制度、审计制度以及决策问责等制度。二是健全国土空间规划监督程序制度、动力制度、主体制度、执行和赔偿等制度。要使这些制度具有操作性、针对性、关联性，既可单独起作用，又能够构建一个高效协作的系统化网络，做到权责统一、规范有序、民主公开和公平公正。三是健全问责机制，完善监督方式。细化现有空间规划问责法规，增强其操作性；扩大阳光行政，将空间规划公权的行使置于阳光之下；丰富空间规划监督手段，建立覆盖党内监督、权力机关监督、行政机关内部监督、司法机关监督和新闻舆论监督等监督网络，确保监督无死角、监督无"梗阻"。

第二节　国土空间规划行政监督制度

一、土地督察制度

（一）土地督察制度的基本内容

为加强宏观调控，遏制日益严峻的农用地占用形势，2004年中央宣布实行省级以下国土资源行政主管部门垂直管理；完善土地执法监察体制，建立国家土地督察制度，设立国家土地总督察。2006年国务院办公厅正式下发《国务院办公厅关于建立国家土地督察制度有关问

[1]　陈党.行政问责实践中存在的主要问题及解决途径［J］.理论与改革，2016（5）：130-133.
[2]　沈蓓绯.全面提升官员问责制效能的对策研究［J］.理论探讨，2006（3）：162-165.

题的通知》（国办发〔2006〕50号），国务院授权国土资源部代表国务院对各省、自治区、直辖市，以及计划单列市人民政府土地利用和管理情况进行监督检查。设立国家土地总督察1名，由国土资源部部长兼任；兼职副总督察1名，由国土资源部1名副部长兼任；专职副总督察（副部长级）1名。国家土地总督察、副总督察负责组织实施国家土地督察制度。在国土资源部设总督察办公室（正局级）。由国土资源部向地方派出9个国家土地督察局和若干土地督察专员[1]。组成类似于行政系统内的监察机构，却又得到国务院的单独授权的督察组织。

1. 明确职责范围

土地督察机构的主要职责包括：拟定并组织实施国家土地督察工作的具体办法和管理制度；协调国家土地督察局工作人员的派驻工作；指导和监督检查国家土地督察局的工作；协助国土资源部人事部门考核和管理国家土地督察局工作人员；负责与国家土地督察局的日常联系、情况沟通和信息反馈工作。

2. 建立督察机制

一是把督察检查省级及计划单列市人民政府土地利用和管理情况作为土地督察的主线；二是把督察检查省级及计划单列市人民政府耕地保护责任目标落实、中央关于土地政策和宏观调控要求以及土地政策完善情况为土地督察的重点；三是建立完善土地违法违规情况的发现机制；四是合理运用土地督察机构的调查权、审核权、纠正权和建议权；五是建立土地督察工作问责、异地任职、定期交流等制度，为保障土地督察业务开展提供支撑[2]。

3. 授予广泛职权

①检查权。对省级和计划单列市人民政府及其下级政府执行国家

---

[1]　石一连.中俄土地督察制度有何不同？[N].中国国土资源报，2011-09-01（3）.

[2]　国务院.国务院办公厅关于建立国家土地督察制度有关问题的通知：国办发〔2006〕50号[EB/OL].（2006-07-13）〔2019-12-22〕.

土地政策和法律法规、落实耕地保护责任制、土地审批、土地执法、运用土地政策参与宏观调控等土地利用和管理情况进行检查的权力。

②审核权。国家土地督察机构的审核权，是指派驻地方的国家土地督察局，在收到相关上报、批准件后，对依法应报国务院审批和由省级人民政府审批的农用地转用和土地征收事项及批后实施情况进行真实性、合法性审核的权力。

③调查权。一是调查各类线索和情况反映是发现问题的重要渠道；二是调查地方政府土地利用和管理行为、维护公民合法权益、积极回应社会舆论。

④纠正和整改权。对于在专项督察、例行督察、审核督察和日常巡察等监督检查中发现的问题，派驻地方的国家土地督察局应及时向其督察范围内的省级和计划单列市人民政府提出纠正和整改意见。对拒不纠正和整改不力的，由国家土地总督察依照有关规定责令限期整改。整改期间，暂停被责令限期整改地区的农用地转用和土地征收的受理和审批。

⑤报告和通报权。一是向省级和计划单列市人民政府及国土资源管理部门通报涉案问题。二是将涉嫌在土地利用和管理方面违反党纪政纪的责任人进行处理情况通报纪检监察部门。三是将涉嫌在土地利用和管理方面违法犯罪的责任人通报公安、检察等司法机关。四是将区域内或其下属地区土地利用和管理存在的严重和突出问题公示通告，督促相关地方人民政府加强整改。

⑥建议权。一是日常工作建议。对地方政府土地政策法规制定、工作规范程序等方面的问题，提出改进建议。二是问责建议，包括行政问责和法律责任追究。对在土地利用和管理方面违反土地管理规定的有关单位及责任人，向土地执法机关提出行政处罚建议，向监察机关和任免机关提出依法给予处分的建议；对涉嫌犯罪的单位和责任人员，向公安、检察等司法机关移送，依法追究刑事责任；将有关土地

利用和管理问题的线索移交纪检监察、巡视、审计、司法及其他有关部门，建议其进一步核实、处理[1]。

（二）我国土地督察制度存在的问题

1. 土地督察理论研究滞后

土地督察制度实施以来，国内学者在土地督察制度研究上一直围绕土地督察目标、职责权限、督察机制、程序等展开，对土地督察制度实施的总体情况、实施效果、定位等研究不够，对业务、队伍建设和党的建设等方面的实践总结提炼不够，尤其是对核心业务和支撑业务的总结提炼和升华不够，研究缺乏前瞻性，没有与时俱进。但这些研究确实扩大了土地督察制度的影响力，对督察制度实施起到助推作用。

2. 土地督察实践效果不佳

一是现有土地督察业务建设滞后。在例行督察方面，由于各督察局在整改标准及执行尺度等方面存在较大差异，影响了督察的效果；在审核督察方面，土地督察局对省级人民政府进行督察的手段和抓手不多，几无着力点，且督察内容、方式、手段不统一，督察多停留在定期报告上。二是土地督察不适应形势发展需要。土地督察业务仍固化在三大核心业务和三大支撑业务方面，对矿产、森林、草原、海洋等自然资源开发利用、管理和生态保护修复，以及国土空间规划一直未列入督察范围。三是土地督察成果效用发挥有限，直接影响土地督察机构的权威和信誉，在一定程度上讲，督察成果效用如何关系到土地督察制度的存亡[2]。

3. 土地督察的对象过窄，无法遏制土地违法行为

根据《国务院办公厅关于建立国家土地督察制度有关问题的通知》（国办发〔2006〕50号）的规定，土地督察对象是省、自治区、

---

[1]　孙弘. 国家土地督察职权研究［J］. 中国土地, 2011（9）: 46-48.
[2]　卢安烈. 当前实践国家土地督察制度面临的突出问题及对策建议［J］. 国土资源情报, 2013（6）: 7-10.

直辖市以及计划单列市政府。土地督察制度出台的初衷是遏制地方政府违法、违规利用土地行为，解决省级政府对地方政府土地监管查处不力问题。然而，多年土地督察实践证明，土地违法主体越来越出现多样化[1]，市、县和乡镇政府成为土地违法违规利用主力，而对其违法行为的监管只能通过省级政府的督察间接落实。目前土地督察对象也没有将市、县和乡镇政府纳入督察范围，督察效果必然大打折扣。

4. 土地督察机构无具体案件查办权

《国务院办公厅关于建立国家土地督察制度有关问题的通知》（国办发〔2006〕50号）规定：国家土地督察及其办公室的主要职责是：拟定并组织实施国家土地督察工作的具体办法和管理制度；协调国家土地督察局工作人员的派驻工作；指导和监督检查国家土地督察局的工作；协助国土资源部人事部门考核和管理国家土地督察局工作人员；负责与国家土地督察局的日常联系、情况沟通和信息反馈工作。《国务院办公厅关于严格执行有关农村集体建设用地法律和政策的通知》（国办发〔2007〕71号）也作出了相似的规定，派驻地方的土地督察局不改变、不取代地方政府及其土地主管部门的行政管理职权，不直接参与案件的查处，即督察局无查处违法案件的权力，这极大地影响了土地督察的实际效果，也在客观上造成地方土地违法问题频发。

（三）完善国土空间督察制度的路径

1. 建构体现生态文明理念的自然资源督察制度

按照中央国家机构改革关于自然资源"三定方案"的规定，把自然资源部所管理的土地、矿产、森林、草原、海洋等环境和生态因子，全部纳入国土空间督察的范围。实现督察范围从守护耕地红线到守护生态红线、永久基本农田、城镇开发边界三条红线，从维护国家粮食安全到维护国家生态安全、经济安全，从维护人民群众土地权益到维

---

[1]　陈阳.论我国土地督察制度良善化进路：以中央与地方关系为视角［J］.东方法学，2017（2）：154–160.

护全民所有自然资源资产所有者权益，从促进节约集约用地到促进节约集约利用自然资源。实现从过去对耕地资源保护的督察向对整个生命共同体保护的督察转变，将对某些珍稀资源的严格保护与生态系统的恢复和重建结合起来[1]。

2. 转变国土空间督察理念，扩大国土空间督察范围

一是切实转变国土空间监督理念，切实发挥国土空间督察的反馈功能[2]。对国土空间督察要从过去发现、督促空间违法违规行为的事后追究问责转变为通过发现和分析国土空间法规政策执行中存在突出问题，及时梳理归纳出国土空间资源管理及制度中的深层次问题，提出修改完善建议意见，实现从被动督察向主动督察，从事后补救向事中监管和事前预防转变。二是实现速查对象从省、自治区、直辖市和计划单列市人民政府，拓展、延伸到所辖地方各级政府，形成以省级政府为主，以市县乡及其他土地利用部门为辅的"四位一体"土地督察。三是对可能违反国土空间利用的部门，如发国家发展和改革委员会、住房和城乡建设部等纳入督察对象的范畴。

3. 授予违法违规案件的查处权，提高督察的监督效能

一是要从人、财、物等方面保障国土空间督察机构的独立性，保证其与其他职能部门的相互独立性，排除不当干预，独立地行使其对地方政府的督察权。二是逐步赋予督察机构对于特殊情况的处置裁决权。土地督察机构的职权尴尬之处在于：缺乏对个案的处置与裁决权[3]。按照土地督察机构的职责权限，其有权审核农用地转用和土地征收等事项，但在实践中，其只是对有关部门报送材料的形式审查，不能对土地违法问题进行事前监督。层出不穷的国家重点建设项目的土地违法违规行为，均因督察机关无权实地验收或审批，也无法监督查处案件而造成。

［1］ 张乃贵.从土地督察迈向自然资源督察［N］.中国自然资源报，2019-12-19（3）.

［2］ 陈静，刘丽，苑晓光.国外土地督察的趋势及对我国的启示［J］.国土资源情报，2015（4）：19-25.

［3］ 关注土地督察工作"路线图"［J］.辽宁自然资源，2014（4）：32-33.

4.规范国土空间督察程序，提升空间督察法治化

在利益分化与价值多元化、冲突常态化的历史背景下，科学公正的程序能够很好地指引我们走向共识[1]。对于土地督察的程序建制问题，由于其督察的对象非一般行政相对人，而是地方政府，因此需要建立一套具有自身特色的程序建制。预先设置一套建立在一致同意基础上的土地督察程序，确立督察职权、职权行使的方式和步骤，对规范土地督察权行使，保障督察对象的合法权益都具有重大意义。

5.构建协调沟通机制，整合执法资源

一是建立国家土地督察机构与地方政府的执行监督沟通协调机制，全面推进地方政府土地管理方面的行政问责机制，把地方政府在执行土地管理方面法律法规政绩考核，一并纳入省级政府耕地目标保护责任制考核问责体系，全面遏制地方政府"以土地换GDP"。二是优化部际协调沟通机制。土地督察与空间规划督察、生态环境保护部门、水利行政部门的环保督察、水土保持督察之间，与审计、监察部门的审计监察监督之间，与人民法院、人民检察院司法监督之间应建立定期信息通报制度、案件移送制度、部级联席会议制度以及信息共享制度。三是建立府际沟通协调机制。通过签订框架协议、建立多层级的磋商机制、信息沟通机制，充分发挥派驻地方的国家土地督察机构的桥梁纽带作用，保证中央职权的有效实施。

二、国土空间规划行政问责制度

（一）行政处分的概念

行政处分是行政制裁的一种，属于内部行政行为，指国家机关、企事业单位对所属的国家工作人员违法失职行为尚不构成犯罪，依据法律、法规所规定的权限而给予的一种惩戒。对违法失职的国家

---

[1]　季卫东.法制重构的新程序主义进路——怎样在价值冲突中实现共和[EB/OL].（2010-11-23）[2019-12-5].

工作人员给予行政处分，是国家政治生活中的常见现象，也是实施"行政问责制"的一种常用手段，它体现了"责任政府"（responsible government）的原则，也是体现民主和宪政原则的一种重要的制度安排[1]。

（二）我国法律法规对国土空间规划行政处分的规定

《中华人民共和国公务员法》（以下简称《公务员法》）第五十九至六十一条对公务员处分和免予处分的条件作出规定："公务员因违法违纪应当承担纪律责任的，依照本法给予处分或者由监察机关依法给予政务处分；违纪行为情节轻微，经批评教育后改正的，可以免予处分。"第六十二条规定了处分种类，包括：警告、记过、记大过、降级、撤职、开除。第六十三条规定了处分的原则和程序：首先，对公务员的处分，应当事实清楚、证据确凿、定性准确、处理恰当、程序合法、手续完备；其次，要告知处分的事实和依据，即处分决定机关要对公务员违纪的情况进行调查，并将调查认定的事实及拟给予处分的依据告知公务员本人；再次，要保障公务员的陈述权和申辩权；处分决定机关不得因公务员申辩而加重处分；最后，处分要依据法定程序作出，在规定的期限内，按照管理权限和规定程序作出处分决定，处分决定应当以书面形式通知公务员本人。

《城乡规划法》第五十八至六十一条对城乡规划行政管理人员违反《城乡规划法》作出了系统规定，该法第五十八条规定："对依法应当编制城乡规划而未组织编制，或者未按法定程序编制、审批、修改城乡规划的，由上级人民政府责令改正，通报批评；对有关人民政府负责人和其他直接责任人员依法给予处分。"第五十九条规定："城乡规划组织编制机关委托不具有相应资质等级的单位编制城乡规划的，由上级人民政府责令改正，通报批评；对有关人民政府负责人和其他直接责任人员依法给予处分。"第六十条规定："镇人民政府

---

[1] 沈蓓绯."官员问责制"与中国政治文明建设［J］.甘肃理论学刊，2005（2）：9-13.

或者县级以上人民政府城乡规划主管部门有下列行为之一的，由本级人民政府、上级人民政府城乡规划主管部门或者监察机关依据职权责令改正，通报批评；对直接负责的主管人员和其他直接责任人员依法给予处分：

（一）未依法组织编制城市的控制性详细规划、县人民政府所在地镇的控制性详细规划的；

（二）超越职权或者对不符合法定条件的申请人核发选址意见书、建设用地规划许可证、建设工程规划许可证、乡村建设规划许可证的；

（三）对符合法定条件的申请人未在法定期限内核发选址意见书、建设用地规划许可证、建设工程规划许可证、乡村建设规划许可证的；

（四）未依法对经审定的修建性详细规划、建设工程设计方案的总平面图予以公布的；

（五）同意修改修建性详细规划、建设工程设计方案的总平面图前未采取听证会等形式听取利害关系人的意见的；

（六）发现未依法取得规划许可或者违反规划许可的规定在规划区内进行建设的行为，而不予查处或者接到举报后不依法处理的。"

第六十一条规定："县级以上人民政府有关部门有下列行为之一的，由本级人民政府或者上级人民政府有关部门责令改正，通报批评；对直接负责的主管人员和其他直接责任人员依法给予处分：

（一）对未依法取得选址意见书的建设项目核发建设项目批准文件的；

（二）未依法在国有土地使用权出让合同中确定规划条件或者改变国有土地使用权出让合同中依法确定的规划条件的；

（三）对未依法取得建设用地规划许可证的建设单位划拨国有土地使用权的。"

《土地管理法》第七十四条规定："买卖或者以其他形式非法转

让土地的，由县级以上人民政府自然资源主管部门没收违法所得；对违反土地利用总体规划擅自将农用地改为建设用地的，限期拆除在非法转让的土地上新建的建筑物和其他设施，恢复土地原状，对符合土地利用总体规划的，没收在非法转让的土地上新建的建筑物和其他设施；可以并处罚款；对直接负责的主管人员和其他直接责任人员，依法给予处分；构成犯罪的，依法追究刑事责任。"第七十七条规定："违反土地利用总体规划擅自将农用地改为建设用地的，限期拆除在非法占用的土地上新建的建筑物和其他设施，恢复土地原状，对符合土地利用总体规划的，没收在非法占用的土地上新建的建筑物和其他设施，可以并处罚款；对非法占用土地单位的直接负责的主管人员和其他直接责任人员，依法给予处分；构成犯罪的，依法追究刑事责任。"《违反土地管理规定行为处分办法》第六条规定："不按照土地利用总体规划确定的用途批准用地的，对有关责任人员，给予记过或者记大过处分；情节较重的，给予降级或者撤职处分；情节严重的，给予开除处分。"

（三）我国国土空间规划行政处分存在的问题

①行政处分由本部门或上级部门做出，难以发挥制裁效果。就我国目前行政处分的实践情况看，使行政处分不能落实到位。

②处分问责制度不完善，严格意义上的责任追究机制尚未建立。当前，我国适用的行政处分问责的法规条例甚多，见诸各级党组织、政府的相关政策文件，但这些文件条款大多是零散的，没有形成体系，也就不具有统一性。同时，法律条文中涉及行政处分、问责的条款很多，但是具体到实际事例的问责却显得模糊不清、笼统抽象，缺乏可操作性，严重影响法律责任的追究。

③行政信息缺乏透明性和完整性。政府部门即使处分某些行政失职者，给其降职、免职或者责令辞职等一些程序也不为社会公众知晓，这就难以保证处分的公正性。

（四）完善国土空间规划行政处分的措施

1. 实现问责主体的多元化

一是在继续发挥行政系统内部同体追究法律责任的机制的同时，要积极探索发挥外部系统，如各种社会机构、社会组织及个人对国土空间规划主管部门及领导责任的行为追究，尤其要发挥新闻媒体的监督作用。二是要切实实现人大对国土空间规划管理部门领导的责任追究，法律责任得到及时追究，监督国土空间规划权力的有效行使，防止国土空间规划部门工作人员滥用或误用权力。

2. 加强国土空间规划行政处分制度建设

要对各地国土空间规划主管部门及党委和政府的一系列过时或没用的行政问责制度进行一次系统的清理，废除过时的问责规章制度，保留相对有实用价值的法律条款，确保从中央政府到地方国土空间规划主管部门制订的有关行政问责制度的效力、适用范围等明晰化。加强国土空间规划行政处分制度制定、执行、监督及信息反馈等制度网络化建设。针对各地的特殊情况，各地国土空间规划部门在中央行政问责法精神的指引下因地制宜地制定本地的行政处分制度。另外，要加大明晰问责条款的细化工作，如处分的对象、范围、主体、客体、责任认定、期限等，严格准确地制定行政处分程序，制定可操作性、有实用价值的行政处分法规或规章，确保行政处分制度的权威性。

3. 建立健全国土空间规划信息的公开机制

国土空间规划管理部门必须依据《政府信息公开条例》和国土空间规划法律的要求依法公开国土编制、审批、修改等信息，主动告知社会公众获取国土空间规划信息的渠道，保障国土空间规划相对人和社会公众的知情权。大力推行国土空间规划信息化建设，确保社会公众全面准确了解国土空间规划实施的动态，彻底解决社会公众难以获得国土空间规划信息或获得信息不准确、不完整国土空间规划信息等问题。

第三节　国土空间规划的权力机关监督

一、建立国土空间规划年度审议制度

在我国，国民经济和社会发展中长期计划被视为是最具战略性、权威性的规划，也是我国宪法规定的唯一一项需要全国人民代表大会年度审议的规划。即便是改革开放 40 多年后的今天，以五年为周期的国民经济与社会发展规划纲要，在我国规划体系中仍然占据着主导地位，是全国人民为之奋斗的宏伟蓝图和行动纲领，是其他各级各类规划、年度计划以及各项经济政策制定的依据[1]。从国际背景和国民经济和社会发展规划的历史及当前国土空间规划实践来看，国民经济和社会发展规划本质上是一项发展规划。从国外情况来看，国土空间规划对国家经济社会发展的影响不亚于甚至高于国民经济和社会发展规划。鉴于国土空间规划的重要性，为提高国土空间规划的权威性、严肃性，在国土空间规划制度建设中应明确年度审议制度。

（一）国土空间规划年度审议的范围

①国土空间规划（包括总体规划和控制性详细规划）的制订、修改必须在程序启动前向权力机关报请立项，没有报请立项不得启动国土总体规划和控制性详细规划的制订、修改。

②国土总体规划和控制性详细规划应每年提交权力机关审议，国土空间规划主管部门要对国土空间规划执行情况，尤其是国土空间规划中控制性指标的遵守、生态环保目标落实、空间布局微调等作出说明，接受人大代表的询问和质询。

③国土空间规划在年中执行中需要做调整的，地方政府也须及时将调整的必要性、可行性等专题报告提交权力机关，接受权力机关的审议。

---

[1]　沈蓓绯. "官员问责制"与中国政治文明建设［J］. 甘肃理论学刊，2005（2）：9-13.

（二）国土空间规划年度审议的重点

1. 国土空间规划编制制定权限的审议

审议国土空间规划编制机构是否具有法定资质，是否按所受权限编制规划，政府是否具有法定的国土空间规划制定权，国土空间规划编制是否保障了公众全面、全过程的参与，是否听取规划专家、经济专家、建设专家及法学专家、社会学家、文化专家、环保专家的意见。

2. 国土空间规划编制的审议

国土空间规划作为一项准"法律"文件，关系到千家万户、不同地区、界别群体的利益，编制后不能仅仅通过政府上下级的内部请示批准程序就生效并要求强制执行，总体规划和控制性详细规划必须提请各级人大审议，听取人大代表的意见建议，接受人大的询问和质询，经人大批准后才能正式生效。

3. 国土空间规划变更动议条件审议

总体规划和控制性详细规划的变更要有法定条件并经超过2/3的人大代表同意，经人大批准的变更规划，规划修改变更后要及时向权力机关提请审议。

二、完善国土空间规划专题质询制度

根据我国宪法和相关法律规定，对国土空间规划等重大事项的咨询只能在全国人民代表大会及全国人大常委会会议期间，这从法律上赋予了人大监督政府、追究相关人员的权力。但问题在于，对于国土空间规划等质询案答复不满意，或者对再次答复也不满意怎么办以及如何追究责任等方面，法律并没有具体规定。因此，为提高权力机关对国土空间规划咨询效果，需要重点完善以下几个方面。

1. 使质询经常化

国土空间规划咨询质询不应仅限于全国人民代表大会和全国人

大常委会会议期间，应该经常化，在闭会期间也能够提出质询案。

2. 明确国土空间规划质询案提出的最低人数

在国土空间规划法律制定中，明确规定一个代表团或 30 名以上代表联名，全国人大常委会举行会议时常委会组成人员 10 人以上联名，可以依法对国土空间规划行政主管部门提出质询案；地方各级人民代表大会会议期间，10 人以上代表联名，常委会会议期间，省级和自治州、设区的市级人大常委会组成人员 5 人以上联名，自治县、不设区的市、市辖区的人大常委会组成人员 3 人以上联名，可以向本级政府提出关于国土空间规划编制实施的质询案。

3. 严肃追究违法者的法律责任与政治责任

国土空间规划质询的结果不仅仅局限于"答复"，还应责成国土空间规划主管部门对责任人给予行政处分；属于人大常委会任命的，可以撤销其职务；属于人民代表大会选举的，可以向本级人民代表大会提出罢免议案等。

第四节　国土空间规划的司法监督

一、检察机关对国土空间规划行政违法行为的监督

（一）国土空间规划检察监督的范围

1. 空间规划行政违法行为的样态

①国土空间规划行政部门超越法定权限，具体表现为超越职权和滥用职权。超越职权是指规划行政主管部门违反法律法规关于其职权行使的层级、地域、事务等规定而不具有相应权限，或者采取措施、手段、方法于法无据。滥用职权是国土空间规划行政机关违反行政法关于"行政合理"原则规定，在自由裁量权行使时，存在明显不当，

造成显失公平的结果。

②规划行政主管部门内部机构违法。具体表现为规划行政主管部门的内设处室以本处室名义对外行使规划行政主管部门的权力，并且未经批准或同意。

③规划行政主管部门行政不作为。具体指规划行政主管部门违反法定作为义务，能够履行而不履行或不正确履行职务的状态。

④规划行政行为内容违法。具体指规划行政行为的内容与法律规范相抵触或内容缺乏明确性和可行性，还包括行为行使中所采取的具体措施、手段违反法律规范要求。

⑤规划行政程序违法。具体指规划行政行为违反法定的程序要求，从而不具有程序正当性基础的行为。

2. 检察监督的空间规划行为类型

（1）不合法的具体行政行为。一是无效行政行为，即《行政诉讼法》第七十五条规定的"行政行为有实施主体不具有行政主体资格或者没有依据等重大且明显违法情形的，原告申请确认行政行为无效的，人民法院判决确认无效"。二是可撤销行政行为。包括主要证据不足；适用法律法规错误；违反法定程序；超越法定职权，滥用职权和明显不当。三是不履行法定职责或义务。四是行政处罚明显不当，或者其他行为涉及对款额的确定、认定有错误。

（2）国土空间规划领域抽象行政行为。主要指国土空间规划行政规范性文件。根据《行政复议法》《行政诉讼法》的相关规定，行政相对人在提起行政复议和行政诉讼时，可以一并提出对行政规范性文件的审查请求。因此，从法律授权来看，对空间规划领域行政规范性文件的违法，检察机关有权予以检察监督。

（3）国土空间规划行政指导行为。行政法学界通说认为，行政指导行为是一种非强制性行为，不具有可诉性。但对违法行政指导行为不予监督有违"行政合法原则"和"信赖利益保护原则"。因为行政指导行为是行政机关基于行政职权作出的行政行为，行政相对人本着对行政机关的合理信赖而接受其指导，如果因行政指导行为明显违反且产生损害后果，行政机关不担责任，有违公平。因此，本着保护相对人合法权益的原则，从行政赔偿或补偿角度，对违法行政指导行为进行检察监督是必要的。但要对行政指导监督的范围予以严格界定，检察机关提起检察监督应当以空间规划指导行为造成相对人损害为限。

（4）国土空间规划领域行政事实行为。《行政复议法》《行政诉讼法》均没有把行政事实行为纳入审查范围，但根据《行政诉讼法》第七十八条规定："被告不依法履行、未按照约定履行或违法变更、解除本法第十二条第一款第十一项规定协议的，人民法院判决被告承担继续履行、采取补救措施或赔偿损失等责任。"因此，对于空间规划行政事实行为违反并且造成相对人损害的，检察机关有权提起检察监督。

（二）行政违法行为检察监督的基本要求

1. 坚持对公权力监督

一是检察机关监督的主体是行政机关、法律法规授权行使公共职权的组织，行政相对人违法行为不属于检察监督的范围。二是检察监督不以追求和实现对相对人权益的救济为目的，只关注公权力机关的违法问题。三是检察机关对行政违法行为的监督是坚持自己"发现"，体现监督的主动性[1]，不以行政相对人申请为前提。

2. 坚持有限监督

一是检察机关监督的规划违法行为必须是规划部门履行职责的行政违法行为；二是对一般不当行政行为、错误的行政行为、不对相对人造成损害的行政合同、行政指导、事实行为以及行政法规、规章等

[1] 朱刚.行政违法行为检察监督的内涵探析［J］.重庆第二师范学院学报，2019，32（4）：9-14.

不予监督；行政相对人"申请""告发"的行政违法行为也不予监督。

3. 监督体现谦抑性

谦抑是公权力设定和运行的基本品格，目的在于维持公权力之间的分工、平衡。作为司法权的检察权和作为行政权的国土空间规划权之间，也必须坚持谦抑。行政保留是一项重要原则，因为行政部门对自己管理的事项具有技术等多方面的优势，司法权的过度干预，会影响行政权行使和行政管理目标的实现。因此，检察机关在对行政违法行为的检察监督中应尽量慎用监督权力，在行政体系本身具有纠正机制进行自我修复的情况下，应尊重其自我纠正，不应动辄得咎[1]。

4. 遵循程序公正

由于检察监督的依职权属性和单向性、自主性、程序性特点，对行政违法行为的检察监督不具有对抗、交涉、裁判等要素，这会影响检察机关的正确决策和监督效果。因此，在检察监督的机制上，应引入和强化听证、听取多方意见、调查核实、回避、告知、复议、审批等制度设计，保障检察监督的程序公正。

（三）空间规划行政违法检察监督的完善路径

1. 空间规划行政违法检查建议提起的条件

①明确规划行政违法检查建议提起的范围条件。检察建议包括以下类型：再审检察建议、纠正违法检察建议、公益诉讼检察建议、社会治理检察建议、其他检察建议[2]。前述三种检察建议提出必须坚持以国土空间规划行为违法为原则，在提出建议前要进行必要的调查取证，初步查明违法事实；其次，检察建议要遵循循序渐进，先提出再审检察建议，对国土空间规划行政主管部门不采纳检察建议或者采纳建议不符合要求，才可以提出纠正违法和公益诉讼检察建议[3]。

---

[1] 张智辉. 检察权研究 [M]. 北京：中国检察出版社，2007：243.

[2] 孙长春. 建立督促纠正违法行政行为法律监督制度 [N]. 检察日报，2015-01-19（3）.

[3] 张步洪. 构建民事督促起诉制度的基本问题 [J]. 人民检察，2010（14）：19-22.

②规范检察建议的制发。一是明确检察建议的制发主体和监督对象[1]。制发检察建议的适格主体是各级人民检察院，检察院的任何内设机构都不得制发检察建议。空间规划执法检察建议监督的对象必须是拥有独立行使国土空间规划权空间规划主管部门，而不能是空间规划行政主管部门的内设机构[2]。二是优化检察建议的内容。空间规划执法检察建议必须坚持事实讲道理，查明监督案件的基本事实和主要证据[3]，建议查明的事实应当客观准确、简明扼要，所附的证据应当确凿充分。三是适用的法律法规必须正确。所依据的法律法规应当详细列明，既包括空间规划行政行为违法的法律、法规，也包括相关规章和规范性文件。四是提出明确要求。要明确告知国土空间规划行政主管部门应采取的反馈内容和相应的保障措施[4]。

③提升规划行政执法检察建议的强制力。一是健全空间规划执法检察建议的抄送制度。所有检察建议都应及时向空间规划行政部门的上级主管部门提出，同时抄送特定行政机关，确保检察建议得到及时全面落实。二是构建国土空间规划行政执法检察建议的跟踪和回复制度。检察建议发出后必须有配套的跟踪和回复机制，否则空间规划行政违法行为就得不到及时纠正，因此检察机关在发出检察建议后必须明确告知被监督的国土空间规划行政部门在规定的期限进行回复以及不及时回复、拒绝回复的法律后果，从而实现检察监督的全程化和动态化。三是创设检察建议约谈制度。检察机关可根据国土空间规划行政主管部门违法的具体情况，对约谈对象提出要求，可以是被监督单位的主要负责人，也可以是主管负责人；可以个案单独约谈，也可以类案集中约谈。检察机关约谈应当严格遵守检察监管办理案件的实体法和程序法，就空间规划违法行为产生原因、对策措施和整改期限

［1］ 杜承秀. 行政执法检察建议的缺陷与完善［J］. 政法论丛，2017（2）：109-117.

［2］ 姜涛. 检察机关行政法律监督制度研究［J］. 东方法学，2016（6）：2-13.

［3］ 姜伟，杨隽. 检察建议法制化的历史、现实和比较［J］. 政治与法律，2010（10）：98-105.

［4］ 杜承秀. 行政执法检察建议制度的程序要素［J］. 学术论坛，2016，39（5）：68-71.

等问题，与空间规划行政主管部门展开充分探讨和沟通，并制作约谈记录[1]。

2. 提起国土空间规划公益诉讼[2]

《中共中央关于全面推进依法治国若干重大问题的决定》提出："检察机关在履行职责中发现行政机关违法行使职权或者不行使职权的行为，应该督促其改正。探索建立检察机关提起公益诉讼制度。"对行政机关违法行使职权或者不作为，侵害国家和社会公共利益的案件，由于与公民、法人和其他社会组织没有直接利害关系，使其没有也无法提起公益诉讼的，探索由检察机关提起诉讼，保护公共利益。及时总结实践经验，逐步规范和完善检察机关提起公益诉讼的条件、范围、程序、效力，推动完善相关法律规定，加强对公共利益的保护力度。2015 年 7 月 2 日，十二届全国人大常委会表决通过《全国人民代表大会常务委员会关于授权最高人民检察院在部分地区开展公益诉讼试点的决定》，最高人民检察院印发《检察机关提起公益诉讼试点方案》，就检察机关提起公益诉讼和行政诉讼的案件范围、方式等作出规定。

①诉前程序。检察机关根据相关法律政策规定提起公益诉讼应当履行诉前程序，即在检察建议等法律文书明确告知："空间规划行政机关收到本建议后，在规定期限内拒绝履行法定职责或者超过规定期限不予回复的，检察机关将提起公益诉讼。"

②提起公益诉讼。检察机关一旦启动公益诉讼程序，被监督的空间规划行政机关作为被告应当出庭应诉，空间规划行政相对人和其他利害关系人也应依法参加诉讼，或由人民法院通知参加诉讼。人民法院受理空间规划公益诉讼案件后，检察机关派员出庭支持公益诉讼，向法庭宣读起诉书、参加法庭调查、举证、质证和辩论以及对诉讼活

---

[1] 王立.检察建议约谈制度研究：以北京市朝阳区人民检察院的实践探索为视角［J］.人民检察，2010（19）：36-38.

[2] 傅国云.论行政执法检察监督［J］.法治研究，2017（4）：35-40.

动实行监督。

③诉讼监督。检察机关不服人民法院的第一审判决、裁定，首先，有权在法定期限内提起抗诉；其次，对二审判决裁定仍然不服的，有权按照审判监督程序提起抗诉；最后，检察机关认为生效空间规划行政公益诉讼判决、裁定确有错误，有权按照审判监督程序提出抗诉。

3. 对国土空间规划规范性文件的检察监督

根据行政诉讼法规定，规章以外规范性文件往往涉及公共利益，法院只能在审查被告行政机关的行政行为时，对作为该行政行为依据的规章以外规范性文件进行附带审查[1]。但审判权具有被动性，通过法院对规章以外规范性文件司法审查，其作用非常有限。而检察权相对主动，检察机关在履行职责中，发现规章以外的规范性文件不合法时，有权一并附带审查，向制定机关提出检察建议或纠正意见。在这方面可以借鉴国外行政监察专员制度的有关规定[2]。检察机关认为规划行政部门规章以外规范性文件部分违法的，应当建议制定规范性文件的规划行政机关予以修改；规章以外规范性文件整体违法的，应建议规划行政机关废止该规章以外规范性文件。

二、审判机关对国土空间规划行政违法行为的监督

（一）加强国土空间规划相关具体行政行为的审判监督

①国土空间规划相关行政许可。包括规划选址许可，建设用地规划许可，市政类线性工程的新建、改建、扩建、变更、延期建设用地规划许可，新建项目《建设用地规划许可证》（建筑类）核发，建筑物改建、扩建项目《建设用地规划许可证》核发，《建设用地规划许

[1]　中华人民共和国行政诉讼法［EB/OL］.（2017-06-29）［2019-12-5］.
[2]　陈宏彩.行政监察专员制度比较研究［M］.上海：学林出版社，2009：98-99.

可证》（建筑类）变更，《建设用地规划许可证》（建筑类）延期，建设工程规划许可（市政类线性工程），建设工程施工图备案（市政类线性工程），临时建设工程规划许可（市政类线性工程），建设工程规划许可延期（市政类线性工程），建设工程施工图核准及核发《建设工程规划许可证》（建筑类），未出让国有土地上临时建设工程规划许可（建筑类），变更《建设工程规划许可证》（建筑类），建设工程施工图备案（建筑类），《建设工程规划许可证》（延期），补办建设工程规划许可手续（建筑类），建设工程规划验收（建筑类）规划验收许可等。

②国土空间规划相关行政处罚行为。

③国土空间规划相关行政强制行为。

④国土空间规划相关国土征收、征用行为。

⑤国土空间规划相关行政备案行为。

⑥国土空间规划管理相关的行政裁决行为。

⑦国土空间规划管理相关行政奖励行为。

⑧国土空间规划管理相关行政合同行为。

⑨国土空间规划管理相关行政事实行为。

⑩其他与国土空间规划行政管理相关的具体行政行为。

（二）强化对国土空间规划相关规范性文件的审查

1. 控制性详细规划的法律性质分析的法理梳理

①行政处分说。控制性详细规划由空间规划主管部门根据城市总体规划的要求组织编制而成，然后需经过草案的公示，通过座谈会、论证会、听证会或者其他形式听取专家和公众的意见，经本级人民政府批准后，方对外公布实施。此过程在德国被称为"确定计划裁决"，在法律性质上是行政机关就特定具体事实所为之单方行政行为，其相对人为特定人或者可得的多数人，且对外直接发生法律上的效果，属于一种具有设定法律关系为内容的形成性质的行政处分。

　　②法规命令说。在德国公法学理论中，法规命令与宪法、法律（国会通过的法律）一起构成了行政法的法源，法规命令是由行政机关依据"法律授权"所颁布的法规范，此种法规范与国会通过的法律，同样对于人民及其他规范相对人发生法律上的拘束力[1]。《德意志联邦共和国基本法》第 80 条第 1 款准许行政机关立法，即普通法系国家的"委任立法"（delegated legislation/subordinate legislation[2]）。

　　③地方性法规说。由于控制性详细规划一般需要经过相关地方人大常委会的批准，也有学者认为控制性详细规划至少在法律定性上应该被认为是一种地方性法规。在我国，根据《宪法》第一百条和《中华人民共和国立法法》（以下简称《立法法》）第八十条、八十一条规定，享有地方立法权的主体主要有两类：其一，省、自治区、直辖市的人民代表大会及其常务委员会。其二，设区市的人民代表大会及其常务委员会。有学者认为空间规划由地方人大及其常委会审议，是一种地方立法权运行的表现[3]，控制性详细规划编制由规划行政主管部门完成，但其审批必须由地方人大或地方人大常委会通过。因此，控制性详细规划也可以被定性为一种地方性法规。

　　④本文见解——区分对待说。控制性详细规划是依据《城乡规划法》和地方的城乡规划条例规定的具有法定强制力的一种详细规划。控制性详细规划的草案拟定、草案公开、审议、送核、发布实施从事实上看是一个具有先后次序、环环相扣的完成过程，但从法律的角度对控制性详细规划进行定性时，必须考虑这个过程中每一个环节的法律效力和法律特征是什么。

　　笔者认为，控制性详细规划无论其重新制订、修改还是实施，对其定性都需要综合考虑如下要素：第一，其制定主体为行政机关。第

　　[1]　TURPIN C，TOMKINS A.British Government and the Constitution［M］.Cambridge：CambridgeUniversityPress，2011：168.
　　[2]　朱芒，陈越峰.现代法中的城市规划：都市法研究初步［M］.北京：法律出版社，2012：302-303.
　　[3]　郑文武.当代城市规划法制建设研究：通向城市规划自由王国的必然之路［M］.广州：中山大学出版社，2007:89-92.

二，其图则和说明书具有法定的强制力，这种强制力不仅指向规划区内的相对人，也指向行政机关本身。第三，如果控制性详细规划的变更直接限制或者影响了一定区域内人民的权利、义务或增加其负担，则该控制性详细规划是一种行政处分。第四，如果控制性详细规划需要在国土空间总体规划下通盘检讨或者控制性详细规划需要根据国土空间总体规划的变更而变更，且遵循了一定的法定程序，此时，控制性详细规划应被视为一种"法规命令"或者是一种"行政立法"[1]，即抽象行政行为。

2. 国土空间规划行政规范性文件司法审查的域外实践

从域外的法治实践来看，当相对人权利遭受来自国土空间规划等行政机关实施的具有普遍效力的行为的侵害时，法律救济的主要方式是司法审查，即对规划行政机关颁布的法规、规章和命令进行是否存在着侵害人民权利的规范审查。[2]在德国，设有宪法法院和行政法院，负责对法律、法规或行政命令的司法审查。《德意志联邦共和国基本法》第93条第1款第4a项规定，任何人认为公权力机关侵犯个人基本权利或本基本法规定的第20条第4款、第33条、第38条、第101条、第103条和第104条规定的权利之时，任何人均可提起违宪申诉。该法还规定"法院认为裁判案件所依据的法律违反宪法时，应中止审理程序，如该法律违反州宪法，则应征求有关主管宪法争议的州法院作出的裁判意见，如该法律违反本基本法，则应征求联邦宪法法院作出的裁判意见"。《德国行政法院法》第47条规定，任何自然人、法人因法规或其适用而遭受损害，或在可预见时间将遭受损害，可提起针对法规的审查申请，行政机关也可以提起申请。申请是针对任何颁布法规的团体、机构或财团而提起。高等行政法院应在设定的时间内，听取因该法规影响其权限的州或其他公法人的意见。

在法国，设有宪法委员会和行政法院负责司法审查，前者负责对议会制定的法律是否危险的审查，后者负责对行政机关的法规是否符合宪法和法律的审查。法国宪法第六十一条规定，各个法律在公布前，可以由共和国总统、总理、国民议会议长、参议院议长、六十名国民议会议员或者六十名参议院议员提交宪法委员会进行审查。利害关系人认为行政机关的条例违法或侵害了其自身利益，可在条例颁布后 2个月内向行政法院提起越权之诉，请求撤销不合法的条例。在美国《联邦行政程序法》第 702 条（复审权）规定，因行政机关行为致使其法定权利受到侵害的人，或受到在有关法律规定内的机关行为的不利影响或损害的人，均有权向法院诉诸司法复审。而且，该法第 704 条还规定，不仅法律规定的可审查的行政行为，而且没有其他充分补救的机关的最终确定的行为应受司法复审。

日本最高法院认为，一旦制订了土地区划整理事业计划，在该区域内土地的形状、性质的变更、建筑物的新建等都要受到一定的限制，在这种限度内，该计划具有法效果，但是，最高法院判断，在这种阶段尚欠缺诉讼的成熟性[1]。特定情况下法院司法审查可以突破受案范围，此时法院需遵守特定的要件如下。

①多阶段行政行为的成立是司法出于诉讼经济的考量，在后续行政行为中一并审查先行行政行为合法性的必要前提，但在例外的情形下法院仍需尊重因先行行政行为的形式存续力产生的构成要件效力。

②诉讼成熟原则决定了对"依据"的合法性审查只能附带在具处分性的行政行为引发的诉讼中进行，因此司法审查只能局限于与个案有关的"依据"内容，法院裁判的否定性效力通常也仅及于该部分内容[2]。

3. 强化对国土空间规划相关行政规范性文件的司法审查

按照《行政诉讼法》第五十三条规定："公民、法人或者其他组织

[1] 盐野宏.行政法总论［M］.杨建顺，译.北京：北京大学出版社，2008：145.
[2] 郑春燕.论城乡规划的司法审查路径以涉及城乡规划案件的司法裁判文书为例［J］.中外法学，2013，25（4）：803-816.

认为行政行为所依据的国务院部门或地方人民政府及其部门制定的规范性文件不合法，在对行政行为提起诉讼时，可以一并请求对该规范性文件进行审查。"加强对国土空间规划相关规范性文件的审查，这些文件包括：城市总体规划、镇总体规划、村庄规划、控制性详细规划、修建性详细规划；区域流域开发规划、园区规划等专项和专门规划；有关国土空间规划的土地利用规划、计划；有关国土空间规划的规划委员会决议、会议纪要、指示、决定、通知等对不特定主体具有普遍约束力文件。对上述规范性文件审查按照下列要求严格规范审查，切实达到监督效果。

①凡是公民、法人或者其他组织在对行政行为提起诉讼时一并请求对所依据的规范性文件审查的，人民法院应当受理并一并审查；行政相对人在提起诉讼时没有提出一并请求审查规范性文件的，应允许其在第一审开庭审理前提出；有正当理由的，也可以在法庭调查中提出。

②在庭审中发现规范性文件可能不合法的，应当允许规范性文件制定机关陈述意见；行政机关未陈述意见或者未提供相关证明材料的，人民法院以职权对规范性文件进行审查。

③人民法院对规范性文件进行一并审查时，重点从规范性文件制定机关是否超越权限或者违反法定程序、作出行政行为所依据的条款以及相关条款等方面进行。具有如下情形之一的，应认定"规范性文件不合法"：一是超越制定机关的法定职权或者超越法律、法规、规章的授权范围的；二是与法律、法规、规章等上位法的规定相抵触的；三是没有法律、法规、规章依据，违法增加公民、法人和其他组织义务或者减损公民、法人和其他组织合法权益的；四是未履行法定批准程序、公开发布程序，严重违反制定程序的；五是其他违反法律、法规以及规章规定的情形。

④加强对规范性文件审查的理由阐述。人民法院经审查认为行政行为所依据的规范性文件合法的，应当作为认定行政行为合法的依据；

经审查认为规范性文件不合法的，不作为人民法院认定行政行为合法的依据，并在裁判理由中予以阐明。

⑤依法及时、规范督促规范性文件制定机关，做出修改、废止。作出生效裁判的人民法院应当向规范性文件的制订机关提出处理建议，并可以抄送制定机关的同级人民政府、上一级行政机关、监察机关以及规范性文件的备案机关。规范性文件不合法的，人民法院可以在裁判生效之日起三个月内，向规范性文件制订机关提出修改或者废止该规范性文件的司法建议。规范性文件由多个部门联合制订的，人民法院可以向该规范性文件的主办机关或者共同上一级行政机关发送司法建议。

（三）积极探索制止行政违法的禁止令制度

空间规划行政公益诉讼具有滞后性，往往是"缓不济急"。在行政诉讼中，如果国土空间规划行政行为不停止或不履行，往往会导致损失的扩大，即使最终赢得了诉讼，也会造成不可挽回的损失，空间规划行政违法的禁止令制度可以弥补这一制度缺陷。一般认为，空间规划禁止令制度是指法院在认为有必要时，以判决或决定形式禁止当事人从事某种活动或命令其必须从事某种活动的司法活动，它以必要性和危险性为原则，并由法院决定。国土空间规划禁止令制度作为一种强制处置措施，主要旨在避免不当违法规划危害的进一步扩大。其中，对一些国土空间行政违法行为，如继续实施或不实施可能会对国家利益、社会公共利益带来重大的、无法挽回的损失的，可在行政诉讼法的修改时增设禁止令条款，即授予检察机关在提起行政公益诉讼时，依法向法院申请颁行禁止令的权力，以避免危害进一步扩大。

第九章　国土空间规划相对人权利救济制度

第一节　权利救济的基本理论

一、权利救济的缘起

（一）权利救济是权利的内在要求

关于权利救济的重要性，学者们有诸多经典论述，如"没有权利就不可能存在任何人类社会"[1]，没有权利就不存在救济，合法权利是救济得以存续的依据。关于权利保障与救济的重要性，学者著述更丰，如"政府一纸公文宣布人身自由应有权利的存在，并非难事；最难之事是在如何能见诸实行，倘若不能实行，此类宣布所得无几"[2]，"如果无人维护权利，在法律中确立权利将是毫无意义的"[3]，"公民权利的精髓在于公民受到侵害时，每个公民都有权请求法律保护，政府的第一职责也就在于给予这种保护"[4]，"一种无法诉诸法律保护的权利，实际上根本就不是什么法律权利"[5]。

[1]　A.J.M.米尔恩.人的权力与人的多样性——人权哲学［M］.夏勇，张志铭，译.北京：中国大百科全书出版社，1995：154.

[2]　戴雪.英宪精义［M］.雷宾南，译.北京：中国法制出版社，2001：262.

[3]　C.H.麦基文.宪政古今［M］.翟小波，译.贵阳：贵州人民出版社，2004：62.

[4]　张千帆.西方宪政体系（上册：美国宪法）［M］.北京：中国政法大学出版社，2000：41.

[5]　程燎原，王人博.赢得神圣：权利及其救济通论［M］.2版.济南：山东人民出版社，1998：349.

因此，任何法律权利必须有响应的救济手段予以保障，无法得到救济的权利不是真实的权利。国土空间规划权的行使必然会对空间规划行政相对人的私权造成影响，保障空间规划行政相对人的权利就必然要对权利进行救济。

（二）对异化的公权力规制的需要

从公权力本源来看，其源于人民权利的让渡，公共利益是其产生和存在的唯一根据，其本质上是公共意志的集中表现，其运作必须以维护公共利益和公共秩序为价值追求。但就当前公权运行实践看，权力异化现象十分严重。

1. 公权私有化

公权私有化即公权力的行使部门或直接掌握公权力的官员，违反公权力行使的公益目标，把本来应当为广大群众谋福祉的公权力沦为个人或者小团体牟取私利的工具，造成公权私用。

2. 公权商品化

公权商品化即把公权力变成个人或部门在"权力市场"进行私人交易的商品。拥有权力就意味着拥有一定的公共资源及其支配权，所以现实中存在诸多的权钱交易现象，因为占有权力在一定程度上意味着具有更大的获利可能性。

3. 公权泛滥化

公权泛滥化是指公权泛用和滥用，泛用是指超出自己的权力范围越权使用；滥用是指公权力使用不规范不合理，公权力应该作为的领域权力缺位，不该作为的领域却乱用权限。

4. 公权怠用

公权怠用是指掌握公权力的部门，违反法律规定"作为义务"，以拖延、搪塞等方式不积极履行保障人民利益的职责，甚至在公民私权受到侵犯的情况下仍无所作为，漠视公民私权。

（三）切实保障空间主体私权的呼唤

1. 公权对私权的忽略

受传统政府本位、权力本位思想的影响，一些地方政府在做行政决策时习惯以政府自身为中心，较少顾及甚至忽略公众的意愿，习惯以"为民做主"的管理方式。作出公共决策时，不进行科学论证，不听取或者怠于听取群众意见，或者即便召开"听证会""论证会""座谈会"等，也只是走形式。

2. 公权对私权的占有

一些地方政府主要官员缺乏群众观念和依法行政意识。比如拆迁补偿协议还没谈妥，就对老百姓承包的土地、房屋进行强征强拆，毁掉地里的农作物。

3. 公权腐败

关于腐败的定义，多贝尔将其定义为"背叛公众的信任"[1]，亨廷顿将其概括为"国家官员为了谋取个人私利而违反公认准则的行为"[2]。公权腐败实质上就是政府公职人员在进行公务活动时不依法规范自己的行为，运用公权力为个人或小集团成员谋取非法利益的行为过程，它是公权异化的一种。

二、权利救济的内涵与基本分类

（一）权利救济含义

《牛津法律大辞典》把救济定义为："纠正、矫正或改正发生或业已造成伤害、危害、损失或损害的不当行为。"国内有学者将权利救济定义为"法律上的权益被侵害时，如何用法律上所规定的方法，寻求帮助来维护自己的权利"[3]。并将其特征概括为：须权益受法

[1]　DOBEL J P.The corruption of astate [J].AmPolitSciRev，1978，72（3）：958–973.
[2]　塞缪尔·P.亨廷顿.变化社会中的政治秩序 [M].王冠华，刘为，等译.读书·生活·新知三联书店，1989：54.
[3]　姜增亮.公务员权利救济制度初探 [J].内蒙古电大学刊，2004（1）：43–45.

律确认或认可；须以法定的方法和程序为方式；以法律上的权利被侵害为要件。

（二）权利救济的分类

关于权利救济可从不同的角度进行分类。从宪法学角度看，权利救济可分为"司法救济模式、上访救济模式、群体救济模式"[1]。按照救济主体划分，可将权利救济分为私力救济、公助救济、公力救济三种途径。私力救济"是指当事人认定其合法权益遭受侵害，在没有第三者以中立名义介入纠纷解决的情形下，不通过国家机关和法定程序，而依靠自身或私人力量，实现权益、解决纠纷，包括强制和交涉"[2]。公助救济是一位纠纷或冲突的解决者（居间者）来解决权利的冲突，居间者的职责在于劝导权利争议双方消除冲突或纠纷，提出冲突权利的处置和补偿办法或者对之作出裁决[3]。公力救济是指国家权力机关运用公权力对被侵害权利予以救济，包括行政复议和行政诉讼[4]。从权利救济是否法定化、程序化、定型化，可将权利救济分为制度性救济和非制度性救济。制度性救济包括诉讼救济、代替性纠纷解决机制、监督解决机制和特殊解决机制四种，其最大特征是合法性。非制度性救济是在社会生活中，公众总结或者习惯适用的解决权利纠纷的办法，其特征是民间性和非程序化。

三、权利救济的基本途径

（一）公力救济及其缺陷

1. 公力救济的原则：合法性

首先，公权力（无论行政权还是司法权）介入权利纠纷，都必

[1] 贺海仁.从私力救济到公力救济：权利救济的现代性话语[J].法商研究，2004，21（1）：33-41.
[2] 徐昕.论私力救济[M].北京：中国政法大学出版社，2005：67.
[3] 李俊.从一元到多元：公民权利救济方式的比较研究[J].华东师范大学学报（哲学社会科学版），2007，39（4）：78-85.
[4] 王琳.试析析教师权利的救济途径[J].教学与管理，2003（13）：46-48.

须有法律的明确授权，非有授权，行政和司法定公权力机关不得介入权利争议的处理。其次，公权力机关介入权利纠纷处理，必须遵守纠纷处理的实体法和程序法，必须遵守公权力运行的基本原则。最后，公权力对纠纷的处理结果必须符合法律关于责任方式、结案方式等的规定。

2. 公力救济的分类

①诉讼外救济，包括行政复议、信访、行政投诉和权力机关救济。行政复议是指公民、法人或其他组织对行政主体作出的行政行为不服，按照法律规定，向其上级行政机关提出申请，要求重新处理的一种行政纠纷处理程序。信访也称来信来访，是公民维护自己权益的一种手段，可以使用书信、电子邮件、电话或走访有关部门等多种形式反映情况，并要求解决某些问题。行政投诉指行政相对人认为其合法权益受到了行政机关或者法律法规授权指定组织在行使职权的过程中，侵犯其合法权益，或者受到不公正待遇，或者行政机关及其工作人员不履行法定职责等，按照法律法规规定请求相关部门，对被投诉单位进行处理维护其合法权益或者责令被投诉单位履行职责。权力机关救济是行政相对人认为行政机关及其工作人员的行政行为，侵犯其合法权益行政侵权行为，向全国人大及其常委会、地方人大及其常委会提出申请，要求权力机关行使监督权，对行政机关行为予以撤销的救济程序。

②诉讼救济主要指行政诉讼，是指行政相对人认为行政机关、法律法规授权的组织的行政行为侵犯了其合法权益，在法定期限内向有管辖权的人民法院提起诉讼，请求人民法院对被告作出的行政行为的合法性进行审查，使行政相对人受到损害的权益得到恢复和补救[1]。

3. 公力救济存在的不足

（1）公力救济成本过高，与法律的效率价值背离。公力救济的

［1］　毛尉．对我国行政侵权后的公民权利救济机制的思考［J］．求索，2012（7）：232-234.

法定性和程序公正要求，其运行的过程必须严格按照法定程序，"完备公正"的程序在保障公正确实居功至伟，但"烦琐流程"确实背离了高效、低成本的效率价值诉求。譬如，一件行政争议案件，行政复议审理一般需要 2 个月，在审理过程中还可以延长 1 个月；如对行政复议不服，提起行政诉讼一审一般需要 3 个月，审理中还存在延期、中止等问题；二审同样也有相关程序必须完成，一个行政争议案件，到生效裁决做出之日一般需要最少 9 个月的时间。其次，审理中投入的各种资源更是相当昂贵。最后，即便行政争议获得胜诉裁判，能否得到及时足额执行，仍然需要投入人力、物力，且最终能否执行到位还是未知数。这些年群众屡屡吐槽的"法律白条"，从某方面印证了公力救济的缺陷。

（2）法律的规范性、稳定性在客观上影响了公力救济的公正性。作为"肯定的、明确的和普遍的规范"[1]，首先，法律从制定公布之日起，其滞后、僵化和严格的程序正义等问题就阻碍了行政争议当事人通过诉讼获得公正救济。其次，法律是立法者认识能力的呈现，立法者永远不可能对将来所有的问题做出"洞见"，法律存在疏漏和错误在所难免。再次，在法条竞合的情况下，法律适用条款的选择必然意味着可能对争议的某一方当事人存在不公。最后，涉及权益补偿赔付的标准制订的低层级化和权宜性，造成权利人永远无法获得公平救济。譬如，在土地征收和房屋拆迁补偿环节，补偿标准的制订部门基本是市县人民政府，甚至是乡镇人民政府；地方政府本来就是土地利益的分享者，其制订的补偿标准基本上低于市场价；而司法机关在审理此类补偿案件时又无其他高位阶补偿赔偿标准可供适用，其结果是司法机关无论如何处理，对补偿赔偿申请人都是不公平的，被征地、被拆迁人损失的利益无法得到公平救济[2]。

---

［1］ 中共中央马克思恩格斯列宁斯大林著作编译局.马克思恩格斯全集：第九卷［M］.北京：人民出版社，1961：71.

［2］ 肖午.论房屋强制拆迁诉讼中的"不停止执行"［EB/OL］.（2005-10-12），［2021-07-15］.

（二）私力救济

1. 私力救济的价值

①在全球化深度发展的时代，社会利益日益多元化、传统和非传统安全问题频发，权利争议也呈"爆炸式"增长，事实上，社会纠纷纷繁多样，"若绝对不许私力救济，亦于权利保护或有不周"[1]。首先，多元化纠纷解决成为国际社会纠纷解决的一种必然选择；公力救济和私力救济必须共同发力才可能应对纠纷"爆炸"的压力，因为"私力救济是公力救济不可或缺的补充"[2]。其次，私力救济也不排斥当事人对"公力"的借助，"因为公权力运作并不一定以公权力本身面目出现"[3]。譬如，在某些行政性纠纷发生后，"私人"向与争议无关联的具有公权力的"领导"求助，在"领导"的协调之下，争议获得圆满解决。这类纠纷解决确实有"公权力"的介入，但此处的"公权力"并非以典型公权力的面目出现，纠纷解决的方式仍应归为一种私力救济。

②私力救济体现意思自治的民权理念，是善治的必然要求。我们处在一个不断完善自己、发展自己、解放自己的新时代，"以人为本""权利本位"是其基本特征。在这个时代我们尊重弘扬个体权利，激发个人的自主意识和主体精神。"法律的目的不是废除或限制自由，而是保护和扩大自由"[4]，"一个人一旦达到有理智的年龄，可以自行判断维护自己生存的适当方式时，他就从这时成为自己的主人"[5]。这就是说任何心智健全、达到一定年龄的公民都应当成为自己的主人，既包含权利应平等地赋予每个人，也包含人人都要参与权利的运行，人人都可以通过自己的行为实现自我保障有权利，只有

［1］　梁慧星.民法总论［M］.北京：法律出版社，1996：252.

［2］　秦玉娈，刘建民.论私力救济法律制度［J］.河北经贸大学学报，2006，27（4）：88-92.

［3］　徐昕.私力救济的概念［J］.刑事司法论坛，2004（1）：584-612.

［4］　洛克.政府论下篇［M］.叶启芳，瞿菊农，译.北京：商务印书馆，2009：36.

［5］　卢梭.社会契约论［M］.何兆武，译.北京：商务印书馆，1980：5.

自己无力维护保障自己权利和自由时，公力救济才成为必要和必需。事实上，私力救济有利于社会纠纷的解决，维持市民社会的秩序；在公力救济的过程中私力救济的充分介入，使裁判更符合当事人之意志，可以增强司法的权威性与说服力，从而体现民权思想和自治理念。

③私力救济更能彰显实质正义。亚里士多德认为正义包括分配正义和校正正义，分配正义是对财富、荣誉等有价值的东西的配置；校正正义是对受侵害的财富、荣誉和有价值的东西的恢复和补偿。在利益多元化时代，私力救济更能体现校正正义，更能维护实质正义。在程序正义日益深入人心的今天，程序正义已占据统治地位，公力救济更侧重形式正义的实现。司法对形式理性和程序正义的强调会在一定情形下造成实体正义的失落，此种情形下，私力救济对实体正义实现便具有不可忽视的替代和补充作用[1]。

2. 私力救济的特点和优势

①私力救济的特点。一是自愿性。首先，私力救济的程序随意，一般没有严格的法律规范，道德规范、社会习俗、情义等均可成为纠纷解决的参考，程序的合意性特征明显[2]。权利争议的双方当事人对纠纷处理主体、程序、权益处分、结果认同等，完全自愿自主，除非违反法律规定，纠纷处理机关一般不予干预。二是民间性。首先，私力救济一般是普通社会组织和公民个人，不具有官方身份，不动用公权力。其次，私力救济在程序上具有非正式性。再次，纠纷解决所使用的规范具有多元化，可以是法律规范，也可以是国家政策，还可以参照民间习俗惯例。最后，纠纷处理结果不具有强制性。三是经济性。首先，私力救济没有繁杂的程序，且一般不收取费用。其次，节约诉讼资源，毕竟"不是所有的司法裁判都能够产生正义，但是每一个司法裁判都会消耗资源"[3]，私力救济不仅使部分纠纷在诉前

---

[1]　徐昕.通过私力救济实现正义：兼论报应正义[J].法学评论，2003，21（5）：26-34.

[2]　周佑勇，解瑞卿.作为行政性纠纷解决之道的私力救济[J].当代法学，2011，25（1）：44-49.

[3]　方流芳.民事诉讼收费考[J].中国社会科学，1999（3）：130-153.

得以解决，也减轻法院的负担。四是高效性。第一，在私力救济过程中，双方当事人可以不拘泥于法定程序，进行自由和充分的沟通交流，利于纠纷的迅速解决。第二，由于私力救济是当事人双方妥协让步的结果，矛盾更易于化解。

②私力救济的优势。一是私力救济有利于提高纠纷处理结果的可接受性。在通过私力救济处理纠纷过程中，纠纷处理的全过程都是遵循当事人的自愿自主，没有强制和干预，结果是其"意识自治"的产物。因此纠纷一旦处理终结，争议双方都会认同处理结果并主动履行义务，进而解决矛盾。二是有利于缓解民众与政府之间的矛盾，促进社会秩序的和谐与稳定。在民众权利意识高度觉醒的时代，公民对政府的期待和要求会更高。但在我国，普通公民法律意识还不强，来自官方的公力救济经常面临"公正性不足"或"说服力不够"的窘境，这也是近年来"群体性事件"屡屡发生的重要原因之一。有时公力救济的"公正性"不足，反而会加深民众和政府之间的嫌隙，而私力救济的优势，在此时可以很好地弥补这一制度缺陷。在纠纷不断增加的今天，把部分社会纠纷纳入私力救济渠道加以解决，是一个必然选择，毕竟"个体正义更多的是在法院之外而不是在法院之内获得"[1]。

（三）社会救济

社会救济是指依靠社会权力来对受损害的权利进行救济，其救济渠道包括仲裁和调解（包括民间组织调解、行政调解、律师调解）。仲裁是指行政争议的当事人按照法律规定的范围和程序，根据双方所达成的仲裁协议或者仲裁条款，将特定争议交由法院以外的第三方进行裁决，从而解决纠纷的一种争议处理程序。调解指通过中立调解人的沟通协调，使当事人在平等协商的情况下达成解决纠纷的

---

[1]　卡罗尔·哈洛，理查德·罗林斯.法律与行政 [M].杨伟东，等译.北京:商务印书馆,2004:119.

合意，进而解决纠纷的一种纠纷处理渠道。调解程序灵活，程序的启动及展开都较诉讼程序要灵活，调解结论的做出可以适用法律法规、政策，也可以适用道德、习俗，只要不违背当事人的意愿都是可以的。

第二节　国土空间规划权利救济的缘起

一、国土空间利用权利保障的需要

（一）保障国土空间发展权的需要

按照"法不禁止即自由"原则，在国土空间开发利用市场，权利主体只要不妨碍公共利益和影响他人权利的实现，土地利用私权利就可以自由行使，包括土地的占有、收益、转让、抵押等权利以及在他人土地上设立的通行、采光、通风、取水等便役权和将土地利用约定权延伸至继受人的地约权与衡役权等[1]；在空间利用私权受到空间规划影响时，利益相关者享有知情权、参与权和一定程度的决策权。另外，自然遗产和历史文化遗产保护等公共利益也可通过保护性地役权、可转让土地发展权、规划许可证交易等以市场和私权利的相对自由为基础的形式实现[2] [3] [4]。但由于空间规划公权与空间发展私权边界和范围难以界定等，规划公权力和土地利用私权利间往往会存在诸多冲突。规划公权力与空间利用私权利间的冲突最为严重并存在两个极端：规划公权力的过度膨胀、土地利用

[1]　约翰·G.斯普兰克林.美国财产法精解［M］.2版.钟书峰，译.北京：北京大学出版社，2009：506-570，616-634.

[2]　MORRISETTE, P M. Conservation easements and the public good：preserving the environment on private lands［J］.NatR esour J，2001，41（2）：373-426.

[3]　PRUETZ R.saving natural areas，farmland，and historic landmarks with transfer of development rightsand density transfer charges［M］.MarinaDelRey，Calif.ArjePress，2003.

[4]　HENGER R，BIZER K.Tradable planning permits for land-use control in Germany［J］.Land Use Policy，2010，27（3）：843-852.

私权利肆意行使。前者突出情况为：分区规划侵犯私人自由和财产权[1]，分区规划是对人的控制[2]；后者表现有：社区居民对于可负担住房项目建设、污水处理设施、焚化炉等不受社区欢迎，土地用途表达"不要在我后院"的反对意见[3]，对于湿地保护等环境资源政策的强烈抵制等[4]。

（二）国土空间利用私权保障不足

一是土地利用规划中公众参与渠道不畅，公众知情权、参与权得不到保障。目前规划公众参与多停留在"公众参与阶梯"[5]中的操纵性参与、象征性参与等低水平阶段，规划成果公示不够全面且存在有意隐瞒现象，规划编制、实施未能有效反映公众利益和保障土地利用私权利。二是规划公权力侵害私权利的救济机制存在诸多问题。救济主要是通过向规划部门申请规划修改和向法院申请行政诉讼的渠道实现，行政诉讼受理条件苛刻造成很多纠纷不能进入诉讼程序，且行政诉讼限于规划实施过程中的具体行政行为而缺乏针对规划制定行为和规划内容不服的事前救济。三是缺乏规划公权力行使对于土地利用私权利的经济影响分析，也没有据此建立相应经济补偿机制，例如因实施耕地保护而使农民利益受损和因历史文化遗产保护而使有关房产所有者利益受损的经济补偿明显不足；对因基础设施建设等规划调整而意外得益的也缺乏适当纠正机制。

[1] FRAZIER B.Zoning'sattack on liberty and property [EB/OL]（2007-02-02）[2020-07-06].

[2] GREGORY A.The seven lies of zoning, http://www.lawfulpath.com/ref/zoning7lies.shtml,（2002-08-15）[2020-07-06].

[3] FREUDENBURG W R, PASTOR S K. Nimbys and lulus: stalking the syndromes [J]. J SocIssues, 1992, 48（4）:39-61.

[4] 国际城市（县）管理协会，美国规划协会.地方政府规划实践（原书第三版）[M].张永刚，施源，陈贞，译.北京：中国建筑工业出版社，2006: 438.

[5] ARNSTEIR S R. A ladder of citizen participation [J]. JAmInst Plan, 1969, 35（4）: 216-224.

二、规制国土空间规划权的需要

"在现代社会，国家主要采用国土空间规划等方式实现私人土地财产权与公共利益的平衡"[1]；美国为保障国土资源利用效率，促进经济社会和环境保护协调、可持续发展，通过编制实施土地利用规划，调整由于土地私有制而引起的土地利用矛盾，并使土地利用达到社会福利的"帕累托最优"；荷兰国土空间规划对土地利用方式规定得更为细密，其不仅明确土地的用途、房屋的结构及面积，而且对房屋外观和颜色、屋前花园都提出要求。上述国家规划公权力对国土空间利用私权的限制的起点和宗旨必须是基于公共利益。但中外法治实践一再证实，权力与权利之间的力量对比，公权力从来都是占据上风的。在规划行政相对人的权利缺乏完善保护的环境下，私权将不可避免地受到权力的侵害。因而，在国土空间规划法律制度建构完善中必须严格规制国土空间规划权力、维护行政相对人的权利，"使权利在与权力的博弈中能够增强自身的力量，从而使权利与权力能够达到一种相对均衡的状态"[2]。

三、信赖利益保护的需要

信赖利益保护是指当公民、法人和其他组织对行政机关及其管理活动已经产生信赖利益，并且这种信赖利益因具有正当性而应当得到保护时，行政主体不得随意更改此种行为，如果变动则须对行政相对人的信赖损失予以补偿。即人民对政府行为或承诺的正当信赖必须予以合理保护，以使其免受不可预计的不利后果[3]。信赖利益保护原

---

[1] 罗豪才，宋功德.行政法的失衡与平衡[J].中国法学，2001（2）：72-89.

[2] 施峁.日本国土规划实践对我国的借鉴意义[J].城市规划汇刊，2003（1）：72-75.

[3] 沈峁.利益参与信赖保护同比例合理——城市规划制度完善之原则[N].法制日报，2003-11-15（7）.

则肇始于德国行政法院判决，该原则最初适用于私法领域，后进入法理学、宪法学和行政法学领域，并成为行政法的一项基本原则[1]。国土空间规划是布局国土空间、配置国土资源、调控空间利益的一项重要制度，必须适应经济、社会发展之需要，进行及时调整。然而，由于国土空间规划行政行为作出后，就具有即定性、约束力、强制性，国土空间规划相对人及其他社会公众会对国土空间规划制度及国土空间规划行政行为产生信赖，并据此安排自己的生产经营活动。国土空间规划的变更势必影响普通公众的信赖以及基于信赖而获得的利益。鉴于过去我国在土地利用规划、城市规划中变更规划，忽视信赖利益保护的现实，国土空间规划修改变更除按照法律规定条件和程序征求利害关系人的意见和建议外，还要严格遵守信赖利用保护原则。首先，如果国土空间规划变更可能获得的公共利益，明显小于利害相关人因信赖规划而形成的正当利益，应当考虑不予变更。其次，国土空间规划中影响行政相对人权益的行为要有确定性和可预测性；国土空间规划制度一般不溯及既往，尤其那些具有侵益性、负担性的国土空间规划规范，禁止溯及既往。再次，国土空间规划行政行为已经做出，非有法定理由并经法定程序不得随意撤销、废止和改变；国土空间规划行政主管部门或地方政府做出承诺后，应该积极履行兑现承诺。最后，即便为保障公共利益而确实需要变更规划，也要留够有一定的生效期间，以便利害相关人根据新规划重新安排生产经营活动和日常生活；对确因规划变更给无过错的行政相对人正当利益造成损害的，应依法及时给予合理补偿。

---

[1]　姜明安.行政法与行政诉讼法[M].2版.北京：法律出版社，2006：283.

第三节　国土空间规划私权救济的基本制度

一、国土空间规划损害补偿制度

解决行政权力与权利在力量对比的不对等，保障私益不受非法妨害，需要"通过立法过程中的多方博弈以实现行政法的行政权与相对方权利的结构性均衡"[1]。具体路径包括：一是通过分权制约国土空间规划行政权滥用。二是通过确认、扩大国土相对人权利以制约国土行政权，即谋求"以权利制约权力"。

（一）国土空间规划行政相对人权益保障重点

从我国法律规定看，国土空间规划行政相对人的权利包括：参政权、平等对待权、自由权和程序权利等权利。基于本书研究需要，参政权中的公众参与在基本原则章节中做了阐述，平等对待权属于政治权利，本章重点研究自由权中的私权财产权、自由权和程序性权利。为有效制约国土空间规划管理权，保障国土空间规划管理权合法、合理运行，实现国土空间规划制度的价值和可持续发展目标。在国土空间规划领域需建立一套完善国土空间规划救济机制。

1. 完善国土空间规划请求权体系

法律权利如果没有有效救济程序保障，就是"裸露"的，因为"无救济就无权利"[2]。救济请求是一种事后措施，具有被动性，遵循"不告不理"规则。但细化完善国土空间规划行为实施中的请求权，对有效保障私权是大有裨益的。针对国土空间规划行为的程序性、持续性和影响广泛性，应当建立完善的请求权体系，即撤销请求权。当国土空间规划主管部门所确定的国土空间规划与现行的法律规范相冲

---

[1]　罗豪才，宋功德. 行政法的失衡与平衡 [J]. 中国法学，2001（2）：72-89.

[2]　苏力. 法治及其本土资源 [M]. 北京：中国政法大学出版社，1996：211.

突时，国土空间规划行政相对人及其他利害关系人可以请求撤销已经确定的国土空间规划，即享有国土空间规划的撤销请求权。

2. 排除妨害请求权

国土空间规划的实施中需要采取此类措施而国土空间规划的确定裁决中又无此内容时，相对人享有防护措施请求权，要求增加此类防护措施。这项请求权为德国《联邦行政程序法》最先确认，该法第 73 条第 2 款规定："规划确定机关须要求规划承担者采取必要预防和保持有关设施，以保护公共福利，或避免对他人正当利益造成的消极后果。"

3. 消除影响请求权

当国土空间规划变更或终止后对相对人利益造成不利影响而需要采取过渡措施或补救性措施时，相对人可依法请求国土空间规划主管部门采取此类措施，当国土空间规划主管部门拒绝采取有关措施时，规划相对人可请求司法救济。该项请求权主要针对规划的变更和终止，目的在于保护相对人利益。

4. 规划执行请求权

国土空间规划相对人请求执行规划需具备：执行请求权的客体是经法定程序确定的国土空间规划；执行请求权的主体是与国土空间规划执行具有直接利益关系的人；国土空间规划主管部门怠于履行规划所确定的义务；规划请求权的内容体现为要求国土空间规划主管部门遵守生效的国土空间规划，停止违反规划的行为或者采取规划所要求的措施[1]。

5. 规划存续请求权

国土空间规划存续请求权的目的是维持规划，保持规划的稳定性，是对擅自变更或终止的抵制和反对[2]。

---

[1]　马怀德.行政程序立法研究：《行政程序法》草案建议稿及理由说明书［M］.北京：法律出版社，2005：373.

[2]　毛雷尔.行政法学总论［M］.高家伟，译.北京：法律出版社，2000：415.

（二）完善国土空间规划补偿制度

行政补偿是指行政主体基于公共利益的需要，在管理国家和社会公共事务的过程中合法行使公权力的行为致使公民、法人或其他社会组织的合法权益遭受特别损害，依照公平原则，对遭受损害的相对人给予合理补偿的行为。国土空间规划的补偿请求权则属于事后救济措施，是在前文五种国土空间规划请求权提起后无法达到救济目的时启用，是与前文五种请求权并用的一种权利。在此就国土空间规划补偿制度给予简单论述。

1. 国土空间规划中损失补偿的类型

首先，国土空间规划确定中的损失补偿。国土空间规划制度应当就规划确定补偿作出明确规定，因为如果在国土空间规划的确定过程中不能就补偿达成一致，那么在国土空间规划的实施过程中请求补偿可能会遇到较大的阻力，进而影响国土空间规划的实施进程。在国土空间规划确定程序中确立补偿制度，主要基于以下需要：一是保护国土空间规划相对人利益的需要。当国土空间规划后续措施实施可能会侵害到部分相对人的利益时，如果不予以补偿，则对这部分行政相对人有失公允，这部分行政相对人将因国土空间规划的实施而额外承受了"公共负担"和受到了"特别牺牲"。二是追求国土空间规划制度效率价值的需要。国土空间规划的确定程序为国土空间规划管理机关与相对人的沟通和对话提供了一个平台，双方的争议不仅限于是否应该采取哪些措施，也包括在后续措施造成相对人的损害时是否给予补偿的问题。如在规划确定程序中仅确定后续措施而不就补偿的问题达成一致，则必然造成行政主体与相对人之间的争议无法得到全部解决。而相对人也必然会从维护自己利益出发，消极对待国土空间规划的实施甚至采取对抗措施。权利义务关系的不确定造成新的矛盾，将会大大降低国土空间规划制度的效率。因而，应该在国土空间规划中确立损失补偿制度，为国土空间规划的顺利实施扫清障碍，从而提高国土

空间规划的实施效率。三是事先补偿原则。所谓事先补偿原则是要求
行政机关在征收相对人财产权之前必须先对相对人的损害进行补偿，
至少必须与相对人就补偿的范围、标准、方式及补偿金的支付时限等
问题达成协议。事先补偿原则体现了现代国家基于公共利益的需要而
剥夺或限制人民财产权时应最大限度地保护私人利益，体现了对私益
的尊重。事先补偿的原则为大多数国家的宪法确认，如1993年的《俄
罗斯联邦宪法》第35条第3款就规定："为了国家需要强行没收财产
只能在预先作出等价补偿的情况下进行。"其次，国土空间规划变更、
中止中的损失补偿。现代经济技术等的迅猛发展，要求国土空间规划
必须对此作出及时合理有效的应对。国土空间规划行为变更、中止是
其保持正当、合法、有效之必需，因为过于恪守已确定行政行为既不
合时宜，也不符合公共利益的需要。但已确定的国土空间规划如变更
或终止就可能会影响到规划相对人的利益。基于"行政机关欲变更或
终止其计划时，即不得忽略人民信赖保护之问题"的信赖保护原则，
国土空间规划的变更或终止造成相对人信赖利益的损失时，应对相对
人给予必要的补偿。另一方面，国土空间规划变更、中止会造成规划
相对人的投资无效等，国土空间规划变更、中止存在"给私人带来的
危险的问题"。[1]在做出行政规划的变更、终止决定时，对规划变更、
中止而引起的补偿问题的解决方案应一并考虑。

　2. 国土空间规划中损失补偿的构成要件

　　国土空间规划损失补偿应具备以下构成要件，第一，国土空间规
划制定部门变更、中止规划的原因行为合法。行为合法具有两方面的
含义："一是国土空间规划机关剥夺或限制相对人财产权益，必须要
有法律上的依据，至少不能与制定法冲突；二是实施限制或剥夺行为
时的动机和目的必须是基于公共利益的需要。"[2]第二，造成相对
人的特别损害。特别损害表明国土空间规划行为造成的损害不是"普

---

[1]　盐野宏.行政法［M］.杨建顺，译.北京：法律出版社，1999：156.
[2]　王太高.行政补偿制度研究［M］.北京：北京大学出版社，2004：122.

遍的"，而是只在特定范围内的、针对部分相对人的"特别的"损害。第三，具有因果关系。因果关系要求原因行为与特别损害之间的联系必须是本质的、必然的联系，而不能是间接的、偶然的联系。

3. 国土空间规划中损失补偿的范围

补偿的范围是指对国土空间规划制定实施机关的哪些行为造成的损失需要给予补偿。在国土空间规划中，国土空间规划机关拟采取的以下行为造成相对人的损害需予以补偿。第一，征收。征收是国土空间规划制定实施后使用最多的措施，其对国土空间规划相对人利益的影响最为直接和明显。第二，征用。同征收一样，征用也是国土空间规划中经常需要采取的后续措施，而且两者经常一起使用，但两者之间存在着一定的区别[1]。第三，其他造成相对人损失的后续措施。

二、国土空间规划国家赔偿制度

根据现代法治国家理念，为保障国家公权力合法规范运作，对违法使用公权力，并给公民、法人和其他组织的合法权益造成损害，国家应当承担赔偿责任。国土空间规划行政主管部门及行使国土空间规划管理职能的法律法规授权的组织违法行使国土空间规划管理职权，给国土空间规划行政相对人合法的权益造成损害，应当承担赔偿责任，自然没有异议。但国土空间规划行政主管部门及法律法规授权的组织行使国土空间规划职权的哪些行政行为应当承担赔偿责任，哪些行为免除赔偿责任；成为国土空间规划行政赔偿的申请人需具备哪些条件；国土空间规划侵权损害的范围及赔偿方式和标准应如何准确界定等，《中华人民共和国国家赔偿法》（以下简称《国家赔偿法》）无明确规定，此处笔者拟进行简单论述。

---

[1]　姜明安.行政补偿制度研究［J］.法学杂志，2001，22（5）：14-17.

（一）国土空间规划违法赔偿责任的行为类型

为平衡公权和私权间的关系，国家会对应当承担国家赔偿责任的公权行为的范围作出限定，如有些国家把公共设施致害纳入国家赔偿的范围，有的则以私法赔偿；有的国家将立法行为纳入国家赔偿范围，有的国家则明确规定违法立法行为不予赔偿。《国家赔偿法》第三条规定："行政机关及其工作人员在行使行政职权时有下列侵犯人身权情形之一的，受害人有取得赔偿的权利：（一）违法拘留或者违法采取限制公民人身自由的行政强制措施的；（二）非法拘禁或者以其他方法非法剥夺公民人身自由的；（三）以殴打、虐待等行为或者唆使、放纵他人以殴打、虐待等行为造成公民身体伤害或者死亡的；（四）违法使用武器、警械造成公民身体伤害或者死亡的；（五）造成公民身体伤害或者死亡的其他违法行为。"第四条规定："行政机关及其工作人员在行使行政职权时有下列侵犯财产权情形之一的，受害人有取得赔偿的权利：（一）违法实施罚款、吊销许可证和执照、责令停产停业、没收财物等行政处罚的；（二）违法对财产采取查封、扣押、冻结等行政强制措施的；（三）违法征收、征用财产的；（四）造成财产损害的其他违法行为"。

从法条规定看，无论是对人身侵权还是财产侵权，国家只对其违法行使的具体行政行为承担赔偿责任，具体到国土空间规划管理部门则为：在实施国土空间规划中，违法罚款、吊销许可证和执照、责令停产停业、没收财物等行政处罚的；违法对财产采取查封、扣押、冻结等行政强制措施的；违法土地征收、征用等。对违反法定程序擅自修改规划，给相对人财产权利造成的损害则不在赔偿之列。从法理上讲，对宣战、媾和、备战、战争动员等国防行为；对建交、断交，批准、缔约、参加、退出国际条约协定等外交行为；对宣布戒严、重大救灾行为、抗传染病措施等重大公益行为，即便违法并给特定公民、法人和其他组织造成损害，国家也不承担赔偿责任，因这类行为属于最高国家行政机关实施的高度政治性行为，不宜列入司法审查范围。

对于立法行为造成的损害，是否应当承担赔偿责任，很少国家在法律中作出规定，但判例和习惯中将国家立法行为排除在赔偿范围之外。在法国，国家行使立法职能造成的损害以法律规定为前提，如无法律规定则不予赔偿，其次法国将立法分为议会立法和行政机关立法，对议会立法原则上不承担赔偿责任，对行政立法责任视具体情况而定。对国家立法行为违法致害，是否应当承担赔偿责任的关键之处在于违法的立法行为造成的损害对象是否是特定的。立法行为属于抽象行为，国家权力机关的立法行为是国家行为，且法律针对普通公众，国家权力机关的违法立法不承担赔偿责任，应当没有争议。但对于行政机关制定的规章、规范行为文件、决定、命令和行政规划等抽象行政行为，给相对人造成损害的，国家应当承担赔偿责任。因此，对违法制定、修改国土空间规划行为，尤其是国土、城乡详细规划的行为，国土空间规划等行政管理部门应当承担国家赔偿责任。

（二）国土空间规划机关承担赔偿责任的侵权损害范围

多数国家将国家承担赔偿责任的侵权损害范围限定为人身权损害和财产权损害。但人身权包括人格权和身份权，财产损失包括直接损失和间接损失。《国家赔偿法》通过正面列举的方式规定承担国家赔偿责任的侵权损害范围，把范围限定为直接的财产损害，对间接损害，如间接的经济损失和精神损失原则上不予赔偿。从国土空间规划违法赔偿来看，国土空间规划具体行政行为造成的直接损失，承担赔偿责任是毫无异议的。但对地方政府为追求 GDP，违反法定程序频繁变更国土空间规划，如通过变更规划实行土地征收，或者调整土地用途等，这些行为不仅侵害行政相对人的人身权和财产权，甚至造成行政相对人较大的经济损失，威胁行政相对人乃至后代人的生存权和发展权，而且极易助长行政机关乱作为，损害政府形象和行政行为公信力，这类行为不能仅仅赔偿行政相对人的直接财产损失，应当对行政相对人将来的生计给予安排，或者给予赔偿；对行政相对人造成的精神痛苦应承担精神损害赔偿责任。当然，对行为种类行为、损失范围和程度需要严格限定，不能扩大化。

第四节　国土空间规划私权救济程序

一、公力救济程序

（一）提起行政复议

1.行政复议的基本内涵

行政复议亦可被称为行政诉愿，在大陆法系国家和地区的行政法法理中，从诉愿与行政诉讼的关系来看，诉愿之程序性质有三种：诉愿作为行政诉讼之强制的先行程序；诉愿作为行政诉讼之选择的先行程序；诉愿作为与行政诉讼并列或独立的程序[1]。在我国，行政复议是基于行政机关内部监督和纠错机制而对当事人开放的一种权利救济制度。在国土空间规划制度实施中，在确定规划裁决后，规划或其配合措施对相关利益主体权益发生不可预见之影响，由于该影响不可预见，利害关系人一般无法在确定规划之听证程序提出防范请求，因此为保护该利害关系人之权益，应容许其请求为必要之防护措施，消除不利之影响[2]。在国土空间规划实施中，控制性详细规划等变更会对利害关系人的合法权益产生影响，当事人可否根据《行政复议法》提起行政复议呢？根据《行政复议法》第六条规定，行政复议机关只能对具体行政行为进行复议，而对该具体行政行为依据的抽象行政行为只能依据该法第七条提起附带的审查申请。控制性详细规划变更实际上是行政机关在原始规划第一次介入公民财产权之后，再次介入了

---

[1]　[2]　翁岳生.行政法：下［M］.北京：中国法制出版社，2009：1229.

公民的财产权，无论此种规划变更是以具体行政行为的方式还是抽象行政行为的方式作出，均应该允许相关利害关系人提起行政复议。

2. 国土空间规划行政复议现状

从当前行政复议受案范围看，可以提起行政复议的规划行为包括规划裁定、审批、处罚、强制等行为，对于国土总体规划、国土详细规划、区域规划等综合性的规划，《行政复议法》明确界定为抽象行政行为，对这些规划提起复议是不予受理的。对抽象行政行为进行复议是世界各国的通例。美国《联邦行政程序法》第533节规定了行政相对人申请发布、修改或者废止某些规章的权利。在法国现行行政救济制度中，行政相对人对侵害了自己权益的抽象行政行为，除法律明确或者默示地做出排除或者限制的规定外，都可以向复议机关申请救济。在行政复议与行政诉讼的关系上，各国均遵循"司法最终"的原则，行政复议通常作为行政诉讼前置程序而存在，有些行为在提起诉讼前必须经过行政复议，而有些行为可以不经复议而直接提起诉讼。在德国，考虑到程序的经济性，对经过了听证程序的行政规划不再列入行政复议受案范围，其《联邦行政程序法》第74条第1款和第70条规定，以要式行政程序所产生的行政行为为标的提起行政诉讼的，不需对之在前置程序中予以复查，即不必经过行政复议程序。

我国《行政复议法》第七条规定："公民、法人或者其他组织认为行政机关的具体行政行为所依据的下列规定不合法，在对具体行政行为申请行政复议时，可以一并向行政复议机关提出对该规定的审查申请：①国务院部门的规定；②县级以上地方各级人民政府及其工作部门的规定；③乡、镇人民政府的规定。"但行政相对人对国务院部、委员会规章和地方人民政府规章不能提起行政复议。从制定程序看，国土空间规划虽然在制定过程中要经过本级权力机关审议，但其生效必须经由审批权的上级人民政府批准，国土空间规划程序性质上仍应定位为行政程序，属于行政行为，而非立法行为。较之于规章的制定，国土空间规划制定并没有规章制定程序规范严谨，因此国土空间规划行为不能和规章制定行为相提并论，鉴于国土空间规划，尤其是国家和地方国土总体规划及城乡总体规划，并不对特定行政相对人利益产生实质性影响，国土空间规划行为的性质和政府的规定或规范性文件，属于可以被行政复议机关间接或附带审查对象。这种规定从法理上讲或许有其合理性，却不符合国土空间规划的实际情况。从我国规划实践看，国土空间规划中的有些规划，譬如城市规划中的修建性规划直接影响特定区域特定群体的切身利益，不允许这些规划相对人提起复议是不公平的，也容易造成规划权被滥用。

3. 国土空间规划责任的复议实现

根据宪法和行政法规定，公民对国家公权力的行使机关及其工作人员享有批评、建议和申诉控告的权利。国土空间规划执行中，由于涉及各方面的利益，国土空间规划部门及工作人员囿于主观、客观等方面因素，在国土空间规划的编制、实施、修改、变更时可能会出现不当、错误甚至违法等问题，因此国土空间规划制度必须明确国土空间规划不当、错误、违法行为的内部监督程序，及时纠正可能带来的不利和有害结果。国土空间规划制度实施给特定公民、法人和其他组织利益造成或可能造成影响或损害时，行政相对人有权向国土空间规划编制实施部门的上级部门申请行政复议，请求对相关部门对国土空间规划行为的合法性和适当性进行审查。最后，复议审查的内容。具体内容包括：规划许可是否符合有关国土空间规划法，如《城乡规划法》等法律法规要求；规划许可是否符合规划成果要求；规划许可涉及产业是否符合国家政策和相关环保要求；规划许可是否符合法定权限和程序；规划许可自由裁量是否得当；规划行政许可效果是否得到保障；国土空间规划行政处罚是否事实清楚、证据是否确凿、适用法律是否正确。

（二）提起行政诉讼

1. 相对人可以提起行政诉讼的基本条件

控制性详细规划等空间规划变更后可能对规划区内当事人的财产权等基本权利产生不利的影响或者增加其负担，不服确定规划裁决，可提起全部或部分规划裁决撤销之诉[1]。行政相对人对于空间规划行政机关具体行政行为不服的，可以依据《行政诉讼法》对作出该具体行政行为的行政机关提起行政诉讼。控制性详细规划等空间规划对规划区内的利害相关人可能造成的规划侵权，可否以控制性详细规划的合法性本身为争议标的而提起行政诉讼呢？这需要审核纠纷是否具有可司法性的问题。笔者认为，控制性详细规划等空间规划是否具有可司法性，需要把握两个标准：一是规划是否属具体的行政行为？二是司法机关审查控制性详细规划的限度有多大？笔者认为，规划行为有可能是对行政相对人的土地使用权进行了限制或者是直接影响到了相对人房屋、建筑等财产。控制性详细规划等空间规划符合"行政处分"要件特征，为一种具体的行政行为。原因在于该行为满足如下四个要件：①行政行为的主体为确定的行政机关；②行政主体作出该行政行为系依据其法定职权；③该行政行为能够产生行政主体所意欲达到的法律效果，亦即该行政行为在公法上达到了意思表示和法律效果的统一；④该行政行为所指向的对象为多数相对人，且该多数相对人可以依据一定的标准确定（例如规划区域内的人或物）。至于提起规划侵权诉讼当事人适格等问题，可以借鉴日本行政诉讼法的做法，即通过解释"法律上保护的利益"来根据社会需要的变化，扩张原告的范围，这样既可以保护周边居民的救济权利，又不至于过度扩张行政诉讼的原告范围。[2]当然，由于法律赋予行政机关在制定和修改控制性详细规划时以相当程度的"规划裁量"，规划行政部门在其职

---

[1]　翁岳生.行政法（下）[M].北京：中国法制出版社，2009:811.

[2]　凌维慈.城乡规划争议中的原告资格：日本法上的启示[J].行政法学研究，2010（3）：111–120.

权范围内以及在高度专业性和政策性的范围内享有比较充裕的裁量空间。对于控制性详细规划，行政机关对某一规划区可以基于重大"公共利益"的考虑而修改，也可以基于重大的政策性考虑而变更，法律也通常允许独立的委员会（如城市规划委员会）基于专业性和公平性的考虑而享有判断其是否合宜的余地。[1] 因此，人民法院审查控制性详细规划必须以行政机关必要的"裁量余地"为一定的限度，否则一方面可能产生司法过度介入行政而使行政效能低下的困境，另一方面法院会面临在高度专业、技术领域的能力不足问题。在具体案件上，人民法院审查应该考虑以下因素：①对于拟定规划具有指导及拘束作用之上位规划。②拟定之规划，对于达成规划目标之需要性。③法律规定规划指导原则。④利益之衡量。在涉及公益与私益冲突衡量过程中，若规划部门在做出规划行政行为中存在着权衡片面、权衡武断、权衡疏漏、权衡失调的情形[2]，当事人可以诉请法院判决撤销该规划或者要求规划部门重新作出决定。

2. 国土空间规划行政诉讼受案范围

我国司法界和学界对行政规划性质存在着较大的争议，行政规划一直被排除在司法救济的范围之外，这也使得行政规划权缺少来自司法力量的制约[3]。行政规划是否可诉的关键在于行政规划的性质认定，因为"一旦其形式被法律规定或者得到明确，法律救济的途径和种类也就相应地得以确定"。行政规划的确定裁定在德国是可以提起诉讼的。而在日本，法院的判例长期以来一直认为，即使是拘束性的计划也不具有处分性，因为行政规划缺乏争讼的成熟性乃至具体的案件性[4]。笔者认为国土空间规划是否可诉关键在于：第一，行为的性质，即是否为具体行政行为，是否具有对权利义务的处分性；第二，

［1］ 李泠烨.城乡规划中"公共福祉"的判定研究：一则著名美国案例的分析及其对中国的启示［J］.行政法学研究，2012（2）：116-123.
［2］ 翁岳生.行政法［M］.2版.北京：中国法制出版社，2009.
［3］ 藤田宙靖.日本行政法入门［M］.杨桐，译.北京：中国法制出版社，2012：754-757.
［4］ 室井力.日本现代行政法［M］.吴微，译.北京：中国政法大学出版社，1995：57.

是否成熟，即是否达到了适合法院受理的阶段。成熟原则是指行政程序必须发展到适宜由法院处理的阶段，即已经达到成熟的程序，才能允许司法审查。通常假定行政程序达到最后阶段才算成熟[1]。我国行政诉讼法的"受案范围"实际上也包括了这一标准。是否成熟实际上也是判断一个行为是否属于具体行政行为的一个标准。其与处分性一起共同构成了判断一个行为是否为具体行政行为的标准。具有处分性是判断具体行政行为的内容标准，而成熟性则是时间标准。

我国行政诉讼法受案是具体行政行为标准[2]，国土空间规划确定行为不属于受案范围，造成诸多国土空间规划在适当性、合法性方面存在问题，但却得不到审查。为此，可以借鉴德国做法，对国土空间规划等行政规划可在裁决阶段提起行政诉讼。在对国土空间规划的审查中坚持以程序审查为主、实体审查为辅的原则，重点审查国土空间规划行政主体裁量权是否滥用，如果存在滥用和违反程序，可以把国土空间规划裁决发回，要求国土空间规划制定主体作出更为全面的事实认定，或者要其在更具对抗性的行政程序中审查证据[3]。

3. 国土规划行政违法的程序法律责任

国土空间规划行政行为一旦做出便具有法律上的公定力、实质和形式上的确定力，但如果国土空间规划行政行为在内容要件、主体要件、程序要件、形式要件和时间要件五个方面违反法律法规规定，或者违反公共利益，即行政行为违法或者不当，就面临被行政机关或人民法院撤销或变更的风险，造成其完全或部分不能发生法律效果[4]。这实际上是对违法和不当国土空间规划行政行为从法律程序上予以否定，即对行政违法行为的程序性制裁，也称行政违法的程序法律责任。程序法律责任包括行政行为的撤销、行政行为被确认违法

---

[1] 王明扬.美国行政法［M］.北京：中国法制出版社，1995：642.

[2] 马怀德.行政程序立法研究：《行政程序法》草案建议稿及理由说明书［M］.北京：法律出版社，2005：373.

[3] 刘磊.城市总体规划环境影响评价研究［J］.城市问题，2008（4）：19-24.

[4] 郑备，黄勤.从"十一五"发展规划的改革看我国规划之争［J］.理论前沿，2006（6）：12-14.

和行政行为的变更。

①行政行为撤销。行政行为的撤销是指有效成立的行政行为，以其成立存在瑕疵为理由，为使其从成立时起就丧失法律上的效力，从而恢复到其未做出之前的状态，行政机关采取的独立行政行为或者司法行为。对于无效行政行为，只有具有正当权限的行政主体或者法院才有权撤销有瑕疵的行政行为。对于有瑕疵的行政行为，行政相对人及其他有一定利害关系者，可以在争讼提起期限内请求行政复议或提起行政诉讼，请求行政机关及法院予以撤销。撤销的效力以溯及既往为原则，撤销又分为争讼撤销和依职权撤销两种。

争讼撤销，只有具备一定资格（请求行政复议资格、原告资格）的行政相对人在争讼期限内，才能提出撤销请求；并且，只有存在这种请求，才能进行争讼撤销。这种请求被作为行政相对人权利予以保障，只要存在撤销理由（违法性、不当性），那么，复议机关及法院经审查确认后就可以作出判决，并有义务撤销该有瑕疵的行政行为。不过，一旦作出行政行为，以此为基础而形成新的法律秩序以后，有时并不能仅仅以行政行为的成立存在瑕疵为理由而无条件地撤销行政行为。从保护和尊重既成的法律秩序的角度，亦必须承认对撤销权的行使存在一定的限制（如基于依赖保护原则的限制）。一般来说，此种情况下要撤销有瑕疵的行政行为，必须存在相应的公共利益上的理由。

关于行政行为的撤销，《行政诉讼法》第七十条规定，"行政主体有下列情形之一的，人民法院判决撤销或者部分撤销，并可以判决被告重新作出行政行为：（一）主要证据不足的；（二）适用法律、法规错误的；（三）违反法定程序的；（四）超越职权的；（五）滥用职权的；（六）明显不当的"。如果形式主义理解法治主义的话，撤销有瑕疵的国土空间规划行为，当然是应该的，也是正确的。但人民法院审查具体的国土空间规划行政行为违法并拟撤销被诉具体国土空间规划行政行为时，需要仔细权衡国土空间规划行政相对人、第三人和社会公共利益之间的关系，妥善作出撤销判决。

具体来说，有瑕疵的侵益性国土空间规划行政行为，无论是否超过争讼期限和有无明文规定，人民法院均可依法判决撤销或部分撤销。这种撤销或部分撤销可以纠正国土空间规划行政行为的瑕疵，又不损害相对人的权利利益，符合行政合法性原则。而对有瑕疵的授益性国土空间规划行政行为，原则上也是可以撤销或部分撤销的，但出于对受益者保护的考虑，对撤销权的行使必须加以适当的限制。至于是否实际撤销或部分撤销，要根据瑕疵内容、程度做出判断。一般应从以下几个方面考虑。

第一，撤销或部分撤销给相对人及第三人带来的损害。此种损害由于国土空间规划行政行为的内容、撤销的时间（例如，行政行为刚做出或已经过数据）、缓和措施（例如撤销预告等）的有无等不同而不同。第二，撤销或部分撤销带来的损害是否可以通过代偿措施（如补偿）及限制加以缓和。关于对撤销效果的限制，可以理解为授益性国土空间规划行政行为的职权不溯及既往，只面对将来。这种情形不是不应该溯及既往，而是考虑到各种利益的均衡和依赖保护，对撤销的效果加以限定。第三，撤销或部分撤销，要根据瑕疵的内容、程度做出判断。瑕疵轻微的话，一般应多考虑国土空间规划相对人的利益保护；若是重大的瑕疵，就应更多地考虑撤销或部分撤销的必要性。

②行政行为被确认违法。在现代社会，随着利益的多元化，对于违法行政行为的处理，越来越要求相关人员具有较高的利益衡量水准。当撤销违法的行政行为可能给公共利益带来严重损害，在考虑到相对人因该行政行为所蒙受的损害的程度、可获得损害赔偿以及采取有关防止损害的可能的措施及方法等所有因素的基础上，认为撤销该行政行为不符合公共利益时，法院可以驳回原告的诉讼请求，但在判决书中同时宣告该行政行为是违法的。这种处理方式称为特别情况下

的驳回判决[1]。日本《行政案件诉讼法》对此做出了明确规定，这种处理方式是值得我们参考和借鉴的。《行政诉讼法》第七十四条规定："被诉具体行政行为违法，但撤销该具体行政行为将会给国家利益或者公共利益造成重大损失的，人民法院应当做出确认被诉具体行政行为违法的判决，并责令被诉行政机关采取相应的补救措施；造成损害的，依法判决承担赔偿责任。"《最高人民法院关于适用〈中华人民共和国行政诉讼法〉的解释》第九十九条规定了法院在判决撤销被诉具体行政行为时要考虑国家利益、公共利益或者他们合法权益，分别采取相应的措施。

《行政诉讼法》第七十四条规定，行政主体作出的具体行政行为存在"被告不履行法定职责，但判决责令其履行法定职责已无实际意义；被诉具体行政行为违法，但不具有可撤销内容；被诉具体行政行为依法不成立或者无效"，人民法院应当作出确认被诉具体行政行为违法或者无效的判决。由于国土空间规划行政行为实施常常涉及诸多利益方，更关系社会公共利益，在国土空间规划行政诉讼中，需要认真把握各方利益关系，并权衡利弊得失。对国土空间规划行政行为存在法律规定的违法情形，本来应当依法撤销或部分撤销，但撤销该国土空间规划行为可能对公共利益造成重大损害的，应当判决国土空间规划行为违法。

（三）对规范性文件提起审查

规范审查是指行政机关或者司法机关对适用之自治条例、自治规则或者行政法令进行审查的一种制度。德国法的具体的法规审查和抽象的法规审查的制度可资借鉴。德国法律实务中相对人可以依据《联邦德国行政法院法》第47条的一般规定，请求有关机关对依《联邦建筑法》及《城市建设促进法》所颁布的自治规章进行规范审查。规

---

[1]　姜明安.行政法与行政诉讼法［M］.2版.北京：法律出版社，2006：220-221.

范审查一般有三种方式：其一，上级行政机关对下级行政机关的法规命令进行审查；在我国，《立法法》第一百零八条第三款可以视作是相关的制度资源。其二，立法机关对于行政机关的法规命令进行审查。例如我国《立法法》第一百零八条第五款规定了地方人民代表大会常务委员会有权撤销本级人民政府制定的不适当的规章。其三，法院可以对行政机关的规章以下的规范性文件进行审查。

二、私力救济程序

（一）私力救济的方式

1. 自力救济方式

自力救济是指行政相对人在与行政机关或者法律法规授权的组织发生行政争议时，利用自己的力量，使争议得以解决、损害得以赔偿或者补偿的救济方式。从表现形式上看，主要包括行政和解、忍受和回避三种方式。行政和解是指行政相对人和行政主体作为行政争议、权益纠纷的双方当事人，秉持自愿合法，通过互谅互让、友好协商的方式解决公权力所维护的公共利益和个人私权之间争议的救济方式。忍受是指行政相对人在行政争议发生后，即便当事人心理不平衡，但考虑到案件本身的事实而选择对既定事实认可，"在维持与侵害者原有关系和被认知的侵害依然存在的前提下，放弃与对方进行争议和提出疑义的机会，从而在自己内心或己方内部处理纠纷"[1]。行政争议当事人选择忍受的原因包括主观和客观方面，表现形式也多种多样，譬如，利益损失微小、行政机关等违法行为轻微、自己也存在明显过错等。回避是指行政相对人在行使权利时，与行政主体不可避免发生争议，为避免产生纠纷，选择主动退出，"采取与对方切断关系的选

---

[1] 周佑勇，解瑞卿.行政和解的理论界定与适用限制［J］.湖北社会科学，2009（8）：130-133.

择"[1]，譬如，车主为避免因城市街边违章而被交警罚款，选择去某地方不开车。

2. 非（半）官方介入下的救济方式

非官方或半官方介入下的私力救济是指作为非官方或半官方的第三方，通过法律上不禁止的"非公力"手段，参与主导行政性纠纷双方当事人争议的解决，促使双方达成协议最终解决纠纷的一种救济方式。表现形式为：非官方调解和半官方的第三方调查两类。①非官方调解是指行政性纠纷的双方当事人，在非官方组织或个人斡旋下，促使行政主体和行政相对人相互让步并友好协商，就公权干预和私权保护达成谅解和共识，进而解决争端的救济方式。②半官方的第三方调查是指由公权力机关代表以及相关行业、相关领域的专家组成联合调查组，对争议事实进行独立调查并向社会公众客观全面地公布事实真相，从而使纠纷得以妥善解决的纠纷解决方式。

（二）行政性纠纷私力救济的规范实现

1. 私力救济的适用条件

一是合法性。在现代法治国家，守法是对公民的一种底线要求，因为这是维护社会秩序的需要，也是公民私权行使的需要，因此，对于行政相对人而言，当其与行政主体发生争议时可以使用私力救济，但该私力救济不得违反法律法规的禁止性规定，"违法的私力救济往往在民法上构成侵权行为，在刑事上成为犯罪行为"[2]。私力救济应当与国家的法律、法规和政策方针相符合，否则其适用不仅不能产生预期效果，还会受到制裁，因此，合法性是私力救济适用基础和条件。但这并不意味着没有法律规定的私力救济就都是违法的，因为私力救济所遵循的原则是"法不禁止即可为"，现实生活中有不少行

[1]　蔡仕鹏.法社会学视野下的行政纠纷解决机制［J］.中国法学，2006（3）：59-68.
[2]　梁慧星.民法总论［M］.北京：法律出版社，1996：49.

政性纠纷都是通过法律没有认可的私力救济方式解决的，因为这些私力救济方式符合社会发展的需要，能够填补法律的漏洞，对法律权威、社会秩序和公共利益无负面影响，可以推定其合法。二是公力救济不能。由于受到各种因素的限制和影响，行政法领域也会出现公力救济不能的情况，譬如，基于政治因素拒绝提供公力救济；受环境、经济等制约无法提供公力救济；受社会价值观影响，社会不认同公力救济结果等。因为"正当化的一个重要方法就是证明决定是按照社会的规范体系作出的"[1]，公力救济得不到公众认可或者没有公正的公力救济渠道时，私力救济的出现就在所难免，事实上在我国行政法治实践中，"若国家工作人员拒绝履行保护公民权利之职责时，个人实行私力救济的，国家可能默认个人一定限度的不合法手段"[2]。因此，在公力救济不能的情况下，采取私力救济也具有正当性基础。

2. 私力救济的适用范围

①"行政和解"与"非官方调解"主要适用于空间规划行政主体行使行政裁量权引起的纠纷。传统行政法理论认为公权力既是权力也是职责，行政主体的职责是不可放弃的，即公权力是不可以处分的，因此行政和解在行政法实践领域没有存在空间。但是随着国家行政职能的转变和行政裁量权的扩张，僵硬地恪守行政权不可处分，显然不符合"积极行政""服务行政"的要求，"在不放弃行政权目的的基础上，行政手段可以多样化，行政权在一定程度上是可以处分的"[3]。

②"半官方调查"主要适用于公众对公力救济的结果存在普遍质疑的空间规划行政性纠纷。私力救济在行政性纠纷救济体系中居于补充地位，事实上半官方调查作为一种私力救济方式，其适用的空间

[1] 棚濑孝雄.纠纷的解决与审判制度［M］.王亚新，译.北京：中国政法大学社，1994：14.
[2] 徐昕.私力救济的正当性及其限度：一种以社会契约论为核心的解说［J］.法学家，2004（2）：94-101.
[3] 周佑勇.行政裁量治理研究：一种功能主义的立场［M］.北京：法律出版社，2008：189.

是有限的，这注定其在行政学纠纷解决中居于从属地位。如果公力救济结果已实现了利益平衡和当事人心理平衡的目标并且得到了社会认可，那么半官方调查也就失去了存在的价值。

③ "忍受"和"回避"主要适用于利益损害和社会影响较小的空间规划行政性纠纷。对于此类纠纷，当事人本可诉请公力救济，但经过对成本收益的理性考量后，作出"忍受"或"回避"决定，从而使纠纷得以化解。同时具备利益微小和社会影响较小这两个前提的空间规划行政性纠纷，并且在空间规划行政主体不具有重大明显违法的前提下，才可以采用"忍受"或"回避"方式解决纠纷。

主要参考文献

一、著作类

［1］姚建宗.法律与发展研究导论：以经济与政治发展为中心的考察［M］.长春：吉林大学出版社，1998.

［2］李广斌.利益博弈视角下的区域规划转型［M］.南京：南京大学出版社，2010.

［3］中共中央文献研究室.习近平关于社会主义生态文明建设论述摘编［M］.北京：中央文献出版社，2017.

［4］张丽君，刘新卫，孙春强，等.世界主要国家和地区国土规划的经验与启示［M］.北京：地质出版社，2011.

［5］吴次芳，潘文灿，等.国土规划的理论与方法［M］.北京：科学出版社，2003.

［6］张文显.法学理论前沿论坛（第2卷）［M］.北京：科学出版社，2003.

［7］梅夏英.财产权构造的基础分析［M］.北京：人民法院出版社，2002.

［8］宋雅芳，等.行政规划的法治化理念与制度［M］.北京：法律出版社，2009.

［9］王青斌.行政规划法治化研究［M］.北京：人民出版社，2010.

［10］俄罗斯联邦环境保护法和土地法典［M］.马骧聪，译.北京：中国法制出版社，2003.

［11］朱道林.土地管理学［M］.北京：中国农业大学出版社，2007.

［12］伊利，摩尔豪斯.土地经济学原理［M］.腾维藻，译.北京：商务印书馆，1982.

［13］彼得·霍尔.城市和区域规划［M］.邹德慈，李洁，陈熳莎，译.北京：中国建筑工业出版社，2008.

［14］盐野宏.行政法［M］.杨建顺，译.北京：法律出版社，1999.

［15］翁岳生.行政法：上、下册［M］.北京：中国法制出版社，2002.

［16］马怀德.行政程序立法研究：《行政程序法》草案建议稿及理由说明书［M］.北京：法律出版社，2005.

［17］姜明安.行政法与行政诉讼法［M］.2版.北京：法律出版社，2006.

［18］董祚继，吴运娟.中国现代土地利用规划：理论方法与实践［M］.北京：中国大地出版社，2008.

［19］杜齐才.价值与价值观念［M］.广州：广东人民出版社，1987.

［20］张恒山.法理要论［M］.3版.北京：北京大学出版社，2009.

［21］王吉胜.中西著名思想命题要览［M］.沈阳：辽宁教育出版社，1996.

［22］罗素.宗教与科学［M］.徐奕春，林国夫，译.北京：商务印书馆，2010.

［23］В.П.图加林诺夫.马克思主义中的价值论［M］.齐友，王霁，安启念一，译.北京：中国人民大学出版社，1989.

［24］张文显.马克思主义法理学：理论与方法论［M］.长春：吉林大

学出版社，1993.

［25］孙国华. 马克思主义法理学研究：关于法的概念和本质的原理［M］.
　　　北京；群众出版社，1996.

［26］张文显. 法理学［M］. 北京：法律出版社，1997.

［27］侯钧生. 西方社会学理论教程［M］. 2 版. 天津：南开大学出版社，
　　　2001.

［28］苗力田. 亚里士多德选集（伦理学卷）［M］. 北京：中国人民大
　　　学出版社，1999.

［29］E. 博登海默. 法理学：法律哲学与法律方法［M］. 邓正来，译. 北
　　　京：中国政法大学出版社，2004.

［30］罗伯特·诺奇克. 无政府、国家和乌托邦［M］. 姚大志，译. 北京：
　　　中国社会科学出版社，2008.

［31］柏拉图. 理想国［M］. 郭斌和，张竹明，译. 北京：商务印书馆，
　　　1986.

［32］郎德. 西洋伦理学名著选辑：上［M］. 徐裕文，任继愈，等译. 北
　　　京：商务印书馆，1944.

［33］卢梭. 社会契约论［M］. 何兆武，译. 北京：商务印书馆，1980.

［34］沈宗灵. 现代西方法理学［M］. 北京：北京大学出版社，1992.

［35］周文华. 论法的正义价值［M］. 北京：知识产权出版社，2008.

［36］麻宝斌，等. 十大基本政治观念［M］. 北京：社会科学文献出版社，
　　　2011.

［37］王曦. 国际环境法［M］. 2 版. 北京：法律出版社，2005.

［38］爱蒂丝·布朗·魏伊丝. 公平地对待未来人类：国际法、共同
　　　遗产、世代间衡平［M］. 汪劲，于方，王鑫海，译. 北京：法律
　　　出版社，2000.

［39］奥尔多·利奥波德.沙乡年鉴［M］.候文蕙，译.长春：吉林人民
　　　出版社，1997.

［40］郑少华.生态主义法哲学［M］.北京：法律出版社，2002.

［41］迪尔.后现代都市状况［M］.李小科，译.上海：上海教育出版社，
　　　2004.

［42］张勇强.城市空间发展自组织与城市规划［M］.南京：东南大学
　　　出版社，2006.

［43］大卫·雷·格里芬.后现代科学：科学魅力的再现［M］.马季方，
　　　译.北京：中央编译出版社，1995.

［44］何子张.城市规划中空间利益调控的政策分析［M］.南京：东南
　　　大学出版社，2009.

［45］汪劲.环境法律的理念与价值追求：环境立法目的论［M］.北京：
　　　法律出版社，2000.

［46］卓泽渊.法的价值论［M］.北京：法律出版社，1999.

［47］蔡守秋.环境政策法律问题研究［M］.武汉：武汉大学出版社，
　　　1999.

［48］哈耶克.自由秩序原理［M］.邓正来，译.北京：生活·读书·新
　　　知三联书店，1997.

［49］E.博登海默.法理学［M］.邓正来，译，北京：中国政法大学
　　　出版社，2004.

［50］伯恩·魏德士.法理学［M］.丁小春，吴越，译.北京：法律出版社，
　　　2003.

［51］中共中央马克思恩格斯列宁斯大林著作编译局.马克思恩格斯全集
　　　第二卷［M］.2版.北京：人民出版社，2005.

［52］刘金国,舒国滢.法理学教科书[M].北京:中国政法大学出版社,
　　　1999.

［53］拉德布鲁赫.法学导论［M］.米健，朱林，译.北京：中国大百科全书出版社，1997.

［54］亚里士多德.政治学［M］.吴寿彭，译.北京：商务印书馆，1965.

［55］彼得·斯坦，约翰·香德.西方社会的法律价值［M］.王献平，译.北京：中国法制出版社，2004.

［56］陈泉生，张梓太.宪法与行政法的生态化［M］.北京：法律出版社，2001.

［57］吕忠梅.环境法新视野［M］.北京：中国政法大学出版社，2000.

［58］约翰·罗尔斯.正义论［M］.何怀宏，何包钢，廖申白，译.北京：中国社会科学出版社，2009.

［59］李挚萍.经济法的生态化：经济与环境协调发展的法律机制探讨［M］.北京：法律出版社，2003.

［60］秦鹏.生态消费法研究［M］.北京：法律出版社，2007.

［61］霍尔姆斯·罗尔斯顿Ⅲ.哲学走向荒野［M］.刘耳，叶平，译.长春：吉林人民出版社，2000.

［62］沈宗灵.法理学［M］.北京：高等教育出版社，1994.

［63］张璐.环境与资源保护法学［M］.3版.北京：北京大学出版社，2018.

［64］那力.国际环境法［M］.北京：科学出版社，2005.

［65］毛文永，李世涛.中国持续发展战略［M］.北京：中国科学技术出版社，1994.

［66］周永坤.法理学：全球视野［M］.北京：法律出版社，2000.

［67］奥托·迈耶.德国行政法［M］.刘飞，译.北京：商务印书馆，2002.

［68］王连昌，马怀德.行政法学［M］.4版.北京：中国政法大学出版社，

2007.

［69］于安.德国行政法［M］.北京：清华大学出版社，1999：31-32.

［70］桑玉成.利益分化的政治时代［M］.上海：学林出版社，2002.

［71］乌尔里希·贝克.世界风险社会［M］.吴英姿，孙淑敏，译.南京：南京大学出版社，2004.

［72］曾建华.现代西方财政学［M］.厦门：厦门大学出版社，2004.

［73］沈岿.风险规制与行政法新发展［M］.北京；法律出版社，2013.

［74］叶俊荣.环境政策与法律［M］.北京：中国政法大学出版社，2003.

［75］B.盖伊·彼得斯.政府未来的治理模式［M］.吴爱明，夏宏图，译.2版.北京：中国人民大学出版社，2013.

［76］金自宁.风险规制与行政法［M］.北京：法律出版社，2012.

［77］刘靖华，等.中国政府管理创新（全四册）［M］.北京：中国社会科学出版社，2004.

［78］凯利.西方法律思想简史［M］.王笑红，译.北京：法律出版社，2002.

［79］樊崇义.迈向理性刑事诉讼法学：樊崇义刑事诉讼法学文选［M］.北京：中国人民公安大学出版社，2006.

［80］罗豪才.行政法论丛（第2卷）［M］.北京：法律出版社，1999.

［81］王明扬.美国行政法［M］.北京：中国法制出版社，1995.

［82］迈克尔·D.贝勒斯.法律的原则：一个规范的分析［M］.张文显，等译.北京：中国大百科全书出版社，1996.

［83］黄祖辉，汪晖.城市发展中的土地制度研究［M］.北京：中国社会科学出版社，2002.

［84］罗伯特·C.埃利克森，维基·L.本.土地使用管理法：案例与资料［M］.北京：中信出版社，2003.

［85］董祚继，吴次芳，叶艳妹，等.“多规合一”的理论和实践［M］.杭州；浙江大学出版社，2017.

［86］容志.土地调控中的中央与地方博弈：政策变迁的政治经济学分析［M］.北京：中国社会科学出版社，2010.

［87］沈开举.征收、征用与补偿［M］.北京：法律出版社，2006.

［88］李集.土地征收征用法律制度研究［M］.北京：中国政法大学出版社，2008.

［89］马怀德.行政法与行政诉讼法［M］.北京：中国法制出版社，2000.

［90］霍布斯.利维坦［M］.黎思复，黎廷弼，译.北京：商务印书馆，1985.

［91］卢梭.社会契约论［M］.何兆武，译.3版.北京：商务印书馆，2003.

［92］林桔，等.腐败犯罪学研究［M］.北京：北京大学出版社，2003.

［93］姜明安，皮纯协.行政法学［M］.北京：中共中央党校出版社，2002.

［94］卢恰诺·佩利卡尼.什么样的社会主义［M］.北京：中央编译出版社，1994.

［95］张智辉.检察权研究［M］.北京：中国检察出版社，2007.

［96］陈宏彩.行政监察专员制度比较研究［M］.上海：学林出版社，2009.

［97］翁岳生.行政法（上）［M］.北京：中国法制出版社，2009.

［98］朱芒，陈越峰.现代法中的城市规划：都市法研究初步［M］.北京：

法律出版社，2012.

［99］郑文武.当代城市规划法制建设研究：通向城市规划自由王国的必然之路［M］.广州：中山大学出版社，2007.

［100］盐野宏.行政法总论［M］.杨建顺，译.北京：北京大学出版社，2008.

［101］米尔恩.人的权利与人的多样性：人权哲学［M］.夏勇，张志铭，译.北京：中国大百科全书出版社，1995.

［102］戴雪.英宪精义［M］.雷宾南，译.北京：中国法制出版社，2001.

［103］C.H.麦基文.宪政古今［M］.翟小波，译.贵阳：贵州人民出版社，2004.

［104］张千帆.西方宪政体系（上册：美国宪法）［M］.北京：中国政法大学出版社，2000.

［105］程燎原，王人博.赢得神圣：权利及其救济通论［M］.2版.济南：山东人民出版社，1998.

［106］塞缪尔·P.亨廷顿.变化社会中的政治秩序［M］.王冠华，刘为，等，译.读书·生活·新知三联书店，1998：54.

［107］梁慧星.民法总论［M］.北京：法律出版社，1996.

［108］洛克.政府论下篇［M］.瞿菊农，叶启芳，译.北京：商务印书馆，2009.

［109］卡罗尔·哈洛，理查德·罗林斯.法律与行政［M］.杨伟东，等译.北京：商务印书馆，2004.

［110］约翰·G.斯普兰克林.美国财产法精解［M］.钟书峰，译.2版.北京：北京大学出版社，2009.

［111］苏力.法治及其本土资源［M］.北京：中国政法大学出版社，1996.

［112］马怀德.行政程序立法研究：《行政程序法》草案建议稿及理由说明［M］.北京：法律出版社，2005.

［113］毛雷尔.行政法学总论［M］.高家伟，译.北京：法律出版社，2000.

［114］王太高.行政补偿制度研究［M］.北京：北京大学出版社，2004.

［115］杨建顺.日本行政法通论［M］.北京：中国法制出版社，1998.

［116］翁岳生.行政法［M］.北京：中国法制出版社，2009.

［117］周佑勇.行政裁量治理研究：一种功能主义的立场［M］.北京：法律出版社，2008.

二、论文类

［1］齐超.制度含义及其本质之我见［J］.税务与经济，2009（3）：9-13.

［2］方时姣.论社会主义生态文明三个基本概念及其相互关系［J］.马克思主义研究，2014（7）：35-44.

［3］I.费切尔，孟庆时.论人类生存的环境：兼论进步的辩证法［J］.哲学，1982（5）：54-57.

［4］刘思华.对建设社会主义生态文明论的若干回忆：兼述我的"马克思主义生态文明观"［J］.中国地质大学学报（社会科学版），2008，8（4）：18-30.

［5］申曙光.生态文明及其理论与现实基础［J］.北京大学学报（哲学社会科学版），1994，31（3）：31-37，127.

［6］张旭平."生态文明"概念辨析［J］.系统辩证学学报，2001，9（2）：86-90.

［7］江泽慧.保护生态环境 建设生态文明：在全国政协第十一届一次会议上的书面发言［J］.中国城市林业，2008（2）：4-5.

［8］陈峰燕．探析生态文明建设的基本内涵和战略重点［J］．辽宁行政学院学报，2013，15（12）：63-66.

［9］李桂花，杜易．生态文明建设的基本内涵及其理论基础［J］．长春市委党校学报，2014（1）：36-38，43.

［10］邱耕田．对生态文明的再认识：兼与申曙光等人商榷［J］．求索，1997（2）：84-87.

［11］王迎．正确理解生态文明内涵　推进生态文明建设［J］．林业经济，2013，35（4）：45-47.

［12］刘俊伟．马克思主义生态文明理论初探［J］．中国特色社会主义研究，1998（6）：55-58.

［13］王玉宝，郝爱红．生态文明内涵浅析［J］．佳木斯职业学院学报，2016，（2）：144-145.

［14］李宏伟．生态文明建设的科学内涵与当代中国生态文明建设［J］．求知，2011（12）：9-11.

［15］周生贤．积极建设生态文明［J］．环境与可持续发展，2010，35（1）：1-3.

［16］宋言奇．生态文明建设的内涵、意义及其路径［J］．南通大学学报（社会科学版），2008，24（4）：103-106.

［17］雷丹．浅论生态文明的基本内涵和特征［J］．商业文化（下半月），2008（12）：125.

［18］江泽民．正确处理社会主义现代化建设中的若干重大关系：在党的十四届五中全会闭幕时的讲话（第二部分）（1995年9月28日）［J］．实践（思想理论版），1995（11）：4-11.

［19］周永，汤云．土地利用中环境影响评价探讨［J］．现代商贸工业，2009，21（23）：43-44.

［20］卢风．"生态文明"概念辨析［J］．晋阳学刊，2017（5）：63-70.

［21］方创琳．论公效兼容型的区域发展规划［J］．人文地理，1999，14（4）：6-9.

［22］毛汉英，方创琳．新时期区域发展规划的基本思路及完善途径［J］．地理学报，1997，52（1）：1-9.

［23］曹康，吴丽娅．西方现代城市规划思想的哲学传统［J］．城市规划学刊，2005（2）：65-69.

［24］李雪松，孙博文，吴萍．习近平生态文明建设思想研究［J］．湖南社会科学，2016（3）：14-18.

［25］常纪文．习近平生态文明思想的内涵［J］．城市与环境研究，2018，5（2）：9-12.

［26］彭莉，王斌．我国国土规划法的若干法律问题思考［J］．国土资源，2004（11）：28-31.

［27］马强．把规划纳入法治化轨道［J］．宏观经济管理，2002（9）：18-20.

［28］黄勇，周世锋，王琳，等．用主体功能区规划统领各类空间性规划——推进"多规合一"可供选择的解决方案［J］．全球化，2018（4）：75-88，134.

［29］师武军．关于中国土地利用规划体系建设的思考［J］．中国土地科学，2005，19（1）：3-9.

［30］蔡运龙，杨容．日本国土资源管理经验谈［J］．中国土地，1999（2）：37-38，46.

［31］胡俊．规划的变革与变革的规划：上海市规划与土地利用规划"两规合一"的实践与思考［J］．城市规划，2010，34（6）：20-25.

［32］郑永年．GDP主义摧毁中国政权基础［J］．中国老区建设，2011（3）：17.

［33］沈开举，程雪阳．中国土地管理制度的改革与法治化：以十七届三

中全会为背景［J］.行政法论丛，2009（1）：290-321.

［34］仇保兴.从法治的原则来看《城市规划法》的缺陷［J］.城市规划，2002，26（4）：11-14，55.

［35］方创琳，毛汉英.区域发展规划指标体系建立方法探讨［J］.地理学报，1999，54（5）：410-419.

［36］方创琳.我国新世纪区域发展规划的基本发展趋向［J］.地理科学，2000，20（1）：1-6.

［37］张京祥，崔功豪.新时期县域规划的基本新理念［J］.城市规划，2000，24（9）：47-50.

［38］张京祥，吴启焰.试论新时期区域规划的编制与实施［J］.经济地理，2001，21（5）：513-517，526.

［39］胡序威.我国区域规划的发展态势与面临的问题［J］.城市规划，2002，26（3）：23-26.

［40］崔功豪.借鉴国外经验：建立中国特色的区域规划体制［J］.国际城市规划，2000（2）：1-17.

［41］陈宣庆.关于我国区域规划问题的探讨［J］.宏观经济管理，2005（7）：17-20.

［42］谢惠芳，向俊波.面向公共政策制定的区域规划：国外区域规划的编制对我们的启示［J］.经济地理，2005，25（5）：604-606，611.

［43］杨保军.我国区域协调发展的困境及出路［J］.城市规划，2004，28（10）：26-34.

［44］王凯，邹兵，罗小龙，等.城镇密集地区规划［J］.城市规划，2005（11）：35-44.

［45］谷人旭，李广斌.区域规划中利益协调初探：以长江三角洲为例［J］.城市规划，2006，30（8）：42-46.

［46］李广斌，王勇，谷人旭.我国区域规划编制与实施问题研究进展［J］.地理与地理信息科学，2006，22（6）：48-53.

［47］王欣，吴殿廷.区域规划中信息不对称问题初探［J］.地域研究与开发，2004，23（2）：6-8.

［48］王晓东.对区域规划工作的几点思考：由美国新泽西州域规划工作引发的几点感悟［J］.城市规划，2004，28（4）：65-69.

［49］方创琳.论区域与城市发展规划编制与实施的一体化［J］.城市规划，2002，26（4）：15-17.

［50］严重敏，周克瑜.关于跨行政区区域规划若干问题的思考［J］.经济地理，1995，15（4）：1-6.

［51］张京祥.试论中国城镇群体发展地区区域／城市管治［J］.城市问题，1999（5）：44-47.

［52］张京祥，沈建法，黄钧尧，等.都市密集地区区域管治中行政区划的影响［J］.城市规划，2002，26（9）：40-44.

［53］罗小龙，罗震东.城市管治及其本土化研究中的若干问题思考［J］.规划师，2002，18（9）：15-18.

［54］宁越敏，施倩，查志强.长江三角洲都市连绵区形成机制与跨区域规划研究［J］.城市规划，1998（1）：15-19，31.

［55］方创琳.国外区域发展规划的全新审视及对中国的借鉴［J］.地理研究，1999，18（1）：8-17.

［56］牛慧恩.国土规划、区域规划、城市规划：论三者关系及其协调发展［J］.城市规划，2004，28（11）：42-46.

［57］陈雯.我国区域规划的编制与实施的若干问题［J］.长江流域资源与环境，2000，9（2）：141-147.

［58］胡锦光.论对行政规划行为的法律控制［J］.郑州大学学报（哲学社会科学版），2006，39（1）：9-11.

[59] 蔡守秋. 关于雄安新区法治建设的几个问题 [J]. 河北大学学报（哲学社会科学版），2017，42（5）：50-60.

[60] 孙佑海. 依法保障生态文明建设 [J]. 法学杂志，2014，35（5）：1-9.

[61] 徐祥民. 地方政府环境质量责任的法理与制度完善 [J]. 现代法学，2019，41（3）：69-82.

[62] 胡鞍钢，唐啸，鄢一龙. 中国发展规划体系：发展现状与改革创新 [J]. 新疆师范大学学报（哲学社会科学版），2017，38（3）：7-14.

[63] 吕忠梅. 寻找长江流域立法的新法理：以方法论为视角 [J]. 政法论丛，2018（6）：67-80.

[64] 王树义. 回归城乡正义：新《环境保护法》加强对农村环境的保护 [J]. 环境保护，2014，42（10）：29-34.

[65] 党国英，吴文媛. 土地规划管理改革：权利调整与法治构建 [J]. 法学研究，2014，36（5）：57-75.

[66] 曹明德. 世界级生态岛建设的法治经验与启示 [J]. 北京大学学报（哲学社会科学版），2019，56（5）：149-160.

[67] 王灿发. 论生态文明建设法律保障体系的构建 [J]. 中国法学，2014（3）：34-53.

[68] 汪劲. 论环境享有权作为环境法上权利的核心构造 [J]. 政法论丛，2016（5）：51-58.

[69] 吕克白. 国土规划的性质、任务及其主要内容 [J]. 宏观经济研究，1986（1）：42-48.

[70] 潘海霞. 日本国土规划的发展及借鉴意义 [J]. 国外城市规划，2006，21（3）：10-14.

[71] 李德顺. "价值"与"人的价值"辨析：兼论两种不同的价值思维方式 [J]. 天津社会科学，1994（6）：29-36.

[72] 马俊峰. 90 年代价值论研究述评 [J]. 教学与研究，1996（2）：

57–61.

[73] 周干峙.春日保健争丰收:在2005年城市规划学年会上的讲话[J].城市规划,2005,29(11):15–19.

[74] 孙长青.公共政策的逻辑起点:公共利益分析[J].河南师范大学学报(哲学社会科学版),2004,31(2):24–25.

[75] 张庭伟.城市发展决策及规划实施问题[J].城市规划汇刊,2000(3):10–13,17.

[76] 陈锋.转型时期的城市规划与城市规划的转型[J].城市规划,2004,28(8):9–19.

[77] 陈清明,陈启宁,徐建刚.城市规划中的社会公平性问题浅析[J].人文地理,2000,15(1):39–42,65.

[78] 李颖超.气候正义中的伦理分析与对策研究[J].理论月刊,2016(10):52–57.

[79] 戴斯·贾丁斯.环境伦理学[J].林宫明,杨爱民,译.北京:北京大学出版社,2002.

[80] 刘亚平,王云.环境正义基本问题刍议[J].新西部,2017(34):3–4,8.

[81] 徐震.关于当代空间正义理论的几点思考[J].山西师范大学学报(社会科学版),2007,34(5):6–9.

[82] 任平.空间的正义:当代中国可持续城市化的基本走向[J].城市发展研究,2006,13(5):1–4.

[83] 易小明.论种际正义及其生态限度[J].道德与文明,2009(5):16–19.

[84] 王闯.试论出卖他人之物与无权处分:兼释合同法第一百三十二条与第五十一条之间的关系[J].人民司法,2000(11):22–25.

[85] 孙施文.城市规划不能承受之重:城市规划的价值观之辨[J].城

市规划学刊，2006（1）：11-17.

[86] 葛洪义，朱继萍.法律·理性·秩序[J].法制现代化研究，2000(1)：20-34.

[87] 陈海嵩.环境法生态安全原则研究［J］.西部法学评论，2009（2）：13-19.

[88] 张式军.海洋生态安全立法研究[J].山东大学法律评论，2004(1)：99-109.

[89] 雷巴科夫，德新.人：生态问题［J］.国外社会科学文摘，1997（11）：21-23.

[90] 谢玲.我国生态安全立法的路径选择［J］.广东海洋大学学报，2014，34（2）：68-73.

[91] 赵惊涛.生态安全与法律秩序［J］.当代法学，2004，18（3）：138-141.

[92] 张福德.略论法律的生态安全价值[J].黑龙江社会科学，2009(4)：165-167.

[93] 许斌龙.人性、人格与法制建设：法律伦理学的视野［J］.法学，2002（12）：21-24.

[94] 董正爱.社会转型发展中生态秩序的法律构造：基于利益博弈与工具理性的结构分析与反思［J］.法学评论，2012，30（5）：79-86.

[95] 顾智明.论"生态人"之维：对人类新文明的一种解读［J］.社会科学，2004（1）：79-85.

[96] 张恒山."法的价值"概念辨析［J］.中外法学，1999，11（5）：16-31.

[97] 胡敏中.论价值共识［J］.哲学研究，2008（7）：96-102.

[98] 张晓芝.试论公平与效率相统一的法律基础［J］.经济管理，

2003，25（9）：23-25.

［99］吕忠梅，陈虹.论经济法的工具性价值与目的性价值［J］.法商研究，2000，17（6）：59-67.

［100］欧阳明程.整体效益：市场经济条件下经济法的主导价值取向［J］.法商研究，1997，14（1）：34-36，47.

［101］何文龙.经济法的安全论［J］.法商研究（中南政法学院学报），1998，15（6）：16-18.

［102］徐士英，魏琼，瞿向前.经济法的价值问题［J］.经济法论丛，1999（1）：25-40.

［103］蔡守秋.论当代环境法学的发展［J］.法商研究，1998（3）：22-30.

［104］郑延涛.优化国土开发格局 推动区域协调发展［J］.理论探索，2008（2）：101-102.

［105］周安平.行政程序法的价值、原则与目标模式［J］.比较法研究，2004（2）：140-148.

［106］周云帆.行政法中的合理原则与比例原则［J］.四川师范大学学报（社会科学版），2002，29（3）：30-33.

［107］孙佑海.利益平衡原则是土地制度建设的根本原则［J］.中州学刊，2009（6）：78-82.

［108］刘作翔.权利冲突的几个理论问题［J］.中国法学，2002（2）：56-71.

［109］周剑云，戚冬瑾.《物权法》的权益保护与《城乡规划法》的权益调整［J］.规划师，2009，25（2）：10-14.

［110］安树伟.落实国家空间规划体系的关键是利益协调［J］.区域经济评论，2018（5）：18-20.

［111］李巍.风险预防原则下环境决策模式的嬗变［J］.南海法学，

2017，1（3）：33-39.

［112］邓纲.风险预防原则及其适用［J］.统计与决策，2008（18）：185-186.

［113］王萌，缪若妮，田信桥.论环境风险预防原则中的风险阈值［J］.中国环境管理干部学院学报，2014，24（4）：12-15.

［114］戚建刚.风险规制过程合法性之证成：以公众和专家的风险知识运用为视角［J］.法商研究，2009，26（5）：49-59.

［115］乔迪·弗里曼，晏坤.私人团体、公共职能与新行政法［J］.北大法律评论，2003（1）：516-550.

［116］杜辉.挫折与修正：风险预防之下环境规制改革的进路选择［J］.现代法学，2015，37（1）：90-101.

［117］黄新华.风险规制研究：构建社会风险治理的知识体系［J］.行政论坛，2016，23（2）：73-80.

［118］陈瑞华.论程序正义价值的独立性［J］.法商研究，1998，15（2）：23-29.

［119］季卫东.程序比较论［J］.比较法研究（中南政法学院学报），1993（1）：1-46.

［120］陈瑞华.程序价值理论的四个模式［J］.中外法学，1996，8（2）：31-36.

［121］姜明安.行政程序：对传统控权机制的超越［J］.行政法学研究，2005（4）：20-25，32.

［122］徐键.城市规划中公共利益的内涵界定：一个城市规划案引出的思考［J］.行政法学研究，2007（1）：68-73，81.

［123］蔡玉梅，何挺，张建平.法国空间规划体系演变与启示［J］.中国土地，2017（7）：32-34.

［124］蔡玉梅，高平.发达国家空间规划体系类型及启示［J］.中国土地，

2013（2）：60-61.

［125］张伟，刘毅，刘洋.国外空间规划研究与实践的新动向及对我国的启示［J］.地理科学进展，2005，24（3）：79-90.

［126］邬艳丽，王璇.横纵重构：国土空间规划管理框架逻辑思考［J］.北京行政学院学报，2019（5）：44-52.

［127］北京大学城市与环境学院课题组.完善自然资源监管体制的若干问题探讨［J］.中国机构改革与管理，2016（5）：22-24.

［128］林坚，吴宇翔，吴佳雨，等.论空间规划体系的构建：兼析空间规划、国土空间用途管制与自然资源监管的关系［J］.城市规划，2018，42（5）：9-17.

［129］严金明，陈昊，夏方舟."多规合一"与空间规划：认知、导向与路径［J］.中国土地科学，2017，31（1）：21-27，87.

［130］林坚，许超诣.土地发展权、空间管制与规划协同［J］.城市规划，2014，38（1）：26-34.

［131］林坚，陈诗弘，许超诣，等.空间规划的博弈分析［J］.城市规划学刊，2015（1）：10-14.

［132］张永姣，方创琳.空间规划协调与多规合一研究：评述与展望［J］.城市规划学刊，2016（2）：78-87.

［133］顾朝林.论中国"多规"分立及其演化与融合问题［J］.地理研究，2015，34（4）：601-613.

［134］王蒙徽.推动政府职能转变，实现城乡区域资源环境统筹发展——厦门市开展"多规合一"改革的思考与实践［J］.城市规划，2015，39（6）：9-13，42.

［135］中央编办二司课题组.关于完善自然资源管理体制的初步思考［J］.中国机构改革与管理，2016（5）：29-31.

［136］张艳芳，刘治彦.国家治理现代化视角下构建空间规划体系的着

力点［J］.城乡规划，2018（5）：21-26.

［137］董祚继.新时代国土空间规划的十大关系［J］.资源科学，2019，41（9）：1589-1599.

［138］肖金成.实施主体功能区战略 建立空间规划体系［J］.区域经济评论，2018（5）：14-16.

［139］盛科荣，樊杰.主体功能区作为国土开发的基础制度作用［J］.中国科学院院刊，2016，31（1）：44-50.

［140］黄晓林.土地利用规划面临的若干问题及其对策［J］.西南民族大学学报（人文社科版），2005，26（12）：168-170.

［141］《城市规划学刊》编辑部.国土空间规划体系改革背景下规划编制的思考学术笔谈［J］.城市规划学刊，2019（5）：1-13.

［142］何强为，苏则民，周岚.关于我国城市规划编制体系的思考与建议［J］.城市规划学刊，2005（4）：28-34.

［143］张荣群，林培.论土地利用规划的研究模式［J］.中国土地科学，2000，14（2）：22-25.

［144］孙万国，焦君红.生态伦理：可持续发展的伦理基础［J］.生态环境学报，2009，18（6）：2409-2412.

［145］王勇.李广斌.市民社会涌动下小城镇规划编制中的公众参与［J］.城市规划，2005，29（7）：57-62.

［146］屠李，张超荣.多元利益诉求下的规划审批制度改革［J］.规划师，2013，29（9）：99-103.

［147］官大雨.国家审批要求下的城市总体规划编制：中规院近时期承担国家审批城市总体规划"审批意见"的解读［J］.城市规划，2010，34（6）：36-45.

［148］赵国.我国土地行政审批制度改革问题与建议［J］.产权法治研究，2017（2）：245-253.

［149］金太军.公共行政的民主和责任取向析论［J］.天津社会科学，
2000（5）：9-14.

［150］王永红.土地用途管制：悬在土地流转头上的达摩克利斯之剑：
违反土地用途管制的土地流转纠纷的法律适用问题探究［J］.广
西政法管理干部学院学报，2011（6）54-58，75.

［151］文贯中.用途管制要过滤的是市场失灵还是非国有土地的入市
权——与陈锡文先生商榷如何破除城乡二元结构［J］.学术月刊，
2014，46（8）：5-17.

［152］王雨濛.土地用途管制与耕地保护及补偿机制研究［D］.武汉：
华中农业大学，2010.

［153］周璞，刘天科，靳利飞.健全国土空间用途管制制度的几点思
考［J］.生态经济，2016，32（6）：201-204..

［154］王万茂.土地用途管制的实施及其效益的理性分析［J］.中国土
地科学，1999，13（3）：9-12.

［155］毕云龙，徐小黎，李勇，等.基于成效分析的国土空间用途管制
制度建设［J］.中国国土资源经济，2019，32（8）：43-47.

［156］孙佑海.《土地管理法》的历史回顾和修改建议［J］.国土资源
导刊，2009，6（11）：50-51.

［157］郭洁.土地用途管制模式的立法转变［J］.法学研究，2013，
35（2）：60-83.

［158］陈书荣，陈宇.土地审批制度的供给侧改革：征批分离［J］.中
国土地，2016（2）：21-23.

［159］胡初枝.农地转用乱象及规范途径［J］.中国土地，2010（5）：
47-48.

［160］王良健，韩向华，李辉，等.土地供应绩效评估及影响因素的实
证研究［J］.中国人口·资源与环境，2014，24（10）：121-
128.

［161］李龙.中国特色社会主义法治体系的理论基础、指导思想和基本构成［J］.中国法学，2015（5）：14-28.

［162］何艳玲.中国土地执法摇摆现象及其解释［J］.法学研究，2013，35（6）：61-72.

［163］耿卓.农地三权分置改革中土地经营权的法理反思与制度回应［J］.法学家，2017（5）：13-24，175.

［164］刘俊，朱小平.国有土地所有权权利行使制度研究［J］.江西社会科学，2012，32（1）：147-154.

［165］孙秀林，周飞舟.土地财政与分税制：一个实证解释［J］.中国社会科学（Social Sciences in China），2013（4）：40-59，205.

［166］孙山.寻找被遗忘的法益［J］.法律科学（西北政法大学学报），2011，29（1）：59-70.

［167］姚建宗.新兴权利论纲［J］.法制与社会发展，2010，16（2）：3-15.

［168］丰霏.当代中国法律激励的实践样态［J］.法制与社会发展，2015，21（5）：181-191.

［169］汪秀莲，张建平.土地用途分区管制国际比较［J］.中国土地科学，2001，15（4）：16-21.

［170］夏方舟，杨雨濛，陈昊.基于自由家长制的国土空间用途管制改革探讨［J］.中国土地科学，2018，32（8）：23-29.

［171］高圣平.承包土地的经营权抵押规则之构建：兼评重庆城乡统筹综合配套改革试点模式［J］.法商研究，2016，33（1）：3-12.

［172］邹爱华.土地征收中的被征收人知情权保护［J］.法律科学（西北政法大学学报），2012，30（6）：118-130.

［173］龚刃韧.中国农村土地征收的宪法困境载［J］.法学，2013（9）：3-13.

［174］程洁.土地征收征用中的程序失范与重构［J］.法学研究，2006，28（1）：62-78.

［175］叶轶，黄锡生.论对行政许可设定中"利益均沾"的规制［J］.北京理工大学学报（社会科学版），2013，15（3）：127-132，154.

［176］舒廷飞，霍莉，蒋丙南，等.城市规划与规划环评融合的思考与实践［J］.城市规划学刊，2006（4）：29-34.

［177］吴江，王选华.西方规划评估：理论演化与方法借鉴［J］.城市规划，2013，37（1）：90-96.

［178］叶轶，黄锡生.论对自然资源"圈占"行为的规制：以云南风景名胜资源开发管理为例［J］.中国园林，2012，28（9）：14-18.

［179］刘新卫.构建国土综合整治政策体系的思考［J］.中国土地，2015（11）：43-45.

［180］赵迎辉.地方政府信息公开问题研究［J］.理论学刊，2017（6）：133-140.

［181］蒋冠.论服务型政府背景下政府信息公开的目标取向［J］.图书馆学研究，2010（3）：75-78.

［182］王勇.政府信息公开的现代属性［J］.理论视野，2008（11）：47-49.

［183］莫于川.政府信息公开法制若干问题再思考［J］.行政论坛，2009，16（6）：58-62.

［184］斯蒂格利茨，宋华琳.自由、知情权和公共话语：透明化在公共生活中的作用［J］.环球法律评论，2002，24（3）：263-273.

［185］杜学文.基层政府信息公开：问题、成因与对策［J］.理论探索，2011（3）：115-117.

［186］郭庆珠.政府信息公开中第三方权利救济的制度进路思考：以《政府信息公开条例》第一案为引子［J］.浙江工商大学学报，

2009（4）：19-25.

［187］阎桂芳.政府信息公开救济制度研究［J］.中国行政管理，2011（5）：30-33.

［188］于建东，彭志君.当代中国公权与私权和谐关系的建构［J］.武陵学刊，2013，38（2）：102-107.

［189］唐绍均.我国行政执法不严现象的经济分析［J］.行政法学研究，2005（3）：67-71.

［190］蔡定剑.国家权力界限论［J］.中国法学，1991（2）：54-61.

［191］孙曙生，刘涛.论行政公共权力的限度及其法律规制：以政府参与房屋拆迁案为对象的考察［J］.国家行政学院学报，2007年（1）：82-85.

［192］郭道晖.道德的权力和以道德约束权力［J］.中外法学，1997，9（4）：21-27.

［193］董云虎.论权力的制约和监督［J］.人权，2006（6）：18-20.

［194］郭道晖.“以社会制约权力”：理念、内涵和定位［J］.延安大学学报（社会科学版），2011，33（3）：5-10.

［195］吕勇.法治理论中国家悖论的法理反思：以市民社会理论为研究视角［J］.理论界，2005（12）：165-166.

［196］孙彩红.责任政府：当代中国政府改革的目标选择［J］.中国行政管理，2004（11）：80-84.

［197］沈蓓绯.全面提升官员问责制效能的对策研究［J］.理论探讨，2006（3）：162-165.

［198］孙弘.国家土地督察职权研究［J］.中国土地，2011（9）：46-48.

［199］陈阳.论我国土地督察制度良善化进路：以中央与地方关系为视角［J］.东方法学，2017（2）：154-160.

［200］陈静，刘丽，苑晓光.国外土地督察的趋势及对我国的启示［J］.
国土资源情报，2015（4）：19-25.

［201］沈蓓绯."官员问责制"与中国政治文明建设［J］.甘肃理论学刊，
2005（2）：9-13.

［202］朱刚.行政违法行为检察监督的内涵探析［J］.重庆第二师范学
院学报，2019，32（4）：9-14.

［203］张步洪.构建民事督促起诉制度的基本问题［J］.人民检察，
2010（14）：19-22.

［204］杜承秀.行政执法检察建议的缺陷与完善［J］.政法论丛，2017
（2）：109-117.

［205］姜涛.检察机关行政法律监督制度研究［J］.东方法学，2016（6）：
2-13.

［206］姜伟，杨隽.检察建议法制化的历史、现实和比较[J].政治与法律，
2010（10）：98-105.

［207］杜承秀.行政执法检察建议制度的程序要素［J］.学术论坛，
2016，39（5）：68-71.

［208］王立.检察建议约谈制度研究：以北京市朝阳区人民检察院的实
践探索为视角［J］.人民检察，2010（19）：36-38.

［209］傅国云.论行政执法检察监督［J］.法治研究，2017（4）：35-40.

［210］涂云新，秦前红.城乡规划中的规划变更与权利救济通道：以控
制性详细规划为重点的考察［J］.行政法学研究，2014（2）：
85-90，97.

［211］柳经纬.从权利救济看我国法律体系的缺陷［J］.比较法研究，
2014（5）：185-190.

［212］郑春燕.论城乡规划的司法审查路径：以涉及城乡规划案件的司
法裁判文书为例［J］.中外法学，2013，25（4）：803-816.

[213] 贺海仁. 从私力救济到公力救济：权利救济的现代性话语 [J]. 法商研究，2004，21（1）：33-41.

[214] 李俊. 从一元到多元：公民权利救济方式的比较研究 [J]. 华东师范大学学报（哲学社会科学版），2007，39（4）：78-85.

[215] 王琳. 试析教师权利的救济途径 [J]. 教学与管理，2003（13）：46-48.

[216] 毛尉. 对我国行政侵权后的公民权利救济机制的思考 [J]. 求索，2012（7）：232-234.

[217] 秦玉娈，刘建民. 论私力救济法律制度 [J]. 河北经贸大学学报，2006，27（4）：88-92.

[218] 徐昕. 私力救济的概念 [J]. 诉讼法论丛，2004（1）：584-612.

[219] 徐昕. 通过私力救济实现正义：兼论报应正义 [J]. 法学评论，2003，21（5）：26-34.

[220] 周佑勇，解瑞卿. 作为行政性纠纷解决之道的私力救济 [J]. 当代法学，2011，25（1）：44-49.

[221] 方流芳. 民事诉讼收费考 [J]. 中国社会科学，1999（3）：130-153.

[222] 罗豪才，宋功德. 行政法的失衡与平衡 [J]. 中国法学，2001（2）：72-89.

[223] 姜明安. 行政补偿制度研究 [J]. 法学杂志，2001，22（5）：14-17.

[224] 凌维慈. 城乡规划争议中的原告资格：日本法上的启示 [J]. 行政法学研究，2010（3）：111-120.

[225] 李泠烨. 城乡规划中"公共福祉"的判定研究：一则著名美国案例的分析及其对中国的启示 [J]. 行政法学研究，2012（2）：116-123.

［226］周佑勇，解瑞卿.行政和解的理论界定与适用限制［J］.湖北社会科学，2009（8）：130-133.

［227］蔡仕鹏.法社会学视野下的行政纠纷解决机制［J］.中国法学，2006（3）：59-68.

［228］徐昕.私力救济的正当性及其限度：一种以社会契约论为核心的解说［J］.法学家，2004（2）：94-101.

［229］侯才.认识重心的迁移与当代哲学的趋向［J］.长白学刊，2005（1）：46-50.

三、外文类

［1］POSNER R A.Economic, Politic and the Reading of Statutes and the Constitution［J］.U.Chi.L. Rev49，（1982）: 263-271.

［2］FRANK I.Michelman.Norms and Normativity in the Economic Theory of Law［J］.Minn. L.Rev, 1978（42）: 1015.

［3］ROBIN P M. Equating human Rights and Property Rights-The Need for Moral Judgement in an Economic Analysis of Law and Social Policy［J］. Ohio L, 47, 1986（4）： 163-177.

［4］SCHRIJVER N. Sovereignty over natural resources：balancing rights and duties［J］. International Journal of Legal Information, 2019，25（1-3）: 238-244.

［5］SUSAN W, ANNA W. environmental law［M］. London: Cavendish Publishing Limited, 1995: 23.

［6］MAHNOUSH H. Arsanjari. international regulation of internal rssources: A study of law and policy［M］. Ashbum: University Press of Virginia, 1997: 33.

［7］SCOTT L. Surveying the precautionary principle's: ongoing global

development: the evolution of an emergent environmental management tool
［J］. Boston College Environmental Affairs Law Review, 2005，32（3）：
679–720.

［8］HARDIN Jr, DON B. Why cost–benefit analysis? a question（and some
answers）about the legal academy［J］. Alabama Law Review，2008，59（4）
1135–1181.

［9］M. Granger Morgan, Baruch Fischhoff, Ann Bosrtom, et al. Risk
Communication: A Mental Models Approach［M］. Cambridge:
Cambridge University Press, 2001.

［10］XI Y. Federal office for building and regional planning .Spatial
Development and Spatial Planning in Germany［C］Bonn: 2015.

［11］US Supreme Court Cases & Opinions. Village of Euclid v. Ambler Realty
Co.［EB/OL］.（1926–11–21）［2021–07–16］.

［12］US Department of Commerce. A Standard State Zoning Enabling Act
（SCPE, 1926）［EB/OL］.（2020–01–12）［2020–01–12］.

［13］US Department of Commerce. A Standard City Planning Enabling Act
（SZCPA, 1928）［EB/OL］.［2020–01–12］［2021–07–16］.

［14］MINTEER B A. Environmental philosophy and the public interest: a
pragmatic reconciliation［J］. Environl Values, 2005, 14（1）: 37–60.

［15］SORAUF F J. The public interest reconsidered［J］. The Journal of
Politics, 1957, 19（4）: 616–639.

［16］Van Hecke MT. Zoning ordinances and restrictions in deeds［J］. The
Yale Law Journal, 1928, 37（4）: 407–425.

［17］GOODMAN R B. The regulation and control of land use in non–urban
areas［J］. The Journal of Land & Public Utility Economics, 1933, 9
（3）: 266–271.

［18］WEHRWEIN G S. , JOHNSON H A. Zoning land for recreation［J］.The

Journal of Land & Public Utility Economics, 1942, 18（1）: 47–57.

［19］FREDERICK A. Land–Use Control in the Urban Fringe of Portland, Oregon［J］.The Journal of Land & Public Utility Economics, 1942, 18(4): 468–480.

［20］STEELE E H. Aesthetic zoning: preservation of historic areas［J］. Fordham Law Review, 1961, 29（4）: 729–739.

［21］The police power, eminent domain, and the preservation of historic property［J］. Columbia Law Review, 1963, 63（4）: 708 –732.

［22］HERBERT S J. A new program for agricultural land use stabilization: the California Land Conservation Act of 1965［J］. LandEconomics, 1966, 42（1）: 29 –41.

［23］Comment. Park planning and the acquisition of open spaces: a case study［J］.The University of Chicago Law Review, 1969, 36（3）: 642 –664.

［24］LOO E J.T. State land use statutes: a comparative analysis［J］.Fordham Law Review, 1977, 45（6）: 1154–1178.

［25］SHLAY A B. , ROSSI P H. Keeping up the neighborhood: estimating net effects of zoning［J］. American Sociological Review,1981, 46（6）: 703–719.

［26］STOCKMAN P K. Anti–Snob Zoning in Massachusetts: Assessing One Attempt at Opening the Suburbs to Affordable Housing［J］. Virginia Law Review, 1992, 78（2）: 535–580.

［27］BERKE P R., CONROY M M. Are we planning for sustainable development?［J］. Journal of the American Planning Association, 2000, 66（1）: 21–33.

［28］MECK S. Growing Smart Legislative Guidebook: Model Statutes for Planning and the Management of Change［M］. 2002 ed. Chicago, 1L:

American Planning Association, 2002.

［29］JOHNSON D. Planning for Smart Growth: 2002 State of The States
　　　［M］. Chicago, 1L: American Planning Association, 2002.

［30］MICELI T J. The economic theory of eminent domain: private property,
　　　public use［M］. Cambridge: Cambridge University Press, 2011.

［31］MC LAUGHLIN, .NA Increasing the Tax Incentives for Conservation
　　　Easement Donations–AResponsible Approach［J］. EcologyLaw
　　　Quarterly, 2004, 31（1）: 1–115.

［32］MADELYN M, MARY G. Regulatory Taking Claims in Massachusetts
　　　［J］. Massachusetts Law R eview, 1997, （2）: 246.

［33］Ari D.Bruening. The TD R Siren Song: The Problems with Transferable
　　　Development Rights Programs and How to Fix Them［J］. Journal of Land
　　　Use & Environmental Law, 2008, （2）: 423–440.

［34］TALEN E.Do Plans Get Implemented? A Review of Evaluation in
　　　Planning［J］. Journal of Planning Literature, 1996, 10（3）: 248–
　　　259.

［35］TREASURY H M. The Green Book:Appraisal and evaluation in central
　　　government. 20 chadwick G. A system view of planning［M］. London:
　　　Pergamon Press Ltd, 1978.

［36］BERKE P, Kaiser E. Urban Plan Use Planning［M］. Lllinois:
　　　University of Illinois Press, 2006.

［37］BREHENY M, HOOPER A.Rationality in planning: critical essays on
　　　the role of rationality in urban and regional planning［M］. London.
　　　London: PionLimited, 1985: 43–51.

［38］FALUDI A.The Performance of spatial planning. Planning［J］. Practice
　　　& Research, 2000, 15（4）: 299–318.

［39］GUBA E, Lincoln Y. Fourth generation evaluation［M］. London: Newburry

Park, CA: Sage, 1993.

［40］DAVOUDI S, Evans N. The Challenge of Governance in regional waste planning［J］. Environment and Planning C: Government and Policy, 2005, 23（4）: 493-517.

［41］RUETER F H., KUSHNER P. Economic incentives for land use control（1977, EPA）［ER/OL］.（1977-02-10）［2021-07-16］

［42］EVANS A W. Economics & land use planning［M］. Malden, MA: Blackwell Publishing Ltd, 2004.

［43］ALEXANDER E R. A transaction cost theory of planning［J］. Journal of the American Planning Association, 1992, 58（2）: 190-200.

［44］ALEXANDER E R. A transaction cost theory of land use planning and development control: towards the institutional analysis of publicplanning ［J］. The Town Planning Review, 2001, 72（1）:45-76.

［45］KIM J H. Land use planning as information production and exchange: An empirical analysis of the uncertainty reduction effect［EB/OL］.

［46］MORRISETTE P M. Conservation easements and the public good: preserving the environment on private lands［J］. Natural Resources Journal, 2001, 41（2）: 373-426.

［47］PRUETZ R. Beyond givings and takings: saving natural areas, farmland, and historic landmarks with transfer of development rights and density transfer charges［M］. Marina Del Rey, Calif.: Arje Press, 2003.

［48］HENGERA R, BIZERA K. Tradable planning permits for land-use control in Germany［J］.Land Use Policy, 2010, 27（3）: 843-852.

四、其他类

［1］洛涛，王一娟．我国人均资源占有量低于世界的平均水平［N］．经济参考报，2007–04–25（6）．

［2］中华人民共和国生态环境部．2019生态环境状况公报．［EB/OL］.（2020–06–02）［2020–09–10］.

［3］姜明安．尊重行政规划的法制属性［N］.北京日报，2017–04–24（13）.

［4］胡飞，杨昔．我国各类空间规划的比较、协调与整合蓝图设想［C］//多元与包容——2012中国城市规划年会论文集（01.城市化与区域规划研究）.昆明，2012：673–681.

［5］杨毅军．期待"问责制"砥砺官员责任心［N］.羊城晚报，2005–12–12.

［6］张乃贵．从土地督察迈向自然资源督察［N］.中国自然资源报，2019–12–19（3）.

［7］孙长春．建立督促纠正违法行政行为法律监督制度［N］.检察日报，2015–01–19（3）.

［8］徐昕．论私力救济［D］.北京：清华大学，2003.

［9］沈岿．利益参与信赖保护同比例合理——城市规划制度完善之原则［N］.法制日报，2003–11–15（7）.